시장의 자율성과
금융감독

∴ 격변하는 한국사회의 법과 경제현상에 대하여

시장의 자율성과 금융감독

이 서 열 지음

KSI 한국학술정보㈜

|머리말|

시장의 자율성이 보다 중요해지고 있는 이 시점에도 금융제도 면에서 우리는 여전히 관치금융의 틀에서 벗어나지 못하고 있다. 이명박 정부 출범에 즈음하여 이루어진 정부조직개편 중 금융정책과 금융감독을 아우르는 거대 정부조직으로써 금융위원회가 새로이 설립되었는데 이는 금융시장의 자율성을 강화하자는 여론에 대해 정부가 여전히 회의적 시각을 가지고 있다는 점을 분명히 하는 것이었다. 이 책은 금융시장의 자율성을 좀 더 강화해야 한다는 시각에서 이를 위한 제도적 대안을 모색하는 데 있다. 먼저 금융시장을 왜곡하는 주된 원인으로 지적되고 있는 관치금융에서 벗어나서 금융시장의 건전성을 실현할 수 있는 일관된 감독 원칙을 정립하기 위해서는 '금융감독의 중립' 개념이 필요하다는 점을 강조한다. 생소한 개념인 금융감독의 중립 개념은 한마디로 '시장의 자율성을 존중하는 금융감독당국의 규제태도'라고 정의할 수 있다. 이와 같은 개념은 헌법 제119조와 「금융감독기구의설치등에관한법률」의 종합적 해석을 통하여 도출된다. 한편, 구체적인 금융감독의 업무는 금융거래의 복잡성과 전문성, 급변하는 금융환경에 대한 대처필요성 때문에 금융감독위원회가 제정한 시행세칙을 통하여 수행되는 경우가 대부분이다. 따라서 기술적인 사항과 관련하여 상위법령에서 시행세칙으로 위임해야 하는 사항이 많다. 그러다 보니 경우에 따라서는 감독당국이 법적 근거 없이 업무를 수행하거나 상위법령을 위반하는 시행세칙을 만들어 위법적 업무수행을 하는 경우가 발생한다. 이와 같은 감독당국의 위법적 행위를 엄격하게 통제하고 법치금융을 견지하려는 관점은 금융감독의 중립을 확보하기 위한 필수적인 전제요건이다.

또한 금융감독의 중립을 확보하기 위해서는 감독기구를 정부조직 으로부터 독립적인 업무수행이 가능한 조직으로 만드는 것이 필요 하다. 현재 금융감독 시스템은 금융위원회가 금융정책과 감독행정의 최종권한을 행사하고 공적 민간기구인 금융감독원이 이를 보조하여 직접적인 감독업무를 수행한다. 금융감독조직의 관료화, 비대화는 금융시장에 관치적 의사를 통용시키켜 시장의 자율성을 침해할 뿐 이다. 금융감독기능을 금융감독원에 맡기고 시장의 자율기구에 감독 권한 일부를 맡기는 정책을 강화해야 한다. 이러한 개혁방향은 금융 감독의 전문성과 책임성을 강화하는 데 무엇보다도 중요하다.

또한 금융의 세계화라는 조류에 대응하기 위해서는 감독기관이 금융의 세계화로 인해 파생되는 법적 이해관계의 충돌에 대해 엄격 하면서도 효과적인 대응능력을 갖추어야 할 것이다. 아직까지 우리 나라 금융시장이 금융선진국에 비하여 덜 성숙되어 있기 때문에 계 획적으로 국내 금융시장을 교란하여 시세차익이나 경영권침탈을 노 리는 투기적 외국자본에 대해 적절한 대처가 이루어지지 않고 있어 결과적으로 국내 금융기관이나 금융수요자들이 피해를 보고 있다. 따라서 금융감독의 국제적 기준인 신BIS기준을 도입과 동시에 국내 금융자본과 예금자의 불필요한 피해를 최소화하기 위해 합리적인 기준을 설정해야 할 것이다.

본서의 기본이 되었던 박사학위논문을 쓰는 동안 격변하는 한국 사회의 법과 경제현상에 대한 심도 있는 연구할 기회를 갖게 되어

신에게 감사드린다. 이 책은 많은 훌륭한 분들의 도움으로 출간하게 되었다. 특히 경제학적 방법론으로 저자의 무지를 수시로 일깨워 준 고려대학교 식품자원경제학과 임재영 교수, 글의 마지막 교정을 함께한 미국 웹스터대학교 국제관계학과 김지운 교수, 외국환거래법과 투기적 외국자본의 현황에 대해 전반적인 설명과 조언을 해 준 삼성물산 국제금융팀 임형진 차장, 이 책을 출간하기까지 큰 위로를 주었던 두 죽마고우 유형진, 김한에게도 감사의 말을 전한다. 항시 학자의 몸가짐을 몸소 가르쳐 주시고 학은을 베풀어 주신 한국외국어대학교 법과대학 김해룡, 김호정 교수님, 학문의 길을 인도하신 연세대학교 법과대학 김성수 교수님, 논문지도교수이신 이덕연, 김한성, 전광석, 이종수 교수님, 시장의 자율성과 규제중립성에 대해 장시간 토론을 기회를 주시고 따뜻한 격려의 말씀을 주신 논문지도교수이자 서울대학교 법과대학 이원우 교수님께 존경과 감사의 마음을 전한다. 그리고 풍부한 헌법적 지식으로 글을 진전시키는 데 큰 도움을 준 후배 김진곤 박사에 깊은 고마움을 표한다. 마지막으로 제한적인 독자층을 대상으로 쓰였기에 어쩔 수 없이 상업성이 떨어질 수밖에 없음에도 불구하고 쾌히 출간을 책임져 주신 한국학술정보에 감사의 말씀을 전한다. 끝으로 부족한 아들을 항상 보듬으시는 부모님께 존경과 사랑을 표한다.

2008.
광교산 자락 서재에서
이서열

次 例

第 1 章
序 論 / 13

第 2 章
金融監督의 憲法的 根據와 限界 / 21

第 3 章
金融監督 組織改編의 法的 課題 / 119

第 4 章
金融監督의 作用·手段의 法的 課題 / 193

第 5 章
새로운 金融環境下에서의 金融監督 / 223

第 6 章
結 語 / 261

第 1 章

序　論

第1節 研究의 目的

현대를 살아가는 사람들은 경제활동을 통하여 생존과 안정을 보장받을 수 있다. 시장경제를 채택하고 있는 대부분의 국가에서 개인이나 기업의 경제활동은 대부분 시장을 통해서 이루어진다. 실물시장은 금융을 중심으로 상품이나 서비스의 거래가 이루어지는 곳이다. 금융은 자금의 융통을 의미하며 금융시장은 자금에 대한 공급과 수요가 만나는 시장이다.[1) 금융시장에서는 금융기관과 금융수요자가 참여하며 금융시장의 건전성은 시장경제의 안정성을 뒷받침한다.

오늘날 국가는 금융시장의 건전성을 위해 광범위한 규제권을 행사한다. 국가가 행사하는 규제 개념에 대해서 다양한 이해가 가능하지만, 규제란 공공주체들의 행위를 규율·유도·조성·금지·통제하는 행정작용 전체를 의미하는 것으로 이해할 수 있다.[2)

국가의 금융감독은 경제규제 중에서 금융영역에서의 위험 예방 및 제거를 그 내용으로 하는 행정이다. 오늘날 금융규제를 위한 실정법상 법제도들은 거의 금융감독의 범위 내에 있다고 볼 수 있다.[3)

---

1) 김건식, 『새로운 금융법 체제의 모색』, 소화(2006), 11면.
2) 이원우, "변화하는 금융환경 하에서 금융감독체계 개선을 위한 법적 과제", 『공법연구』 제33집 제2호(2005. 2.), 37면.
3) 금융감독과 금융규제의 개념에 대한 구분은 쉽지 않다. 일반적으로 규제(regulation)는 사전적으로 경제주체의 행위에 대한 기본규칙을 수립하는 것과 관련되고 감독(supervision)은 경제주체의 행위를 사후적으로 감시하는 것을 의미한다고 한다. 그러나 이들 개념을 엄격히 구분하는

과거, 정부 주도의 경제성장모델을 추구했던 우리나라의 경우, 금융은 실물시장을 뒷받침하는 보조적 역할에 머물러야 했기 때문에 금융부문의 발전이 다른 경제영역에 비해 지체되었다.[4] 그러다 보니 전체 시장규모에서 실물시장보다 금융시장의 비중이 더 커진 오늘날의 시점에서 보자면 금융시장의 미성숙은 우리 경제의 발전을 가로막는 장애로 인식되었고 이를 타파할 금융개혁의 필요성이 대두되었는데 바로 그 중심에는 금융감독의 선진화과제가 있었다.

한 국가의 금융감독시스템은 일반적으로 감독목적의 설정 - 감독기관의 설립 - 규제기준의 정립 - 규제수단의 결정의 체계적 결합으로 설계된다. 금융감독의 선진화 방안을 광범위하게 파악하고 금융감독체계의 문제점과 개선방안을 올바르게 제시하기 위해서는 위의 체계에 대한 일관된 원칙을 제시할 필요가 있는데 본 연구는 이를 위하여 '금융감독의 중립'이라는 개념을 연구해 보고자 한다.

그러나 '금융감독의 중립'개념은 그 용어의 추상성과 불확정성 때문에 법적으로나 사실적으로 파악되기도 어렵고 실현시키기란 더욱 어렵다. 금융감독의 중립이 갖는 이와 같은 추상성·불확정성과 실현가능성의 의문에도 불구하고 금융감독의 중립 개념이 금융감독법제의 형성·발전·운용에 어떻게 적용되고 기여할 수 있는지를 검토해 보는 것은 앞에서 언급한 필요성으로 인하여 반드시 연구되어야

것이 큰 실익이 없으므로 본 연구에서는 이들 개념을 포괄하는 의미로 '감독'개념을 사용하고자 한다. 금융감독원 인력개발실, 『금융감독개론』, 금융감독원(2007), 8면.

4) 김건식, 『새로운 금융법 체제의 모색』, 소화(2006), 12면.

할 법적 과제이다.

한편, 복잡한 금융상품의 등장과 금융시장의 전문성과 동태성으로 인해 규제체계의 공백과 업무중복현상이 발생하고 있다. 즉 법률에 의한 세부적 규율이 어려우며 금융시장을 교란하는 위법행위의 형태가 비전형적이고 다양하여 성문법체계로서 규율하는 데 한계가 있으므로 전통적인 경찰행정법 내지 감독행정법의 법리로 해결되기 어려운 문제점이 증가하고 있다.5) 더군다나 국내금융시장의 규제문제가 국제금융시장에 충격을 주기 때문에 발생하는 제재나 관할권 등의 문제도 있다.6)

이런 문제점을 해결하기 위해서 우선 금융감독의 근거와 한계를 명확하게 해야 한다. 금융감독의 헌법적 근거는 곧 국가의 금융시장 개입에 대한 정당성을 밝히는 것이기에 법해석을 통해서 금융감독의 일관된 목적과 원칙을 발견할 수 있을 것이다. 또한 이러한 원칙이 일반적인 행정법 원리와 어떻게 조화되는지 그리고 실제 사례에서 어떻게 적용되고 있는지를 밝혀본다.

금융감독조직의 개편과 관련해서는 관치금융에서 벗어나기 위한 조직의 민영화 논의와 금감위 사무국의 확대문제 그리고 금융감독 기능에 대한 감독유관기관과의 권한배분문제가 있는데 현행 조직법제의 문제점과 대안을 연구해 본다. 그리고 금융의 세계화로 인해

---

5) 이원우, "금융행정의 새로운 패러다임의 가능성과 타당성", 『새로운 금융법 체제의 모색』, 소화(2006), 11면.

6) Yannis V. Avgerinos, Regulating and Supervising Investment Services in the European Union, Palgrave Macmillan(2003), 50면.

감독행정의 국제감독기준의 도입과 도입과정에서 예상되는 문제점, 그리고 국내금융시장을 교란하는 투기적 외국자본규제에 대한 법적 과제를 검토해 볼 것이다.

第2節 研究의 方法과 構成

I. 研究의 方法

본 연구는 국가행정권 중 경제규제영역에서도 금융규제부문인 금융감독을 다루고 있다. 본 연구의 대상인 금융감독은 경제현상과 법현상이 만나는 영역이다. 금융감독을 금융과 감독이라는 두 부분으로 분리해서 그 의미를 분석해 본다면 금융은 경제현상의 일부이고 감독은 행정법상 국가의 행정권을 뜻한다. 그러나 금융감독이라는 용어가 독립된 경제현상과 법현상을 의미 없이 나열해 놓은 것이 아니라 그 용어의 조합형식은 규제대상으로의 금융과 이를 규제하는 형태의 감독행정으로 이루어져 있다. 따라서 본 연구는 금융이라는 동태적인 규제대상에 대한 감독행정의 특수성에 대한 법도그마에 한정하지 않고 개방적이고 학제적인 연구방법을 사용해야 할 필요가 있다. 따라서 전통적인 의미의 법학의 법해석적 방법론 이외에도 법제도에 대한 입법방향과 효율성 평가부분에 대하여 입법정책

적 접근방법으로 연구한다.[7]

또한 금융의 국제화 문제와 관련해서 입법사례를 경험적 방법으로 수집하고 연구하는 것이 바람직하겠지만 본 연구의 시·공간적 한계 때문에 인터넷이나 관련 문헌을 통해서 비교법적 연구를 진행한다.[8]

기본적으로 전체적인 연구자료는 단행본, 논문, 보고서, 인터넷 자료, 신문기사 등 각종 형식의 자료를 가리지 않고 참조한다.

II. 研究의 構成

본 연구는 제2장 '금융감독의 헌법적 근거와 한계'에서 경제질서의 일부분으로서의 금융질서를 규제대상으로 하고 있는 금융감독의 헌법적 근거와 법적 한계를 연구한다. 헌법상 경제질서인 시장경제질서가 국가의 시장개입 또는 금융규제의 핵심적 전제로서의 '금융

---

7) 전통적으로 행정법학의 연구범위는 국가의 행정조직, 행정조직을 바탕으로 하는 구체적인 행정작용, 위법·부당한 행정작용으로 발생하는 개인의 권익구제에 관련되는 법체계를 포함한다. 김성수, 『일반행정법 ― 행정법이론의 헌법적 원리 ―』, 법문사(2004), 3면.

8) 독일과 미국의 경우 직접 현지를 방문하여 자료를 수집하고 연구하였지만 우리나라의 통합금융감독법제도의 모델이 되었던 영국의 경우는 국내 문헌과 FSA의 홈페이지에 게시된 자료들을 참조하였다. 기타 부족한 자료는 금융감독원이 그간 조사해 온 외국입법례, 각국 금융감독당국의 홈페이지, Westlaw 등 인터넷 서칭 도구들(Internet searching tools)을 주로 참조하였다.

감독의 중립'을 원칙으로 삼아야 한다는 점의 근거와 과제를 설명하고 개념을 정의한다. 또한 '금융감독의 중립' 입장에서 일반적으로 논의되는 금융감독행정의 한계와 그 의미를 연구한다.

제3장 '금융감독 조직개편의 법적 과제'에서 금융감독의 중립을 유지하기 위해서는 업무의 수행과정뿐만 아니라 금융감독기구의 조직 역시도 정부조직으로부터 독립적으로 구성되어야 한다고 보고 이를 위하여 논의되고 있는 조직개편안의 문제점과 대안에 대해서 연구한다.

제4장 '금융감독의 작용·수단의 법적 과제'에서는 금융감독의 주요 목적 중 하나인 예금자보호제도에 대해서 연구해 보고 금융시장의 소수자라고 볼 수 있는 서민과 중소기업을 보호하기 위한 법제와 법적 과제에 대해서 연구한다. 또한 합리적 감독행정을 위한 규제수단과 규제시점의 선택문제도 검토해 본다.

제5장 '새로운 금융환경하에서 법적 과제'에서는 금융자본의 국제화로 인하여 발생한 법적 문제를 검토해 보고 이에 대한 금융감독의 국제적 기준과 원칙에 대한 문제를 연구한다. 동시에 국내 금융기관과 예금자의 피해를 초래하고 있는 투기적 외국자본에 대해 엄격하고도 신중한 대응능력을 갖추기 위한 과제와 기준이 무엇인지에 대해 연구해 본다.

제6장 '결어'에서는 최종적으로 금융감독의 법적 과제에 대한 본문의 내용을 정리한다.

第 2 章

金融監督의 憲法的 根據와 限界

第1節 金融監督의 憲法的 根據

Ⅰ. 經濟憲法과 金融監督

1. 經濟憲法의 解釋

우리 헌법 제119조 제1항에서 "대한민국의 경제질서는 개인과 기업의 경제상의 자유와 창의를 존중함을 기본으로 한다"라고 규정하여 경제헌법의 기본원칙을 규정하고 있다. 이 조항을 해석하건대 자유주의적인 경제원리에 입각하여 개인과 기업이라는 경제주체의 경제적 자유를 보장하는 것을 기초로 하여 생산과 소비, 고용과 경제성장을 창출하는 경제질서를 채택하고 있다고 봄이 타당하다.

한편, 우리 헌법은 동시에 자유주의적 경제질서가 안고 있는 폐해의 방지와 경제적 약자에 대한 보호를 통하여 사회적 정의를 실현하기 위한 국가의 경제에 대한 책임과 의무를 선언하고 있다. 이에 따라서 헌법 제119조 제2항은 "국가는 균형 있는 국민경제의 성장 및 안정과 적정한 소득의 분배를 유지하고, 시장의 지배와 경제력의 남용을 방지하며, 경제주체 간의 조화를 통한 경제의 민주화를 위하여 경제에 관한 규제와 조정을 할 수 있다"라고 규정하여 헌법상 근로자의 권리, 사회적 기본권의 목록, 인간의 존엄과 가치의 실현을 위한 헌법조항과 함께 우리 경제헌법의 또 다른 측면을 대변하고 있다.

이와 같이 '자유와 평등의 조화'라는 이념을 실현하기 위하여 우리 헌법이 수정된 자본주의원리를 채택하고 있다는 점을 중시하여 다수의 헌법학자들은 우리 헌법의 경제질서를 독일식의 사회적 시장경제질서로 보고 있다.[9]

한편, 헌법재판소는 우리 헌법상의 경제질서가 무엇인지에 대해서 분명한 입장을 취하고 있지 않다. 단지 재산권보장과 관련된 판례에서 헌법 제119조 제1항에 의거할 때는 "자본주의 시장경제질서",[10] "자유시장 경제질서",[11] "시장경제원리에 입각한 경제질서"[12] 등으로 표현하고 있다. 이에 반하여 직업선택의 자유와 근로3권과 관련된 판례에서는 헌법상 경제질서를 "사회적 시장경제질서"라고 표현하고 있다. 또한 헌법 제119조 제2항에 의거할 때 헌법상 경제질서를 "민주복지국가의 이상을 추구하는 경제질서"라고 표현한다. 그리고 제119조 제1항과 제2항을 근거로 헌법상의 경제질서를 "사회국가원리를 수용한 경제질서"라고 설정하기도 한다.[13]

---

9) 허영, 『한국헌법론』, 박영사(2006), 160면; 김철수, 『헌법학개론』, 박영사(2006), 220면.
10) 헌법재판소 1989. 12. 22. 88헌가13, 『판례집』 제1권, 368면; 헌법재판소 1993. 7. 29. 92헌바20, 『판례집』 제5권 제2집, 44면; 헌법재판소 1997. 6. 26. 94헌바38·41, 95헌바64(병합), 『판례집』 제9권 제1집, 622면.
11) 헌법재판소 2002. 7. 18. 2001헌마605, 『판례집』 제14권 제2집, 103면.
12) 헌법재판소 1993. 7. 29. 89헌마31, 『판례집』 제5권 제2집, 115면.
13) "우리 헌법 제119조는 제1항에서 대한민국의 경제질서는 개인과 기업

2. 經濟秩序의 開放性

독일에 있어서도 사회적 시장경제질서라는 개념이 매우 다의적이
다. 그러므로 시장경제와 사회적 정의의 실현을 위한 국가의 경제조
정 및 관여활동이라는 요소 외에는 이 개념에 대한 다양한 견해 중
에서 더 이상의 공통분모를 찾기 어렵다.[14] 그 이유는 사회적 시장
경제질서의 배경이 되는 사회국가개념의 불확정성 때문이다.[15] 더

의 경제상의 자유와 창의를 존중함을 기본으로 한다고 규정하여 사유
재산제도, 사적 자치의 원칙, 과실책임의 원칙을 기초로 하는 자유시
장 경제질서를 기본으로 하고 있음을 선언하면서, 한편 그 제2항에서
국가는 균형 있는 국민경제의 성장 및 안정과 적정한 분배를 유지하
고, 시장의 지배와 경제력의 남용을 방지하며, 경제주체 간의 조화를
통한 경제의 민주화를 위하여 경제에 관한 규제와 조정을 할 수 있다
고 규정하고, 또한 헌법 제34조 제1항은 모든 국민은 인간다운 생활
을 할 권리를 가진다고 규정하고 있다. 제5항은 신체장애자 및 질병·
노병 기타의 사유로 생활능력이 없는 국민은 법률이 정하는 바에 의
하여 국가의 보호를 받는다고 규정하여 사회국가원리를 수용하고 있
어, 결국 우리 헌법은 자유시장 경제질서를 기본으로 하면서 사회국가
원리를 수용하여 실질적인 자유와 평등을 아울러 달성하려는 것을 근
본이념으로 하고 있다"고 판시하고 있다. 헌법재판소 1998. 5. 28. 96
헌가4, 『판례집』 제10권 1집, 522면 이하; 최갑선, "경제관련 헌법규
정들에 대한 고찰", 『헌법논총』 제9집(1998), 746면.

14) Werner Frotscher, Wirtschaftsverfassungs und Wirtschaftsverwalt-
ungsrecht, C. H. Beck'sche Verlagsbuchhandlung München(1994), 17
면 이하.

15) "사회국가개념은 그것이 수많은 움직일 수 없는 정치적 견해들과 관
련되어 있기 때문이다. 곧 사회국가개념의 불확정성은 개념 그 자체가
'텅빈', 따라서 그 속에 무엇이나 포함시킬 수 있다는 의미가 아니라

욱이 독일식의 사회적 시장경제질서는 독일의 특유한 정치·사회적 상황을 바탕으로 역사적으로 발전되어 온 내용을 담고 있다는 사실을 간과할 수 없다. 따라서 경제에 대한 국가의 시각이 다르고 독일과 같은 경제적 발전단계를 경험하지 못한 우리와 비교할 때, 독일의 사회적 시장경제질서와 우리 헌법상의 경제질서가 다소 유사성이 발견된다고 하더라도 양자를 동일시하는 것은 무리라고 봄이 타당하다.[16]

더군다나 우리 헌법이 독일에서 논의되는 사회적 시장경제질서의 내용을 넘어서는 계획경제적 요소(Planned economy)[17]까지도 인정하고 있기 때문에 경제정책의 수립·집행에 있어서 광범위한 국가의

그와는 정반대로 수많은 움직일 수 없는 상이한 전통들과 요청들을 포함하고 있기 때문에 일의적으로 정의할 수 없다는 의미이다." 홍성방, 『헌법학』, 현암사(2006), 149면.

16) "사회적 시장경제질서는 농후히 독일적인 국가전통과 국가성격의 파생이라는 성격을 가진다고 보고 사회적 시장경제는 그 전제로서 자본주의의 성숙이 선행적으로 존재하여야 함에 비추어 자생적 자본축적의 기반이 갖추어져 있지 않은 우리의 경우와는 다르므로 우리의 경제질서를 설명할 수 없다는 견해가 있다." 김문현, 『사회·경제질서와 재산권』, 법원사(2001), 105면; 권영설, "국가와 경제 — 경제질서의 헌법적 기초", 『공법연구』 제16집(1988), 21면; 김성수, 『일반행정법 — 행정법이론의 헌법적 원리 —』, 법문사(2006), 107면; 전광석, 『한국헌법론』, 법문사(2006), 677면.

17) 농지소작제도의 금지(제121조 제1항), 국토와 자원에 대한 국가의 보호와 이용계획의 수립(제120조 제2항), 소비자보호(제124조), 대외무역 규제조정(제125조), 지역 간의 균형발전에 필요한 지역경제육성의무(제123조 제2항), 사기업의 국·공유화(제126조).

개입권이 주어진다. 이는 경제질서에 대한 우리 헌법의 개방적 태도 때문이라고 볼 수 있는데, 결국 이런 경제질서의 특성으로 인하여 경제질서를 특정하여 정의할 수 없게 된다.[18]

이런 개방적 형태의 경제질서는 시장에 대한 국가의 규제재량을 광범위하게 부여하고 있는데, 혹자에 따라서는 이런 경제질서의 개방적 특성 때문에 국가의 전면적인 시장개입이라고 할 수 있는 계획경제도 가능할 수 있다고 주장할 수 있다. 그러나 경제의 민주화와 균형 있는 국민경제의 발전을 위해서 자본주의의 틀 안에서의 경제계획은 가능하고 바람직스러우나 자본주의의 기본원리를 무시하는 중앙관리경제는 우리 헌법상 인정될 수 없다.[19]

또한 우리 헌법 제119조와 같이 고도의 개방성과 추상성을 특징으로 하는 경우 국가의 경제에 관한 규제와 조정의 한계를 설정하는 규율적 성격의 '윤곽규정(Rahmensordnung)'으로 보기에는 윤곽 자체가 매우 불명확하며 이런 조항을 통해서 경제규제자에게 구속력 있는 구체적인 지침이나 한계를 제시하는 것은 입법기술상 불가능하거나 또는 가능하다고 하여도 헌법정책적인 관점에서 타당하지 않다는 지적이 있다.[20]

---

18) 김성수, 『일반행정법 ― 행정법이론의 헌법적 원리 ―』, 법문사(2006), 98면.
19) 김철수, 『헌법학 개론』, 박영사(2006), 223면.
20) 이덕연, "한국헌법의 경제적 좌표 ― 시장(기업)규제의 범위와 한계 ―", 『공법연구』 제33집 제2호(2005. 2.), 12면.

3. 金融秩序의 構成

경제질서는 시장참여자의 활동으로부터 발생하는 수입과 지출의 순환구조(Circulation)를 중심으로 경제주체, 재화와 서비스 그리고 금융수단을 구성부문으로 한다. 이 중 금융은 일시적인 자금잉여 및 부족으로 인한 지출변동성을 감소시킴으로써 소비나 기업경영을 안정시키는 기능을 한다.

금융질서의 참여자인 금융기관은 중앙은행을 포함하는 광의의 은행과 증권회사, 보험회사, 기타 금융기관으로 구성되며, 이 기관들은 국민경제의 테두리 내에서 유통되는 화폐를 포함하는 금융자산을 공급하며 시장의 자금순환을 담당한다.[21]

---

21) 금융기관의 설립근거가 되는 법률을 기준으로 구분해 보면 중앙은행·일반은행·특수은행·비은행 금융중개기관으로 나눌 수 있다. 중앙은행은 한 나라의 발권은행으로서 은행의 은행이자 정부의 은행 역할을 한다. 한국은행의 경우, 그 설립과 운영은 「한국은행법」(1950년 제정)에 따르고 있다. 일반은행이란 「은행법」(1950년 제정)에 따라서 설립된 은행을 말하며 일반은행은 영업지역이 전국인 시중은행과 영업지의 한계가 있는 지방은행이 있다. 외국은행의 국내지점도 「은행법」에 의하여 설립된 은행이다. 특수은행은 국민경제적 입장에서 특수한 목적을 달성하기 위해 은행을 설립하는 것이며 이를 위해서는 특수은행법을 마련해야 한다. 예컨대 중소기업은행은 「중소기업은행법」(1961년 제정)에 따라 설립되었다. 일반적으로 특수은행은 채권발행은행이 되는 경우가 많다. 마지막으로 은행은 아니지만 자금의 최종적 공급자와 최종적 수요자 사이에서 자금을 중개하는 기능을 담당하는 비은행 금융중개기관이 있다. 보험회사, 신탁회사 등이 이에 속한다. 이들은 은행법이나 특수은행법의 적용을 받지 않는 반면에, 보험사는 「보험업법」

경제제도의 한 부문을 차지하는 금융부문은 금융주체, 금융객체, 금융기관 및 금융시장으로 구성된다. 금융주체는 자금의 공급과 수요의 원인행위자로서의 경제주체를 말한다.

경제주체는 수입과 지출이라는 예산상의 제약조건 속에서 경제행위를 수행한다. 자본주의 사회의 경제주체는 크게 가계·기업·정부로 대별될 수 있는데, 가계의 경우 자신의 노동력을 팔아 그 대가를 자신의 수입으로 하는 흑자지출단위이고, 기업·정부는 각각 투자와 재정활동에 전념하는 적자지출단위이다. 국민경제 전체로 보면 항상 저축과 투자가 일치하지만 개별 경제주체로 보면 자신의 수입과 지출이 항상 일치하는 것은 아니다. 따라서 흑자지출단위와 적자지출단위 간에서 흑자지출단위로부터 자금을 흡수하여 이를 적자지출단위에 연결시켜 주는 것이 금융기관이다.[22]

4. 金融市場과 金融機關

금융기관은 자금수요자(대부분이 기업)에게 융자해 주고 자금수요자가 발행한 유가증권을 매입한다. 금융기관은 이와 같은 융자나 유가증권매입을 위해서 자금공급자로부터 자금을 조달받는데 이러한

(1962), 투자신탁회사는 「신탁업법」(1969) 등의 적용을 받는다. 김종선·김종오 공저, 『금융제도론』, 한국방송통신대학교출판부(2005), 116면.

[22] 금융중개의 본질은 금융계약을 통해 자금공급자(흑자지출단위)와 자금수요자(적자지출단위) 사이에 자금을 이전하는 것에 있다. 김종선·김종오 공저, 『금융제도론』, 한국방송통신대학교출판부(2005), 108면.

금융기관의 업무일반을 금융행위라고 말한다. 금융행위의 측면에서 보자면, 금융기관뿐만 아니라 일반기업도 금융행위를 수행할 수 있으나 그 차이점은 일반기업에게 금융행위는 생산활동에 수반되는 2차적인 활동인 데 반해서 금융기관에 있어서 금융행위는 이와 반대로 금융행위 자체가 주요 업무이며, 실물생산활동은 이에 수반하는 2차적인 활동이라는 점이다.

한편, 자금의 공급자가 직접 자금의 수요자에게 자금을 대여해 주면 금융순환이 단순해지는데도 불구하고 자금공급자는 금융기관에게 대여해 주고 이를 다시 금융기관이 자금수요자에게 대여해 주는 이유에 대한 의문이 있을 수 있다. 금융기관의 존재로 인해서 국민경제 전체로 본다면 막대한 규모의 경제적 비용이 발생하기 때문에 가능한 의문이다. 우선 금융시장은 완전한 시장이 아니라는 점을 이해해야 한다. 즉 완전한 시장이 아닌 현실적 금융시장에 있어서 자금공급자는 자금수요자가 누구인지, 어디에 있는지, 어느 정도의 자금을 어떠한 조건으로 원하는지 모른다. 이는 자금수요자의 측면에서도 같다. 따라서 금융행위에 특화된 금융기관이 존재해서 자금수요자와 공급자에 대한 정보를 종합하고, 개인이 할 수 없는 금융에 관한 특별한 서비스를 제공할 수 있도록 하는 것이 거시경제적인 관점에서 보면 보다 효율적이다. 즉 국민경제 전체로 보면 금융기관의 존재로 인하여 발생하는 경제적 비용은 금융시장의 불완전성을 보완하기 위한 일종의 대가로 봄이 타당하다.

결국 금융시장과 그 참여자인 금융기관은 금융질서를 이루는 중요 구성부분이고 이러한 금융질서의 안정을 위하여 국가는 합리적

이고 효율적으로 금융제도를 창설하고 운영을 주도해야 하며 금융
질서의 안정성을 위한 금융정책을 계획하고 집행해야 한다.

5. 金融과 金融規制의 特性

금융거래는 실물거래에 비해서 역선택(adverse selection)이나 도
덕적 해이(moral hazard) 등 정보의 비대칭(asymmetric information)
으로 인한 문제가 심각하다. 역선택은 금융기관이 관찰 불가능한 차
입자의 상환능력이나 상환의사로 인해서 양질의 차입자를 선별하는
것이 쉽지 않음을 의미한다. 그리고 도덕적 해이는 차입자가 실패확
률이 높지만 성공할 경우 수익이 높은 위험자산에 자금을 운용해서
결과적으로 부채상환의 가능성을 낮추는 행동을 말한다. 이러한 문
제는 재화나 용역의 제공이라는 반대급부 없이 차입자의 미래상황
약속을 전제하여 자금이 일방적으로 이전되는 금융의 특성에 기인
한다.

금융거래가 성사되려면 자금의 차입자가 상환의무를 성실히 지킬
것이라는 믿음이 전제되어야 하는데 차임자의 상환능력이나 의지는
외부에 표출되지 않기 때문에 차입자의 상환능력에 대한 정보가 금
융시장에 원활히 공급되고 채무상환을 유인하는 제도적 장치가 마
련되어야 할 필요성이 있다.

금융감독은 이러한 금융의 특성을 고려하여 행정을 해야 하는데
이런 특성 때문에 감독행정 역시 일반의 행정작용과 다른 특성을
가지게 된다. 금융감독행정의 특성으로 ① 국민 대다수가 금융질서

에 참여하고 있다고 볼 수 있으므로 금융감독행정은 수많은 이해관계인을 대상으로 한다(대량성). ② 금융감독행정은 국민경제 전체를 고려해서 행해야 한다(거시성). ③ 급변하는 금융환경에 대응하기 위해서 금융감독행정은 신속한 정책수립과 집행이 필요하다(신속성). ④ 금융감독에 대한 정책과 의사결정에 사전에 공개되면 금융시장에 주는 파급력이 크기 때문에 행정효율성을 고려하여 행정과정의 비밀이 보장되어야 한다(밀행성). ⑤ 금융감독행정은 대부분 이해관계인에게 회복불가능한 손해를 초래한다(치명성).23)

6. 經濟秩序와 金融監督

(1) 意 義

시장경제질서는 시장의 자율성을 근간으로 하여 수요·공급에 따르는 가격결정과 적정한 재화의 배분이 이루어지는 체제를 말한다. 이러한 시장경제질서의 작동원리는 시장참여자의 자유로운 경쟁이 유지되어야 원활하게 운용된다. 국가는 이러한 시장의 자유로운 경쟁을 가로막는 장애요인을 제거하기 위해서 시장에 적극적으로 규제와 조정 정책을 시행하게 되는데 금융시장에서 이러한 국가의 활동 중 대표적인 예가 금융감독이라고 할 수 있다.

금융감독에 대해 일의적으로 정의하기는 어렵지만 일반적으로 금

---

23) 백윤기, "금융행정에 있어서 법치주의 구현방안", 『저스티스』 제33권 제4호, 10면.

융감독당국이 금융기관의 경영건전성 확보, 금융시장의 신용질서 및 공정거래관행 확립, 금융소비자의 보호 등을 도모하고자 금융기관[24]과 금융시장에 대해 인·허가, 건전성에 관한 규제, 경영개선조치, 검사 및 제재 등의 기능을 수행하는 제반 활동을 말한다[25]고 정의하거나 간단하게 금융시장 감독기구의 조직과 금융시장의 감독 및 그 실효성 확보를 위한 행정작용이라고 정의할 수 있다.[26]

금융감독은 국가행정작용의 일부분이므로 그 근거와 한계는 헌법과 법률이 정한 바에 따른다. 현행 헌법은 금융제도나 금융감독에 대하여 명문의 규정을 두고 있지 않지만 헌법의 경제관련 조항을 통하여 그 근거를 찾을 수 있을 것이다. 우선 금융질서는 경제질서의 한 부분이기 때문에 현행 헌법 제119조에 의거한 경제질서조항으로부터 그 근거를 찾을 수 있다.

(2) 憲法 第119條의 解釋

헌법상 국가 경제규제의 근거조항이자 금융감독의 가장 중요한 근거조항은 헌법 제119조 제2항이다. 헌법 제119조 제2항에서 "국가는 균형 있는 국민경제의 성장 및 안정과 적정한 소득의 분배를

---

24) 최근 들어서 금융기관을 금융회사로 개칭하자는 논의가 있으나 현행 「금감법」에서 금융기관이라는 명칭을 사용하고 있기에 본 연구에서는 금융기관으로 통일해서 사용한다.

25) 금융감독원 인력개발실, 『금융감독개론』, 금융감독원(2007), 8면.

26) 이원우, "금융행정의 새로운 패러다임의 가능성과 타당성", 『새로운 금융법 체제의 모색』, 소화(2006), 229면.

유지하고, 시장의 지배와 경제력의 남용을 방지하며, 경제주체 간의 조화를 통한 경제의 민주화를 위하여 경제에 관한 규제와 조정을 할 수 있다"로 규정하여 국가가 '경제'에 관한 "규제와 조정"권한을 가질 수 있다는 점을 분명히 하였다. 자유방임의 경제를 허용하지 않고 제2항의 전단에서 정하는 규제목적의 범위 내에서 경제에 개입하는 것을 허용하고 있는 것이다. 이러한 국가의 개입은 시장의 실패를 교정하기 위한 것이기 때문에 시장경제와 충돌하는 것이 아니라 시장경제와 부합한다고 봄이 타당하다.

한편, 경제규제의 근거인 제2항의 의미는 제1항과의 관계 속에서 그 의미가 분명해진다.[27] 헌법 제119조 제1항과 제2항의 관계를 해석하는 입장은 크게 나누어서, ① 제1항을 중심으로 해석하는 견해가 있다. 이 견해도 국가의 경제개입을 규정한 제119조 제2항의 규정을 둘 필요가 없다는 견해와 제2항의 존재의의를 긍정하는 입장으로 나눌 수 있는데 전자에 따르면 경제활동의 규제와 조정은 헌법 제37조 제2항에 근거하여 제정할 수 있기 때문에 제2항은 불필요하다는 것이다(①-1).[28] 후자의 입장은 제1항은 경제질서의 기

---

27) 우리 헌법은 제9장에 "경제"라는 표제하에 제119조부터 제127조까지 경제에 관한 일련의 규정을 두고 있다. 이와 같은 규정형식은 독일의 바이마르공화국헌법이 제2편 제5절 제151조 이하에서 "경제생활"이라는 제목을 두고 일련의 경제와 관련된 조항을 규정한 것과 유사한 편제이며, 이러한 우리 헌법의 태도는 제헌헌법 이래로 하나의 전통으로 굳어져 왔다. 김성수, "헌법상 경제조항에 대한 개정론", 『공법연구』 제34집 제4호(2006. 6.), 188면.

28) 정종섭, 『헌법학원론』, 박영사(2006), 176면.

본적인 원칙을, 제2항은 경제질서의 자체적 모순을 극복하려는 '예외적 현상'임을 선언하고 있다고 본다.[29] 이 견해에 따르면 국가는 '기업과 개인의 자유와 창의를 손상시키거나 왜곡시키는 행위'에 대해서만 규제와 조정권한을 갖고 국가는 규제목적을 자의로 설정하거나 해석하여 제1항의 목적범위에서 이탈하여 규제할 수 없다고 본다(① - 2). 반면에 ② 제2항을 중심으로 해석하는 견해가 있다. 제2항에서 말하는 "균형 있는 국민경제의 성장", "안정과 적정한 소득의 분배", "시장의 지배와 경제력의 남용 방지", "경제의 민주화"와 같은 '공익'이 효율성과 자유가 중시되는 시장경제에 있어서도 부수적인 고려요소가 아니라 중심적 고려요소가 되어야 한다는 주장이다. 시장의 자율성 확보만이 국가 내지 사회공동체의 최고 가치는 아니라는 것이다.[30]

그런데 헌법 제119조 제2항은 경제의 규제와 조정의 근거로서의

---

29) 이덕연, "한국헌법의 경제적 좌표", 『공법연구』 제33집 제2호(2005. 2.), 11면; 김성수, "헌법상 경제조항에 대한 개정론", 『공법연구』 제34집 제4호(2006. 6.), 190면.

30) 이원우, "경제규제와 공익", 『서울대학교 법학』 제47권 제3호(2006), 93면; 우리 헌법재판소는 헌법 제119조 제1항과 제2항의 관계를 "원칙과 예외"로 보고 있다고 주장하는 학자(이덕연, "한국헌법의 경제적 좌표", 『공법연구』 제33집 제2호(2005. 2.), 14면 각주 37)도 있지만 헌재가 초기의 결정례부터 시장경제의 사회적 책임을 강조하면서 개인과 기업의 자유보다는 오히려 경제에 대한 국가의 규제나 조정행위에 대하여 보다 큰 비중을 두고 있다고 주장하는 학자(김성수, "헌법상 경제조항에 대한 개정론", 『공법연구』 제34집 제4호(2006. 6.), 191면)도 있다.

의미만이 있는 것이 아니라 국가의 경제규제의 목적을 선언하고 있고 제1항과의 총체적 이해를 통해서 우리 헌법상 경제질서의 성격 그리고 규제의 기준과 원칙을 정할 수 있다는 의의가 있으므로 이 규정이 의미 없는 규정이라는 ①-1의 견해에는 찬성할 수 없다. 또한 ②의 견해는 시장이 사회공동체의 일부분이기도 하지만 국가 역시 시장의 구성부분이 될 수 있다는 점을 간과하고 있다. 따라서 시장이 국가의 공적 이익을 반드시 중심적 고려요소로 파악해야 할 필요는 없다. 따라서 ①-2의 견해대로 제1항의 "기업과 개인의 자유와 창의존중"이 경제질서의 기본이므로 개인과 국가 간의 경제영역에서의 관할 배분에 관한 문제, 즉 누가 경제계획을 세우고 실현하여야 하는가의 문제에 관하여 '경제계획은 원칙적으로 개인에 의하여 수립된다'는 것이 헌법의 근본결정이다. 그러므로 헌법 제119조 제1항과 제2항의 관계는 이른바 "원칙과 예외의 관계형식(Regel-Ausnahme Formel)"으로 이해된다. 이러한 관계는 첫째, 경제라는 현상에서 사회적 의미가 차지하는 비중은 부차적인 것이고, 둘째, 경제현상의 핵심인 생산과 소비행위라는 가치중립적 과정에서 이념성을 탈색시키는 것이며, 셋째, 분배와 사회적 약자의 배려, 사회정의의 실현은 경제현상이라기보다는 국가가 일종의 사회정책적 과제로 인식함을 의미하는 것이다.[31] 따라서 국가는 제1항의 가치를 규제목적을 수행하는 데 기준과 원칙으로 삼아야 한다.

---

31) 김성수, "헌법상 경제조항에 대한 개정론", 『공법연구』 제34집 제4호 (2006. 6.), 190면.

II. 市場의 自律性과 規制의 中立

1. 經濟規制의 原則

우리 경제헌법은 제119조 제2항에서 국가의 규제와 조정을 통한 시장개입을 허용하고 있다. 그러나 국가가 시장 규제권과 조정권을 갖는다고 하더라도 경제에 대한 국가의 항구적이고 전면적인 통제는 시장경제질서의 본질인 '자율성'을 파괴하는 것이기 때문에 받아들일 수 없다.

시장의 자율성존중의 이념은 헌법 제119조 제1항에서 파악할 수 있다. 제1항은 "대한민국의 경제질서는 개인과 기업의 자유와 창의를 존중함을 기본으로 한다"고 규정하고 있는데 결국 개인과 기업의 자유와 창의는 시장에서 발휘되는 것이고 개인과 기업의 자유와 창의가 존중받기 위해서는 시장의 자율성이 최대한 보장되어야 가능하다. 그러므로 제2항에 의거하여 규제원인이 발생한 시장에서 국가는 '시장의 자율성'을 유지할 것을 조건으로 시장의 규제자 또는 조정자로서의 권한을 부여받는다고 할 수 있다.

결국 헌법 제119조 제1항의 "시장의 자율성존중"의 이념은 우리 헌법상 경제질서의 핵심을 선언한 것인 동시에 국가가 시장의 규제자 또는 조정자로서 존중해야 할 제1의 기준과 원칙인 것이다.

'시장의 자율성'에 대한 해석과 관련하여 헌법 제119조 제2항에서 말하는 '시장'의 의미가 국가의 시장개입이 배제된 '자유시장

(Free market)'의 의미로 해석된다면 이는 자유주의자(또는 신자유주의자)들이 말하는 시장의 개념과 일치한다. 자유시장과 국가의 시장개입에 대한 그들의 주장은 첫째, 자유시장은 사회적으로 적정한 결과를 생산한다는 것. 둘째, 국가 개입이 자유시장의 결과를 개선하지 않는다는 것으로 요약될 수 있다.[32] 그러나 국가의 개입에 대한 정의는 자유시장에 대한 정의가 내려지고 난 후에 이루어지는데 자유시장의 정의가 매우 불명확하고 가변적이라는 사실을 그들이 인식하고 있지 못하다는 비판이 가해질 수 있다. 자유시장의 정의가 매우 빈약하다는 점을 지적함에 있어서, 먼저 아동노동에 대한 예를 들 수 있다. 현재 선진국에서는 아동노동을 금지하는 것을 국가의 노동시장에 대한 인위적 개입이라고 간주하고 있지 않다. 그러나 과거 20세기 초, 선진국들이나 지금의 제3세계 국가에서는 아이들이 고된 노동에 종사하지 않을 권리보다 자본가들이 적정이익을 보장할 수 있는 고용의 권리가 더 중요하였다. 그렇기 때문에 당시에 아동노동을 금지하는 것은 국가의 개입으로 간주됐을 것이고 결과적으로 아동노동금지가 경제효율성에 가져오는 영향은 국가의 경제정책에 있어서 정당한 주제가 되었을 것이다. 또 다른 예로서 환경규제를 들 수 있겠다. 그리 멀지않은 과거에 환경규제가 선진국에 처음으로 도입되었을 때, 공장오염기준이나 자동차배기오염기준 등이 사업가의 영업활동이나 개인의 자유권을 침해할 수 있다고 보았다. 그런 시절에는 환경규제가 국가의 인위적인 시장개입으로 간주

---

32) 장하준, 『국가의 역할』, 부키(2006), 117면.

될 수 있었다. 그러나 21세기인 오늘날 선진국에서 환경규제는 과거보다 훨씬 중요하게 되었고 이제는 더 이상 환경규제를 국가의 인위적 시장개입으로 판단할 수 없게 되었다. 그러나 현재에도 다른 개도국 수출업자는 이러한 환경규제가 보이지 않는 장벽 또는 자유시장의 작동원리를 왜곡하는 수입국가의 인위적 시장개입으로 볼 수 있다.33) 이런 결과로 자유시장에 대한 정의는 시대와 지역 그리고 시장참여자가 누구인가에 따라서 그 정의가 달라지며 또한 국가의 개입에 대한 정의도 달라질 수밖에 없다. 그러므로 헌법 제119조 제1항에서 말하는 '시장'의 의미는 국가가 개입하는 시점과 지역 그리고 시장 참여자의 신분 등에 의해서 결정되는 것이며 일의적으로 정의될 수는 없다. 그렇다면 이런 가변적 특징을 갖는 시장의 '자율성(automony)'을 존중한다는 의미를 구체적으로 알아야 할 필요가 있다.

2. 市場의 自律性과 自律規制의 意味

(1) 公的 規制와 自律規制의 問題

헌법 제119조 제2항을 전반적으로 해석해 보면, 일정한 규제목적을 달성하기 위한 시장의 규제권한을 우선적으로 국가가 갖는다는 것을 전제하고 있음을 알 수 있다. 이처럼 시장에 대한 공적 규제

---

33) Ha-Joon Chang, Breaking the mould:an institutionalist political economy alternative to the neo-liberal theory of the market and the state, Cambridge Journal of Economics(2002), 542~543면.

의 경우에는 실질적인 규제업무를 행정기관이 수행하든지 아니면 비정부조직이 담당하든지 간에 일반 행정작용과 마찬가지로 엄격한 법치주의적 통제를 받는다고 봄이 타당하다. 따라서 국가사무를 행사하는 규제기관의 권력은 법에 근거해야 하며 이에 근거한 규제행위는 법적 한계를 갖는다는 법치주의 원리의 적용을 받는다. 또한 헌법 제119조 제1항에 의거하여 시장의 규제자에게 시장의 자율성을 존중하는 규제태도를 가질 것을 요구하는 행위기준의 의미를 갖는다고 봄이 타당하다.

국가가 '시장의 자율성'을 존중하기 위해서는 시장의 자율규제(Self-regulation)기능이 강화되어야 할 필요성이 있다. 자율규제는 금융시장의 피규제기관들이 공정하고 건전한 거래질서 또는 사업의 관행을 정착시키고 유지하기 위하여 자율적으로 규칙을 제정하여 이를 준수할 것을 약속하고, 이를 위반하는 자에 대하여 스스로 징계를 가하거나 시장에서 퇴출시키는 등 자율적 규제를 행하는 것을 말한다.34) 자율규제에는 피규제기관이 스스로 정한 기준과 절차에 의하여 자신의 행위를 통제하는 개인적 자율규제가 있고 피규제기관들이 공동의 관심사를 가지고 일정한 목적을 추구하는 조직이 구성원에게 그 조직의 권위와 일정한 권한을 바탕으로 규제권을 행사하는 집단적 자율규제가 있다고 한다. 일반적으로 시장에서 자율규제를 말하는 것은 집단적 자율규제를 의미하는데 이는 공동의 관심사를 가지고 일정한 목적을 추구하는 조직이 구성원에게 그 조직의

---

34) 나석진, "증권시장과 자율규제", 『비교사법』 제11권 3호, 466면.

권위와 일정한 권한을 바탕으로 규제권과 감독권을 행사하는 것을 말한다.[35] 예를 들면, 증권시장에서 자율규제란 금융기관을 회원으로 하는 단체가 규제대상인 구성원들의 합의에 따라 구성원들에 대하여 자율적으로 행하는 규제를 말한다. 공적 규제가 법률 규정에 근거하여 규제가 이루어지므로 피규제자의 규제수용의사에 관계없이 규제가 이루어지는 반면 자율규제는 법률상 근거 없이 피규제자의 동의를 전제로 한다는 점에서 차이가 있다.[36]

한편, 자율규제가 갖는 여러 가지 의미에도 불구하고 자율규제가 시장규율의 영역에서 공적 규제를 완전히 대신할 수는 없는 것이므로 공적 규제와 자율규제 영역의 구조를 어떻게 정립할 것인가 하는 문제가 있다. 우리 헌법 제119조 제1항과 제2항의 해석상 공적 규제를 좀 더 강화해야 한다는 입장에서 보자면 자율규제 영역은 공적 규제를 보조하는 정도의 범위에 그쳐야 할 것이다. 국가감독기관과 자율규제기관이 병존하는 경우 자율규제에 맡기는 것이 보다 적합한 업무로서, ① 위임에 의한 감독보조적 규제기관, ② 일상적·반복적·기능적 성격의 규제업무, ③ 감독기관의 인적·물적 능력의 한계로 인하여 직접 영위하기 어려운 업무, ④ 자율적 질서형성이 요구되는 영역의 규제기능, 즉 당해 영역의 구체적인 질서가 국가의 입법자에 의하여 정해지기보다는 당사자들에 의하여 자율적으로 정

---

35) 김성수, "금융감독법상 자율규제에 관한 연구", 『공법연구』 제34집 제 1호(2005. 11.), 352면.

36) "금융유관기관 기능 활성화: 자율규제기능 확대", 『정책토론회 자료집』, 한국개발연구원(2000. 5.), 5면.

해지는 것이 타당한 영역, 예컨대 전문적 영역, 전문적인 특정집단을 규제대상으로 하는 규제, ⑤ 감독기관이 직접 규제하는 것이 기업경영에 간섭을 야기하며 기업의 자유와 창의를 억제하게 될 우려가 있는 규제기능[37] 등을 들 수 있다.

만일 위에서 살펴본 바와 같이 우리 헌법 제119조 제1항과 제2항과의 관계를 원칙과 예외의 관계로 이해할 경우, 금융시장에서 국가의 규제보다 금융기관 자신의 자율규제가 우선되어야 한다는 논리가 성립한다. 즉 금융기관은 제119조 제1항에 따라 국가로부터 영업활동의 자율성을 보장받고 금융시장의 위험요소를 원칙적으로 자율규제방식으로 제거할 수 있는 권리를 부여받고 이에 따른 책임을 부담한다고 해석할 수 있다.[38]

우리의 경우, 현재 금융기관에 대한 자율규제기구로는 각 금융기관 종류별 동업자 단체인 협회와 중앙회가 있고 이 밖에 증권기관의 경우 증권선물거래소가 있다. 종류별 협회로는 은행, 증권, 선물, 자산운용, 생명보험, 손해보험, 여신전문금융협회 등이 있고 업종별 중앙회로는 농·수산협동조합중앙회, 전국신용협동조합중앙회, 상호저축은행중앙회 등이 있다. 이 중 중앙회는 회원조합 또는 회원저축은행에 대한 지도와 검사기능을 수행하고 각 협회는 공정한 경쟁질서 확립을 위한 기준 제정 그리고 기준위반 시 제재업무 등을 수행

---

37) 이원우, "변화하는 금융환경 하에서의 금융감독체계 개선을 위한 법적 과제", 『공법연구』 제33집 제2호(2005. 2.), 66면.

38) 김성수, "금융감독법상 자율규제에 관한 연구", 『공법연구』 제34집 제1호(2005. 11.), 361면.

한다.39) 그러나 금융시장에서 자율규제의 영역은 공적 규제를 보조하는 데 그치고 있어서 규제의 중심이 공적 규제에 현저히 치우쳐 있다고 평가할 수 있다. 그러나 금융겸업화의 진전에 따른 업무영역 확대 등을 감안할 때 공적 규제 중심의 규제체계로는 증가하는 규제수요에 대한 효율적 충족이 곤란하다고 지적되고 있다.40)

금융시장에 대한 규제권의 행사주체를 결정하는 문제는 그리 단순한 문제가 아니다. 그 이유는 자율규제의 효과가 명백하게 검증되기가 어렵고 설령 검증되더라도 많은 시간이 요구되기 때문이다. 그러나 공적 규제의 실패가 명백하게 드러난 영역에서 자율규제를 실험하는 것은 다른 선택이 없는 필요적 선택이라고 말할 수 있다. 따라서 자율규제를 선택한 이상 자율규제의 시점과 방법의 문제만이 남는다고 볼 수 있다.

---

39) 강병호, "우리나라 금융감독 및 자율규제체계에 관한 연구", 『규제연구』 제14권 제1호(2005. 6.), 207면.

40) 공적 규제는 가능한 한 건전성 중심으로 운영되고 미시적 시장규제는 자율규제기구가 담당하는 것이 타당하다. 특히 영업행위에 대한 규제는 규제의 탄력성 및 규제범위의 확장성 등이 뛰어난 자율규제기관에서 담당하는 것이 보다 효율적이다. 증권업의 경우 금융감독위원회(원)는 증권회사 인·허가 심사 및 재무건전성 감독, 불공정거래 조사 및 발행시장 규제 등에 집중하고 그 밖의 규제는 가능한 한 증권업협회와 증권선물거래소 등 자율규제기구에 위임하고 자율규제기구의 업무처리의 적정성을 사후 감독하는 방식으로 감독업무를 수행하는 것이 바람직하다. 특히 피규제기관에 대한 중복규제 방지 등을 위하여 공동검사 실시 등 공적 규제기구와 자율규제기구 간의 긴밀한 협조체제를 유지할 필요가 있다. 강병호, "우리나라 금융감독 및 자율규제체계에 관한 연구", 『규제연구』 제14권 제1호(2005. 6.), 211면.

(2) 自律規制의 意味

자율규제라는 어휘는 상당부분 모순적인 면이 있다. 잠재적으로 규제회피를 원하는 피규제기관에게 자기규제를 하라는 것이 과연 가능할 것인가 하는 의문 때문이다. 그러므로 국가가 피규제자에게 자율규제권을 부여한다는 것은 피규제자에 대한 상당한 정도의 신뢰와 믿음을 바탕으로 하고 있다는 것을 의미한다. 다른 한편으로는 피규제기관 역시 이 신뢰와 믿음의 수준에 맞는 강한 책임성을 부담해야만 '금융시장의 안정성'을 목적으로 하는 자율규제가 계속적으로 유지될 수 있음을 의미한다.

한편, 자율규제는 다음과 같은 장점을 갖는다고 말할 수 있다. 첫째, 근접성(proximity)이다. 자율규제기관(self-regulatory organizations)은 국가보다는 규제대상으로부터 밀접한 관계를 가지고 있다. 이러한 밀접성은 자율규제기관이 빠르게 변화하는 규제대상으로부터 좀 더 세부적이고 살아 있는 정보를 수집할 수 있도록 한다. 또한 국가는 규제대상의 변화를 따라잡기에는 둔감하게 움직이는 데 반해서 자율규제기관은 규제대상의 예상가능한 잠재적 문제까지도 보다 빠르게 해결할 수 있다. 둘째, 유연성(flexibility)이다. 자율규제기관은 완전히 자유로운 것은 아니지만 정부조직보다는 훨씬 자유롭고 유연한 규제업무를 수행할 수 있다. 왜냐하면 그들은 적법절차의 원리나 정치적인 압력으로부터 어느 정도 자유롭기 때문이다. 또한 국가는 대중적이지 않거나 매우 복잡한 사안을 처리하는 데 있어서 관심을 갖지 않기 때문에 이런 부분을 쉽게 자율규제기관에게 위임하는 경향이 있다. 셋째, 순종성(compliance)이다. 규제규칙을 제정하는 데 있어서 피규제기관을 참여시키면 시킬수록 규칙에 대해서 피규제기관은 쉽게 따르게 된다. 이는 자율규제가 '반응적 규제(responsive or reflexive regulation)'라는 의미도 된다. 반응적 규제라는 것은 규제주체가 일정한 규제수단을 동원하는 경우 규제대상은 이에 대하여 그 취지와 목적을 이해하여 적극적으로 반응하는 것을 말한다.[41] 넷째, 시장의 집단적 이익(collective interests of industry)을 이용하는 것이다. 피규제기관들의 공동의 이익을 위해서 규제한다는 명분을 스스로 명확히 해서 규제기관 간 경쟁자로서 서로를 감시할 수 있다는 것이다. 따라서 공적 규제가 내세우는 규제목적보다는 규제 순응성이 훨씬 향상될 수밖에 없다. 다섯째, 자율규제는 합리적 자원(resources)이용이 가능하다는 점이다.[42] 공적 규제는 자율규제보다는 규제효과가 떨어지기 때문에 규제비용의 낭비를 초래할 수밖에 없다. 그러나 자율규제는 피규제기관이 모은 자금으로 운용되기 때문에 합리적인 비용통제가 가능하게 되어 규제자원의 낭비를 방지할 수 있다.

공정한 경쟁질서 확립에 대한 자율규제기구의 기능에 의문을 품는 견해도 있지만 적어도 금융기관의 입장에서 공적 규제보다 자율

---

41) 김성수, "금융감독법상 자율규제에 관한 연구", 『공법연구』 제34집 제1호(2005. 11.), 354면.

42) Cary Coglianese; Elizabeth K. Keating; Michael L. Michael; Thomas J. Healey, The Role of Government in Corporate governance, NYU Journal of Law & Business(Fall. 2000), 224면.

규제가 효과적이라고 생각한다는 점은 분명하다. 왜냐하면 금융규제 비용이 어차피 금융기관에서 갹출(醵出)된다고 볼 때 금융기관의 견해가 규제업무에 최대한 반영될 수 있는 자율규제시스템이 선호될 수밖에 없기 때문이다.[43]

결국 자율규제란 '시장의 자율성'구조에서 나오는 필연적 원칙으로서 시장경제질서의 한 요소라고 말할 수 있다. 따라서 시장경제질서가 신뢰와 믿음, 책임성으로 표현되는 민주적 자율규제 제도와 밀접한 연관성을 가진다고 말할 수 있다.

3. 中立과 國家의 役割

오늘날 철학적, 법사회학적인 면에서 공적 규제의 주체로서 국가의 중립성에 대해서 논쟁이 있다. 우선 '중립' 개념의 사전적 의미를 검토해 보면, 중립(中立)이란 '어느 쪽에도 치우치지 않고 공정함(fairness)' 또는 '대립되는 두 편 가운데 어느 편에도 치우지지 않고 중간적인 입장을 지킴(impartiality)'이다.[44]

독일의 헌법학자인 칼 슈미트(Carl Schmitt)는 국가·사회 이원론의 입장에서 국가가 '중립적 권력'으로서 모든 사회권력에서 항상

---

43) Jake Keaveny, In defense of Market Self-regulation-An Analysis of the History of Futures Regulation and the Trend Toward Demutualization-, Brooklyn Law Review(summer, 2005), 12면.

44) 중립은 정치용어로 교전국의 어느 편에도 원조를 주지 않고, 또 전쟁에 영향을 줄 행동을 기피하는 제3국, 국의 중립(neutrality)으로 정의되기도 한다. 『밀레니엄 새로나온 민중서관 국어대사전』(2005), 2300면.

상위에 위치한다고 생각하였다.[45] 칼 슈미트는 국가의 중립이란 "국가와 사회가 구분되는 것을 전제로 하여 국가가 종교·신앙·세계관·경제·예술·문화 등의 사회의 생활영역에 대하여 중립을 지키는 것"[46]이라고 말하고 국가의 중립을 국가가 사회에서 국가로의 input 과정에 개입하지 않는다는 것을 말하는 '소극적 의미의 중립(negative neutralität)'과 국가가 이미 결정된 국가의사를 집행함에 있어서 제3자의 지위에서 중립을 지킨다는 '적극적 의미의 중립(positive neutralität)'으로 나누었다.[47] 그리고 다시 전자를 ① 불간섭, 공평함, 불개입, 수동적 관용 등의 의미에서의 중립성, ② 국가를 도구적인 것으로 이해하는 의미에서의 중립성, ③ 국가의 의사형성에서의 기회균등이라는 의미에서의 중립성, ④ 동등이라는 의미에서의 중립성 등으로 분류하고, 후자는 ① 인정된 규범을 기초

---

45) 위르겐 하버마스/한상진·박영도 共譯, 『사실성과 타당성』, 나남출판(2000), 222면; 곽순근, "현대민주국가에 있어서의 다원주의에 관한 연구", 연세대학교 대학원 석사학위논문(1987), 75면 재인용; C. Schmitt, Das Problem der innerpolitischen neutralität des Staates(1930) in verfassungsrechtlich Aufsätze aus den Jahren 1924 – 1954, Dunker-&Humblot(1973), 41~59면.

46) 곽순근, "현대민주국가에 있어서의 다원주의에 관한 연구", 연세대학교 대학원 석사학위논문(1987), 75면 재인용; C. Schmitt, Das Problem der innerpolitischen neutralität des Staates(1930) in verfassungsrechtlich Aufsätze aus den Jahren 1924 – 1954, Dunker&Humblot(1973), 41면.

47) 곽순근, "현대민주국가에 있어서의 다원주의에 관한 연구", 연세대학교 대학원 석사학위논문(1987), 76면 재인용.

로 한 객관성과 사실성이란 의미에서의 중립성, ② 이기적인 이해관계에 있지 아니한 전문지식에 기초한 중립성, ③ 대립된 집단화를 포괄하는, 따라서 이러한 대립성 모두를 자체 내에서 상대화하는 통일체와 전체성을 표현하는 것으로서의 중립성, ④ 제3자로서 필요한 경우에 외부에서 결정을 내려 하나가 되게 만드는 국외에 있는 외부인의 중립성 등으로 분류하고 있다.[48]

칼 슈미트가 이처럼 중립의 의미를 나눈 것은 국가의 중립성 문제가 국가의 사회에 대한 무조건적인 불간섭이나 절대적 불개입을 의미하는 것이 아니라는 것을 주장하려고 했기 때문이다.

그의 관점에서 보자면 국가는 시장의 구성원과는 이질적인 존재이지만 상위의 권력 또는 제3자의 입장에서 시장의 근본적인 구조(시장의 자율성)의 왜곡이나 붕괴를 막는 정도의 개입은 중립성의 개념에 포섭될 수 있다는 의미로 해석될 수 있을 것이다. 그런 의미에서 칼 슈미트는 자유주의의 경제질서의 문제를 인식하고 시장실패의 문제와 이를 교정하기 위한 국가의 개입 그리고 개입의 밀도에 대한 문제에 대해 고민했다고 볼 수 있을 것이다. 이보다 후대의 학자인 클라우스 슐라이흐(Klaus Schlaich)는 칼 슈미트와 마찬가지로 국가와 사회를 구분하여 비동질성의 원칙(prinzip der nicht-identifikation)에 입각하여 가능한 한 국가는 사회의 활동에 간섭하지 않으며 개개의 사회집단의 다원성을 인정하고 이들 사회

---

48) 칼 슈미트/ 김효전 譯,『정치적인 것의 개념』, 법문사(1995), 117~123면; 노기호, "교육의 정치적 중립성과 교원의 정치적 권리의 제한",『공법연구』, 제28집 제3호(2000. 3.), 178~179면, 각주 4) 재인용.

집단을 동등하게 대하여야 한다고 주장하였다.[49]

근대 이후 정치영역에서 민주주의의 발전과 사회영역에서 시장의 원칙이 확립되면서 과거 국가가 갖고 있는 절대적 힘은 크게 완화되었다. 특히 경제영역은 시장의 원칙이 지배하면서 국가는 시장이 그 기능을 유지하기 위해서 법을 통해서 필요한 질서를 창출하고, 시장에 대한 최소한의 개입을 하는 데 그치고 있다.[50] 국가는 전통적인 과제, 즉 치안, 자국민의 생명, 신체, 자유 등을 보호하는 문제 등에 있어서 법을 통하여 개인의 권리에 제한을 가하였다. 그러나 국가가 사회경제영역에 대한 개입을 하더라고 이는 어디까지나 개별사항에 대한 규제와 조정이지 사회경제질서에 대한 구조적인 형성을 목표로 한 것은 아니다.[51]

현대 사회에서 '국가의 중립'에 대한 논쟁은 다음과 같은 것이다. 첫째, 국가는 방임적 중립자의 역할을 수행해야 한다는 이론이다. 오늘날 사회구성원들이 서로 다른 다양한 종교, 가치관, 세계관을 지니고 살아가는 데 있어서 국가가 어떤 특정한 종교나 가치관을 편파적으로 지원하거나 장려해서는 안 되며, 그 다양한 신념체계들

---

49) 곽순근, "현대민주국가에 있어서의 다원주의에 관한 연구", 연세대학교 대학원 석사학위논문(1987), 77면 재인용; Klaus Schlaich, Neutralität als verfassungsrechtliches Prinzip vornehmlich im Kulturverfassungs und Staatskirchenrecht, Mohr Siebeck(1972), 9면.

50) 국가의 경제 개입관계는 역사적 발전단계에 따라 변모를 거듭해 왔다. 권영설, "국가경제와 법 — 진단과 전망 —", 『공법연구』 제29집 제2호(2001. 2.), 2면 이하.

51) 전광석, 『한국헌법론』, 법문사(2006), 9면.

에 대해서 중립적이어야 한다고 주장한다. 또한 국가는 국민이 특정 종교나 가치관을 갖도록 강제하거나 유도해서는 안 되며 어떤 삶이 가치 있는 삶인가에 대해서는 국민 각자의 선택에 맡겨야 한다는 주장이다. 이는 정치철학적인 면에서 자유주의자(Libertarian)들의 주장이기도 하다.[52]

오늘날 분배적 정의를 실현하기 위한 국가의 시장에 대한 케인지언적인 개입을 비판하고 등장하여 세계를 휩쓸고 있는 신자유주의(Neo-Liberalism) 또한 동일한 이론적 배경을 갖는다고 볼 수 있다. 그러나 그들이 국가의 시장에서의 역할을 일관되게 중립적이어야 한다고 주장하지는 않는다. 경제학의 사조 중 자유주의에 입각한 신고전주의학파(그중 특히 후생경제학파) 역시 개입주의적 성향을 뚜렷하게 띠는데 그들의 외부경제효과에 대한 이론을 검토해 보면 재화의 생산과정에서부터 환경오염이라는 형태의 부정적 외부경제효과를 산출하기 때문에 순수한 시장원리로 분석하고 있지 않다는 것을 알 수 있다.

결국 시장가격이 시장의 자율성에 기반을 두는 것이 아니라는 점을 입증하는 셈이다.[53] 시장가격은 사실 경제의 문제이면서 정치의 문제이다. 정치적 고려나 관심이 시장가격에 영향을 미친다. 따라서 신자유주의자들이 주장하듯이 시장자율성의 합리성 또는 과학성이란 매우 정제되고 제한되어야 할 개념이라는 사실을 이해할 필요가

---

52) 김영기, "자유주의와 공동체주의", 『철학연구』 제95집(2005. 8.), 23~25면.
53) 장하준, 『국가의 역할』, 부키(2006), 114~117면.

있다. 이러한 논리는 정치가나 관료주의자 또는 기업가들에 의해서 국민이 반드시 지켜야 할 이념처럼 대중화되어 갔지만 그들이 시장의 자율성을 강조해서 국가의 역할을 매우 제한시킨다는 점을 고려한다면 시장의 자율성을 매우 정치적으로 왜곡시키고 있다고 볼 수 있다. 그들은 정부의 비규제, 민영화, 독립된 정책기관으로부터 규제행위를 집행하도록 하지만 그 행위는 과거보다 더 관료적이고 비독립적으로 작동되어서 시장의 자율성을 붕괴시키고 필요한 생산성과 효율성을 얻어내지 못하고 있는 것이다.[54] 둘째, 국가의 중립성에 대해 회의적인 견해이다. 오늘날 전통적 가치들이 무너지고 공동체의 유대가 사라지게 된 것은 바로 자유주의자들이 개인의 자아를 잘못 이해하여 국가의 방임적 중립성을 신봉했기 때문이라고 지적하였다.[55]

올바른 자유 개념은 자치(self-government)로 이해되어야만 하는데 자유주의자들은 자유를 극단적으로 이해하여 자신의 가치관을 '자유롭게 선택하는 자유'로만 이해하기 때문에 타인의 자유와의 관계에서 지속적이고 충돌적 국면을 맞이할 수밖에 없고 결국 자신들이 보장받는 자유마저도 위태롭게 된다고 주장한다.

이들은 국가가 국민들이 공적인 일에 대해 지속적인 관심을 가지

---

54) Ha-Joon Chang, Breaking the mould:an institutionalist political economy alternative to the neo-liberal theory of the market and the state, Cambridge Journal of Economics(2002), 549면.

55) A. MacIntyre, After Virtue, University of Notre Dame Press(1984), 254~255면.

도록 교육하여 국민들이 공적인 일의 결정에 참여할 수 있도록 해야 하기 때문에 국가는 중립적이어서는 안 되며 지속적으로 사회를 격려하고 개입해야 한다고 주장한다.[56] 군터 토이프너(Gunther Teubner)[57] 교수는 그의 논문에서 독일 벤츠사(Daimler Benz AG)의 노조 임원직 선출과 관련하여 노조의 다수자들과 이에 대항하는 소수자들이 결성한 무지개 연합(The Rainbow Coaliton)과의 갈등을 통하여 국가의 방임적 중립성이 사회조직의 자율성을 보장하는 것이 아니라 오히려 왜곡시키고 붕괴시킨다는 것을 주장하였다. 그는 전후 독일의 예를 들어 다원주의자들이 주장하는 국가의 중심적 위상은 오늘날 그 의미를 상실하고 있으며 이들의 주장은 국가조합주의자들(Corporatism)의 주장으로 대체됐다고 주장한다.[58] 이는 곧 사회 조직 내부법에 대한 국가의 규제를 강화하는 것으로 나타나게 되었다.

오늘날 국가 역시 다른 자신만의 이해를 가지고 사회 속에서 자신의 가치를 실현시키려고 노력하는 존재라는 공동체주의자들의 국가 인식은 타당하다. 그러나 국가의 가치는 다른 사회조직들이 갖는 가치와는 달리 사회의 자율성(즉 시장의 자율성)의 확보라는 공적

---

56) 이러한 주장은 대개 공동체주의자들(Communitarianism)이 하고 있다. 김영기, "자유주의와 공동체주의", 『철학연구』 제95집(2005. 8.), 24면.

57) European University Institute, Firenze, and London School of Economics의 법학 교수.

58) Gunther Teubner, The state of Private Networks－The emerging legal regime of Polycorporatism in Germany－, the Brigham Young University Law Review, 553～554면.

가치를 실현하는 것에 있다. 그러므로 국가는 시장의 자율성을 최대한 존중한다고 해서 일체 시장에 개입하지 않는 식의 방임적 중립을 유지해서는 안 되며 시장의 자원배분 메커니즘이 적어도 그 자율성을 유지할 수 있도록 최소한의 규제와 조정의 권한을 행사해야 할 의무가 있다.[59] 결국 금융감독과 관련하여 국가는 금융시장의 자율성을 확보하기 위한 감독정책을 수립·집행하고 시장의 자율성을 파괴하려는 힘에 대응하기 위해서 시장의 중재자 또는 조정자(moderator)로서의 적극적 중립의 규제태도를 견지해야 한다.[60]

Ⅲ. 金融監督의 中立

1. 意 義

금융시장의 복잡한 이해관계 속에서 중재자 또는 조정자로서 국

---

59) 권영설, "국가경제와 법 ― 진단과 전망 ―", 『공법연구』, 제29집 제2호(2001. 2.), 2면.
60) 지규철 교수는 독일 Böckenförde의 국가의 중립성이해를 인용하며 중립성이란 어떤 특수한 것과의 비동일성을 말하는데 현대국가는 특정한 특성(besondere eigenschaften)을 갖지 않는 공동체, 즉 일반성(Allgemeinheit)을 본질적 특징으로 하고 있다고 주장한다. 그의 입장에 따르자면 한 국가가 어떤 경제질서를 갖는가 하는 문제와는 별도로 현대국가의 중립성이란 국가 자체의 본질적 특성에서 유래한다고 본다. 지규철, "독일에서의 국가의 종교적 중립성", 『부경대학교 논문집』 제3권 제1호(1998. 12.), 181면.

가가 중립을 견지한다는 것의 의미는 시장의 자율적 메커니즘을 보
호한다는 것을 말한다. 반면에 관치금융은 국가가 정치적 압력이나
행정적 편의 등을 이유로 금융시장의 자율성을 왜곡하거나 파괴하
는 것을 의미한다. 관치금융은 금융정책당국이 편향적인 가치의사를
가지고 금융시장에 적극적으로 개입함으로 해서 시작된다. 우리가
금융감독의 중립을 논의하기 전에 관치금융의 특성을 알아봄으로
해서 시장의 자율성과 금융감독 중립의 필요성에 대한 이해를 깊게
가질 필요가 있을 것이다.

2. 官治金融의 特性

(1) 短期景氣浮揚을 위한 金融政策

관치금융은 단기적 경기부양을 위한 금융감독의 과도하고 자극적
인 단발성 금융정책에서 비롯된다고 볼 수 있다. 예컨대 2000년대
에 들어서 금융위기상황은 주로 가계부채의 증대와 여신전문회사의
부실화를 배경으로 하고 있는데 이러한 금융위기는 소비진작을 통
한 경제활성화라는 정부의 경제정책이 단초가 되었던 것으로 평가
된다. 즉 경기부양을 추진하는 정부의 경제정책에 대해 시장의 건전
성을 책임지는 감독당국이 적기에 적절한 통제를 가하지 않고 오히
려 동조함으로써 위험을 증폭시켰다. 2004년 LG카드 유동성 위기
에 대한 감사원 자료를 살펴보면 사태의 총체적인 책임은 카드사
그리고 카드사용자에게 있다고 분석하고 있고 금융감독당국의 정책

실패에 대해서는 언급이 없었으나[61] 사실 이 사건의 본질은 IMF체제 이후 긴축된 소비심리를 되살리기 위해 재경부, 금융감독위원회, 금융감독원 3자가 경기부양정책의 일환으로 카드의 현금서비스 이용한도를 폐지하는 등 국민들의 카드사용을 독려하고 카드사로 하여금 카드발급을 부추김으로써 발생한 것이다.[62] 금융정책당국이 경기부양을 위한 정책수단의 선택과 시행시점에 대해 성급하게 결정하는 등 정책재량권의 남용이 금융시장을 교란시키고 금융기관과 국민들에게 엄청난 피해를 남긴 것이다.[63] 결국, 금융정책당국이 거시경제목표 달성을 위해서 과도하게 금융시장의 수요·공급을 조작하는 단기적 경기부양정책을 시행하는 것이 관치금융의 특성을 이룬다고 볼 수 있다.

---

61) 『금융기관 감독실태조사 감사결과보고서』, 감사원(2004. 7. 16.).

62) "신용카드대란에 대해서 내수진작을 위해서 카드사용을 정책자들이 독려하고 소득세 공제까지 해 준 것이 문제였다기보다는 카드의 고유 업무영역인 지급결제부분이 아니라 부대업무인 현금서비스와 카드론, 즉 신용카드에 대한 현금서비스 한도를 총액한도로 바꾸게 된 데 직접적인 원인이 있다고 한다." 나경원, "국내 금융산업의 현황과 과제", 『국정감사보고서』(2004. 10.), 49면.

63) "정부의 내수 진작으로 인해 무분별한 카드 발급이 있었고, 금융감독원에서는 가장 과당 경쟁을 일삼은 LG카드, 삼성카드, 외환카드에 대해 2002. 2. 27.부터 3. 15.까지 영업정지를 내렸으며 이 기간 동안 국민카드가 국민카드소지자에게 국민BC카드를 중복발급하기도 하고 3개 카드사가 영업정지 당한 기간 동안 과다한 모집을 하였다." 나경원, "국내 금융산업의 현황과 과제", 『국정감사보고서』(2004. 10.), 47면.

(2) 業績中心의 金融政策

구체적인 금융정책의 사례를 검토해 보면 그 정책의 취지가 아무리 좋아도 금융정책당국이 이를 현실에서 제대로 실현시킬 수 있는 의지와 능력을 가지고 있지 못한 상태에서 실적 위주로 정책권한을 행사하는 경우가 많다는 것을 알게 되는데 이를 전시행정(展示行政)이라고 할 것이다. 예컨대 최근 금감원은 소득에 따른 주택대출제한(DTI)규제를 전국의 금융권으로 확대하겠다고 발표하였다.64) 이 조치는 극심한 부동산 투기를 억제하기 위하여 국민들이 상환능력이상으로 무리하게 대출을 받아 집을 샀다가 감당을 하지 못하는 경우 등이 빈발하여 국가경제 전반에 부담을 주는 상황을 막겠다는 의도로 이해될 수도 있다. 그러나 DTI 규제는 ① 소득격차로 대출을 제한할 경우 소득이 적은 서민들이 내집 마련을 할 기회를 상실하게 될지 모른다. 장기 주택대출이 활성화되어 있지 않은 우리의 경우, 소득대비 집값이 매우 높은 상황에서 서민들은 집을 장만하려는 의지를 잃을 것이다. 또한 ② DTI 규제는 고소득자가 대출을 더 받을 수 있는 구조이기 때문에 고소득자 중심의 부동산 투기를 근절할 수 없다는 근본적인 문제가 있기 때문에 당초 2006. 11. 금감원의 부동산대책 발표 시 DTI 규제의 적용예외 규정을 두었다. 이와 같은 심각한 문제점에도 불구하고 금감원이 서둘러서 이 규제의 전면시행을 강행하려는 것은 이 정부가 부동산값 억제를 정부의 최

---

64) "소득수준별 대출제한 전국, 제2금융권 확대", 조선일보(2007. 1. 4.), B1면.

우선과제로 삼고 있는 것과 밀접한 관련성을 가진다.

과거로부터 지금까지 관치금융의 여파로 금융시장에 대한 정치·행정권력의 압력에 자유로울 수 없는 우리의 경우에 금융기관은 정치권이나 경제관료의 눈치를 볼 수밖에 없고 위와 같은 업적 위주의 무리한 경제정책에 금융감독당국이 순응하는 정책수단을 강구할 수밖에 없기 때문에 결국에는 전반적인 금융감독 정책업무의 중립을 저해하는 요인이 되고 결국 이런 업적 위주의 감독행정을 시행하는 감독당국은 금융정책의 일관성 있는 추진이 어려워짐은 물론이고 금융정책에 대한 금융시장의 신뢰 역시 받지 못하게 된다.

(3) 節次的 適法性의 無視

관치금융은 금융정책을 시행함에 있어서 법이 정한 절차를 무시하고 정책시행의 신속성과 효과성에 치중하는 경향을 보인다. 그러나 법치주의적 관점에서 보자면 국민의 경제생활관계에 직·간접적으로 막대한 영향을 미치는 금융감독행정의 근거와 한계는 법에 정해야 함은 물론이고 감독행정의 절차적 적법성의 준수 역시 필히 요구된다. 이는 우리 헌법 제12조에 의거한 적법절차의 원칙(due process of law)에서 비롯된다고 할 것이고 이는 곧 법치국가원리의 실현원리로서 모든 기본권 제한에 있어서 준수되어야 한다. 예컨대 금융감독당국의 금융기관 임원에 대한 문책경고조치를 함에 있어서 당사자는 자기에게 유리한 사실을 진술하거나 필요한 증거를 제출할 수 있는 청문의 기회가 보장되어야 함에도 불구하고 과거 관치

금융의 역사를 보건대 절차적 적법성이 쉽게 무시되어 왔다.[65]

금융감독이 오늘날 갖는 행정서비스의 관점에서 비추어볼 때 금융감독행정의 절차적 정당성 문제는 그 어떤 국가행정보다 강조되어야 한다. 더군다나 현재의 법제에서 금융감독당국은 행정입법권을 가지고 있으므로 절차의 정당성을 스스로 창조하고 있고, 스스로 만든 절차에 따라서 금융감독 업무를 수행하고 있으므로 금융감독행정에 있어서 절차적 적법성의 문제는 관치금융을 판별하는 시금석이 된다고 볼 수 있다.

(4) 預金者保護機能의 弱化

관치금융은 행정편의를 내세우면서 금융기관의 주주나 예금자의 이익을 무시하는 형태로 표현될 수 있다. 일련의 금융감독당국의 도덕적 해이로 빚어진 사건을 검토해 보면 감독당국이 금융감독의 본래의 목적인 '예금자 보호'(「금융위원회의설치등에관한법률」 제1조; 이하 「금감법」으로 약칭함)[66]를 위하여 감독업무를 수행하는 것이 아니라 오히려 예금자의 이익에 반하는 행정편의적 사고를 가지고 업무 수행을 하는 경우가 빈번하다는 것을 알 수 있다. 예컨대 금융감독원은 불공정행위의 혐의가 농후한 피감독기관의 조사를 유예한다든지 검사요구를 받고도 거부한다든지 이미 부실해진 금융기관

---

65) "국민銀 외국인 주주들 새 행장 뽑을 경우 정부 후보는 비토", 조선일보(2004. 9. 11.), A20면.

66) 2008. 2. 29. 기존의 「금융감독기구의설치등에관한법률」은 「금융위원회의설치등에관한법률」로 법률명칭이 바뀌었다.

을 소위 국민경제의 안정을 이유로 살리기 위해 유관 금융기관에게 구조요청을 지시하였다.[67] 그리고 만일 구조지시를 받은 금융기관이 이를 거부하면 거부한 금융기관이나 금융기관의 장에게 불이익을 주는 경우도 있었다.[68] 결국 이러한 감독당국의 행태는 해당금융기관의 주주 그리고 예금자의 권리와 재산을 침해하는 것이다.

(5) 監督組織의 肥大化

전통적으로 행정을 국가가 직접 담당하는 것이 당연하다고 생각했던 각종 국사사무가 아웃소싱(out-sourcing), 독립행정법인으로의 조직 독립, 민자유치 등으로 인해서 업무수행 주체의 범위가 넓어졌다.[69] 따라서 관치금융으로 인한 사회경제적 비용을 감소시키고 금융감독에 소요되는 총체적 비용을 감소시키기 위해 금융감독기구의 조직과 업무를 축소시켜야 한다는 논의는 경제학이나 행정학뿐만

---

67) "1999. 7. 정부는 대우그룹의 기업어음(CP) 매입을 금융기관에 강요하였고 이에 금융기관들은 4조원의 부실을 강제로 부담하게 되었다." 오수근, "기업구조조정과 법치주의", 『공법연구』 제29집 제2호(2001. 2.), 101면 각주 15) 재인용.

68) 최근 LG카드사의 부실을 시중금융기관이 떠맡는 형태의 정부의 구제방안을 처음부터 강하게 거부해온 당시 김정태 은행장을 국민은행 회계부정을 들어 제재심의위원회를 열어 문책경고하여 결국 사직게 한 사례를 들 수 있다. 기업회계와 세법의 차이로 큰 문제가 아니라는 것이 국민은행측의 반론이었다. 김양수, "관치금융의 산물 LG카드사태", 『재정경제부 국정감사 질의자료집』(2004. 10.), 50면 이하.

69) 서원우, "행정시스템의 변화와 21세기 행정법학의 과제", 『공법연구』 제30집 제4호(2002. 6.), 4면.

아니라 현대 공법학 측면에서도 중요하다고 말할 수 있다.

그럼에도 불구하고 지금의 금융감독조직처럼 업무중복의 위험이 크기 때문에 감독비용이 과도하게 들 수밖에 없는 금감위 – 금감원의 체제는 관치금융의 탈피라는 법적 과제의 해결을 어렵게 한다.

특히 금감위의 사무국을 확대하는 문제는 금감원과의 업무중복의 문제뿐만 아니라 금융감독의 정책결정과 집행과정에서 정부의 관치적 의사가 관철될 가능성을 크게 하기 때문에 관치금융을 공고히 할 수밖에 없다.70)

(6) 投機的 外國資本에 대한 規制一貫性 缺如

과거 우리나라의 급속한 경제발전의 배경에는 차관의 형식으로 도입된 외국자본의 힘이 있었다. 더군다나 IMF외환위기를 거치면서 외국자본는 이를 극복하는 데 큰 도움을 주었다. 그러나 이후 대규모로 유입된 외국자본은 국내 금융시장에서 여러 가지 부정적인 행태를 보여 왔다. 특히 외국자본의 치고 빠지는 식의 부정적 투기거래행태는 '국부유출' 논란까지 일으켰다.71)

이처럼 외국자본의 투기성 문제가 심각한 상황에 이르렀지만 금융감독당국은 규제에 대한 일관적 태도를 보이고 있지 못하다. 즉 평소에는 감독당국이 외국자본에 대해서 관용적인 태도를 보이다

---

70) "다시 도마에 오른 모피아", 조선일보(2006. 7. 1.), A30면.
71) "불법 외환거래 혐의 40여개 기업 조사중", 조선일보(2004. 10. 6.), B1면.

가도 투기적 외국자본으로 인해서 국내자본이 큰 손해를 보게 되면 일시적인 규제대책을 금융시장에 내놓고 엄격규제를 선언하기도 한다.[72) 결국 이런 투기적 외국자본에 대한 일관되지 않은 감독당국의 태도는 금융정책당국의 과도한 규제재량권과 이에 대한 통제권의 미비 그리고 외국자본의 유입과정에서 외국자본과 금융정책관료와의 유착 때문인 경우가 많다. 이러한 연결고리는 결국 관치적 의사가 시장을 지배한다는 관치금융의 오랜 관행으로 굳어진 것이다.

3. 金融監督院의 中立에 대한 論議와 中立의 槪念

(1) 金融監督院의 中立 論議

헌법 제119조 제1항에 의거하여 국가의 금융규제는 시장자율성을 존중하는 범위 내에서 행사되어야 한다. 금융질서는 일인 또는 소수자에 의해 좌지우지되는 '독점적 질서'가 아니라 시장참여자의 자유로운 활동에 의해서 그 향방이 결정되는 '자율적 질서'이어야 하므

---

72) 2000. 6. 금융감독원은 은행 자금담당 임원회의를 소집해 시중 유동성 경색해소를 위한 조치로 10조 원 규모의 채권펀드를 금융기관에 강제로 할당하고, 총 8조 원 규모의 제2채권시장안정기금을 강제로 할당하였으나 제일은행은 외국자본이 인수했다는 이유로 펀드 참여를 면제해 주었다. 오수근, "기업구조조정과 법치주의", 『공법연구』 제29집 제2호(2001. 2.), 101면 각주 15) 재인용. 한편, 최근 외환은행불법매각과 관련하여 투기적 외국자본의 문제가 사회적 이슈가 되자 금융감독당국은 투기적 외국자본에 대한 엄격한 규제입장을 내세우고 있다. 금융감독원, "외국자본의 불공정거래행위에 대한 감시·감독 강화", 정례브리핑자료(2006. 4. 4.).

로 금융감독당국이 이러한 자율성을 해치는 정책을 수립·시행해서는 안 되고 오히려 이를 예방·교정하는 감독정책을 수행할 의무가 있는데 이를 '금융감독의 중립'이라고 개념화할 수 있다. 다시 말해서 금융감독의 중립이란 '시장의 자율성을 존중하는 금융감독당국의 규제태도'라고 정의할 수 있다. 이는 감독당국이 금융감독정책수립과 집행에 있어서의 중립적 조정자의 입장을 견지할 것을 요구한다. 금융감독의 중립은 시장에서 감독정책과 관련된 다양한 이해관계, 즉 금융감독의 법적 한계의 설정문제, 금융기관의 조직구성의 문제, 예금자보호의 문제, 외국자본의 규제문제, 사이버금융의 문제 등 금융시장 참여자 간에 발생하는 복잡한 이해관계에서 중립적 입장을 취한다는 것을 말한다.

과거 금융감독기구 개편논의가 있을 때마다 금융감독의 중립에 대한 논의는 계속적으로 있어왔다. IMF체제 이전인 1997. 1.에 발족한 금융개혁위원회가 발표한 개편안을 보면 감독개혁의 기본원칙으로 과거에 모든 금융통제권을 가지고 있던 정부로부터 금융감독의 자율성과 중립성을 확보하자는 내용이 담겨 있었다. 금융개혁위원회는 이를 위해서 통화신용정책과 환율 등 거시경제정책을 관장하는 공공기관과는 독립된 별도의 감독기구를 설치하여 전반적인 감독권한 및 업무를 관장하도록 해야 한다고 보았다. 이런 논의는 정부가 가지고 있는 상위목적(경제정책)을 위하여 하위목적(금융건전성)을 희생시킴으로써 발생하는 피해를 방지하기 위한 것이었다. 또한 정치적 포획 현상이 심한 우리나라의 경우 경제관료로부터 감독기능분리와 중립성확보가 감독기능의 충실화에 기여할 것으로 본

것이었다.[73)]

이후 금융감독원의 중립성이 「금감법」 제정 시 한국은행에 준하는 중립성을 아예 법에 명시할 것을 관심 있는 학자들이 요구하였다. 그러나 「금감법」 제정을 최초 주도했던 경제관료들은 금융감독의 중립이 불명확하고 불확정적인 개념이므로 이 개념을 법에 명시하여도 구체적인 의미를 갖는 실효적 규정으로서의 제 역할을 할 수 없기 때문에 법에 명시하는 것을 반대하였다. 그러나 금융감독의 중립을 법에 명시해서 금융감독의 감독규정의 제·개정절차, 정책수립·의결절차, 집행절차, 분쟁해결과정 등의 감독업무 전반에 걸쳐 의사판단의 일관된 기준으로 기능할 수 있으며 궁극적으로 금융시장의 자율성을 존중하도록 감독당국의 중립적 감독의식을 고양시키는 데 일정한 역할을 수행할 수 있을 것이다. 그리고 법에 중립성 개념을 명시한다면 구체적으로 「한국은행법」 제3조와 제4조를 원용하여 정부정책과의 조화는 금융감독의 목적을 침해하지 않는 범위 내에서 이루어진다고 명시해서 정부정책이 감독목적을 지배할 수 있는 가능성을 최소화할 수 있는 근거가 될 수 있을 것이다.[74)] 더군다나 한국은행과 비교해서 금융감독원은 금융감독위원회의 지시·감독을 받는 산하조직이므로 정부로부터 독립된 업무수행이 어렵기

---

73) 금융개혁위원회, 금융개혁 2차 보고서(1997. 6.); 김홍범, 『한국 금융감독 개편론』, 서울대학교출판부(2006), 36면; 김대식, 『금융감독원법 제정을 위한 입법공청회 자료집』, 국회대안정치연구회(2002. 2. 21.), 7면.

74) 『금융감독원법 제정을 위한 입법공청회 자료집』, 국회대안정치연구회(2002. 2. 21.), 23면.

때문에 금융감독의 중립 개념을 「금감법」에 명시해서 금융감독의 중립의지를 명확히 할 필요가 있다. 이러한 규정이 금융감독원의 중립을 선언하는 데 그칠 수도 있겠지만 금융감독 목적을 달성하기 위한 기준과 원칙으로서 금융감독의 중립 개념을 강조해서 감독행정의 모든 의사결정의 판단기준을 제공하고 금감원을 평가하는 기준으로도 활용할 수 있다고 본다.

한편 금융감독의 중립 개념에 대한 사용례를 검토해 보면, 2002년 서상섭 의원의 대표발의안 제2조(중립성과 공정성의 유지 등)에서 "금융감독원은 그 업무를 수행함에 있어 중립성과 공정성을 유지하고 투명성을 확보하며 금융기관의 자율성을 저해하지 아니하도록 노력해야 한다"고 규정하고 있어서 업무수행에 한정하여 금융감독의 중립의 의미를 사용하고 있다.[75] 또한 경제학자들 역시 금융감독의 중립을 주장할 때에도 보통의 경우 업무수행의 중립성 의미로 사용하면서 금융감독원의 중립을 좀 더 명시적으로 「금감법」에 규정해야 한다고 주장한다.

(2) 法學에서 '中立'의 使用例

금융감독의 중립이 논의되고는 있으나 과연 금융감독당국이 감독행정을 시행함에 있어서 중립을 지킨다는 의미가 무엇인지 대한 법적 정의가 없다. 따라서 우선적으로 법학에서 통용되는 '중립'의 의

---

75) 서상섭, 『금융감독원법 제정을 위한 입법공청회 자료집』, 국회대안정치연구회(2002. 2. 21.), 30면.

미를 파악할 필요가 있다. 일반적으로 법학에서 쓰이는 중립은 특별히, 일반적인 정의로 개념이 특정되어 있지는 않고, 쓰이는 분야마다 조금씩 의미가 다르게 사용된다고 볼 수 있다. 법학에서 '중립'과 관련된 논의는 일반적으로, 해당영역에 대한 국가의 개입이 중립적이어야 한다는 것과 해당영역이 국가에게 이해편향적 요구를 할 수 없다는 것으로 정리된다. '중립'이라는 용어를 사용례에 따라서 분류해 보자면 몇 가지로 정리할 수 있을 것이다.

첫 번째 사용례는 교육 영역에서의 사용례이다. 교육의 중립성 용례는 정치적·종교적 중립성이 주로 논의되는데 정치적 중립성에 대하여는 헌법 제31조 제4항에 의거하여 법률이 정하는 바에 따라 보장된다. 이에 따라서 「교육기본법」 제6조 제1항에서 "교육은 교육 본래의 목적에 따라 그 기능을 다하도록 운영되어야 하며, 어떠한 정치적·당파적 또는 개인적 편견의 전파를 위한 방편으로 이용되어서는 안 된다"고 규정하고 있으며 동조 제2항에서 "국가 및 지방자치단체가 설립한 학교에서는 특정 정당 또는 정파를 위한 종교교육을 하여서는 아니 된다"고 규정하고 있다.

두 번째 사용례는 종교 영역에서의 사용례이다. 우리 헌법 제20조는 국민의 종교의 자유를 인정하고 있고 국교불인정, 정교분리(政敎分離)원칙을 규정하고 있다. 예를 들자면 국가의 종교적 중립성 원칙은 헌법이 국교를 인정하고 있지 않기 때문에 국가는 어떤 종교에 대해서도 원칙적으로 특별한 대우를 할 수 없다. 따라서 특정 종교를 특별히 보호하거나 억압할 목적으로 재정적 특혜 등을 통하여 부당한 대우를 해서는 안 된다. 역으로, 개인과 종교단체의 입장에서 보자면, 국가에 대하여 자신들의 신앙적 확신을 구체화할 수 있는 적극적 지원을 요청할 수 없는 것을 의미한다고 볼 수 있다. 종교에 대한 국가의 중립성에 대한 논의에서도 국가에게 주어져 있는 종교적·가치관적 중립성의 요구는 국가와 교회의 엄격한 분리를 의미하기보다는 신앙의 자유를 모든 종파에 같은 정도로 대우하는 자세를 유지하게 하는 공개적이고 포용적인 분리를 의미하는 것으로 이해한다.[76)]

세 번째 사용례는 문화영역에서의 사용례이다. 우리 헌법 전문에서 "문화의 …… 영역에 있어서 각인의 기회를 균등히" 할 것을 선언하고 있을 뿐만 아니라 헌법 제9조는 "국가는 전통문화의 계승·발전과 민족문화의 창달에 노력하여야 한다"는 규정을 두고 있는데 헌법재판소는 이 조항의 해석과 관련하여 문화국가원리를 헌법의 기본원리로 상정하고 있는데, 이 원리는 국가의 문화정책과 밀접 불가분의 관계를 맺고 있다. 과거 국가절대주의사상이 지배하던 시대에는 국가의 문화간섭정책이 당연시되었으나 오늘날에는 국가가 어떤 문화현상에 대하여도 이를 선호하거나 우대하는 경향을 보이지 않는 불편부당의 원칙을 지켜야 한다고 한다. 따라서 헌법 제9조의 의미는 그 초점이 새로운 문화의 형성에 있는 것이 아니라 문화가 생겨날 수 있는 문화풍토를 조성하는데 국가의 역할을 강조한 것으로 이해하고 있다.[77)] 이는 국가가 문화에 대해 일정부분의 역할을

---

76) 최윤철, "종교의 자유와 국가의 종교적 중립성", 공법연구 제32집 제3호(2004), 233면 재인용.

77) 헌법재판소 2004. 5. 27. 2003헌가1 등, 『판례집』 제16권 제1집, 678면.

긍정하고 있다는 점에서 국가의 '중립' 개념을 방임적이고 수동적인 의미로 해석한 것이 아니라 적극적이고 기능적으로 이해하고 있다고 볼 수 있다.

　마지막의 사용례는 공무원의 '정치적 중립'에 의한 사용례이다. 헌법 제7조 제2항에 의거하여 공무원의 정치적 중립성은 법률[78])에 의하여 보장받을 수 있다고 규정하고 있다. 공무원의 정치적 중립의 문제는 주로, 한국사회에서 교육공무원, 선거관리위원회 공무원, 검찰·경찰공무원 등 사회영역에 강력한 영향력을 가진 국가기관의 공무원에게 더욱 요구된다. 헌법재판소는 공무원에 대한 정치적 중립성에 관하여, "공무원은 국민전체에 대한 봉사자이므로 중립적 위치에서 공익을 추구하고(국민전체의 봉사자설), 행정에 대한 정치의 개입을 방지해서 행정의 전문성과 민주성을 제고하고 정책적 계속성과 안정성을 유지하며(정치와 행정의 분리설), 정권의 변동에도 불구하고 공무원의 신분적 안정을 기하고 엽관제로 인한 부패·비능률 등의 폐해를 방지하며(공무원의 이익보호설), 자본주의의 발달에 따르는 사회경제적 대립의 중재자·조정자로서의 기능을 적극적으로 담당하기 위하여 요구되는 것(공적 중재자설)"이라고 하면서, 공무원의 정치적 중립성 요청은 결국 위 각 근거를 종합적으로 고려하여 "공무원의 직무의 성질상 그 직무집행의 중립성을 유지하기 위하여 필요한 것"이라고 판시한 바 있다.[79])

---

78) 「국가공무원법」, 「지방공무원법」, 「공직선거법」 등의 법률.
79) 헌법재판소 1995. 5. 25. 91헌마67, 『판례집』 제7권 1집, 722, 759면.

위와 같은 법영역에서 "중립"의 문제가 주로 다루어지지만 금융감독의 중립에 대한 법학적 논의는 쟁점으로 다루어진 예가 드물다. 그러나 금융감독에 대해 법적 논의를 할 때 자주 사용되는 독립성과 비교해 보건대, 금융감독의 독립성 개념이 일반적으로 '조직구성에 있어서 정부조직으로부터의 독립성'을 의미하는 데 비하여 중립성은 '감독업무수행의 중립성'이라는 용례로 사용되고 있다.[80]

정리해서 보자면, 법학에서 논의되는 중립의 사용례를 검토해 보건대, ① 금융감독의 중립이란 새로운 금융시장을 조성하기 위한 경제정책이 아니라 금융시스템의 안정성 확보라는 시장보조적 기능에 한정한다고 볼 수 있으며 ② 다양한 행위기준과 결정기준으로 인한 혼란·경합 속에서 자유로운 조정명령으로서의 중립성은 국가기능의 최소화와 일반적으로 동일시할 수 없다고 본다. 그러므로 이는 근대 초기의 국가가 "사회중립적 국가(Gesellschaftsneutrale Staat)"라는 국가의 방임적 중립성과는 다르며 오늘날 중립화는 최소화를 의미하지 않는다고 볼 것이다.[81] 결국 ③ 금융감독의 중립 개념은 금융시장의 복잡한 이해관계 속에서 공적 중재자·조정자로서의 기능을 국가가 적극적으로 담당하기 위하여 요구되는 것이라고 할 수 있겠다.

---

80) 강병호, "우리나라 금융감독 및 자율규제체계에 관한 연구", 『규제연구』 제14권 제1호(2005. 6.), 198면.
81) 지규철, "국가의 중립성과 국가의 이해", 『공법연구』 제28집 제2호, 127면.

Ⅳ. 監督目的과 中立

규제목적이란 규제를 통하여 달성하고자 하는 상태로서 행정규제의 근거법률에 명시하는 것이 통례이다. 국가가 규제를 하는 것은 일정한 행정목적을 달성하기 위함이며 행정목적은 규제자의 특정 가치를 담고 있다.

금융감독의 목적은 금융감독의 근거법률인 「금감법」에 나와 있다. 법상의 목적은 건전한 신용질서와 공정한 금융거래관행을 확립하고 예금자 및 투자자 등 금융수요자를 보호해서 국민경제의 발전에 기여함을 목적으로 한다(「금감법」 제1조). 또한 금융감독업무수행의 원칙으로서 금융감독위원회와 금융감독원은 그 의무를 수행함에 있어 공정성을 유지하고 투명성을 확보하며 금융기관의 자율성을 침해하지 않도록 노력하여야 한다(「금감법」 제2조). 위 조항을 해석하건대, "국민경제의 발전"이 금융감독의 상위목적개념이고 이외의 목적인 "건전한 신용질서의 확립", "공정한 금융거래관행의 확립" 그리고 "예금자 및 투자자 보호"는 "하위목적개념"으로 구분할 수 있다. 만일 이런 구분에 따른다면 상위목적개념이 갖는 불확정성과 추상성으로 말미암아 상·하 목적개념이 담고 있는 가치 간의 상호충돌이 있을 수 있다. 그러나 법의 해석상 하위목적개념이 상위목적개념에 우선할 수는 없다.[82] 하위목적개념인 "건전한 신용질서와

---

82) 심영, "우리나라 은행규제·감독의 목적에 대한 법적 해석 및 그 개선방향", 『연세법학연구』 제6집 제2권, 330면.

공정한 금융거래관행의 확립"이란 금융시장의 독과점과 경제력 남용을 방지한다는 점에서 "예금자 및 투자자보호"는 국민의 재산권 보장의 측면에서 금융감독당국이 지향하는 목적개념이 될 수 있겠지만 "국민경제의 발전"은 그 의미의 모호성과 불확정성으로 말미암아 금융감독의 목적개념으로 적합하지 않을 수 있다. 특히 국민경제발전을 금융감독의 총체적 목적으로 설정할 경우, 법상 우열에 따라서 하위 목적개념의 의미를 무시하거나 침해할 소지가 생길 수 있다. 그러므로 「금감법」상 하위목적개념이 오히려 금융감독의 중립을 실현시키는 데 있어서 보다 구체적이며 근본개념이기 때문에 "국민경제의 발전"규정은 금융감독의 목적개념으로 부적합하므로 현행 「금감법」에서 삭제하는 것을 고려해 볼 필요가 있다.[83]

이와 관련해서 "국민경제의 발전"을 목적조항에서 삭제하고 "금융안정"이라는 새로운 목적개념을 설정하자는 의견이 있었다.[84] 그러나 금융감독의 상위목적은 법해석이 보다 명확하고 구체적인 개념으로 설정해야 할 것이다. 따라서 이런 요구에 부합하고 기존의

---

83) 심영, "우리나라 은행규제·감독의 목적에 대한 법적 해석 및 그 개선방향", 『연세법학연구』 제6집 제2권, 332면; 다른 나라의 목적조항에 관한 입법례를 검토해 보아도 "국민경제의 발전"을 적시한 나라는 드물다. 영국의 예를 들자면 FSA의 설립목적은 첫째, 금융시스템에 대한 신뢰성 유지하는 것이고, 둘째, 금융시스템에 대한 국민들의 이해도를 제고하는 것이고, 셋째, 적절한 수준의 소비자 보호, 넷째는 금융부정사건의 감시·적발·예방하는 것이다.

84) 대부분 국가에서 금융감독의 주요한 목적은 금융시스템의 안정이다. 심영, "우리나라 은행규제·감독의 목적에 대한 법적 해석 및 그 개선방향", 『연세법학연구』 제6집 제2권, 343면 이하.

목적개념보다 가치중립적인 개념인 "금융시장의 자율성"으로 설정하는 것을 고려해 보아야 한다. 이 개념은 금융감독의 헌법적 근거 조항은 제119조 제1항에서 도출되는 국가 규제행정의 최고의 핵심 가치이자 헌법적 한계이기도 하다. 이를 「금감법」의 최고 목적개념으로 설정하는 것은 현 법제의 하위목적개념과 자연스럽게 조화되면서 금융감독의 핵심가치를 법체계에서 분명하게 설정하는 효과를 가져옴과 아울러서 금융감독의 중립 개념을 보다 분명하게 파악할 수 있도록 해 준다.[85]

---

[85] 영국 금융감독기구인 FSA의 목적으로 (1) 영국 금융제도에 대한 신뢰의 유지, (2) 금융 제도, 상품, 서비스에 대한 공공의 이해 및 의식의 개선, (3) 적절한 정도의 소비자 보호, (4) 규제대상 금융기관이 금융범죄에 이용될 가능성의 감소를 나열하고 있다. 한편 FSA는 이러한 네 가지 목적을 위해 업무를 수행할 때 준수해야 하는 여섯 가지 모범규제원리(principle of good regulation)로 정하여 법률에 명시하고 있다. (1) 자원사용에 있어서 효율과 절약, (2) 규제대상 금융기관 경영진의 책무와 역할 강조, (3) 추가적 규제로부터 편익과 비용간의 균형 유지(비례성의 원리), (4) 금융부문의 이노베이션 촉진, (5) 금융서비스 및 시장의 국제적 특성을 고려하여 국제금융시장으로서의 영국 경쟁력 유지, (6) 금융기관 간 경쟁의 가치 인식. 『금융감독원법 제정을 위한 입법공청회 자료집』국회대안정치연구회(2002. 2. 21.), 23면.

第2節 金融監督의 法的 限界

Ⅰ. 監督行政의 法律適合性의 原則

1. 意 義

　법영역에서 법치주의는 자의적이고 임기응변적인 국가운영을 막기 위해서 사전에 명확한 룰(rule)을 정립해야 한다는 것을 말한다. 이러한 내용의 법치주의는 국가행정을 제한하는 기능(행정제한적 기능)을 하지만 동시에 행정의 조직과 작용의 정당성을 확보하고 권한과 강제력을 부여해서 행정을 지원하는 역할(행정지원적 기능)을 한다. 먼저 행정에게 권한이 부여되어야만 그 권한의 남용을 문제 삼을 수 있다는 의미에서 법치주의의 행정제한적 기능은 행정지원적 역할기능을 전제한다고 볼 수 있다.[86]

　초기 자유방임주의 시기에도 국가의 경제정책이 법치주의적 한계를 갖는다는 명제는 당연한 것이었다.[87] 하물며 오늘날과 같이 국

---

86) 백윤기, "금융행정에 있어서 법치주의 구현방안", 『저스티스』 제33권 제4호, 5～6면.

87) 국가경제의 유지·발전을 위해 정부의 적극적 역할이 요청됨을 강조하는 입장의 경우에는 법의 중요성이란 더 말할 나위도 없을 것이다. 따라서 경제가 원활히 기능하기 위해서는 법치주의의 확립이 요구된다는 것은 오늘날 일반적으로 받아들여지는 명제라고 할 것이다. 권영설, "국가경제와 법 ― 진단과 전망 ―", 『공법연구』 제29집 제2호

가의 경제개입이 상시화(常時化)되고 다양화된 시점에서 경제행정 영역에서 법치주의를 인식하고 실현시키는 일은 규제자가 우선적으로 준수해야 할 법적 과제이다. 따라서 경제행정의 한 종류인 금융감독 역시 행정의 법률적합성 원칙(Gesetzmässigkeit der Verwaltung)을 준수해야 한다. 금융을 감독하고 금융개혁을 유도·조정할 수 있는 실효적인 권한이 부여되어야 하고 동시에 그 권한이 남용되거나 자의적 또는 불공정하게 행사되어 경제질서를 왜곡하고 기업과 국민의 권익을 침해하지 않도록 방지하는 것이 금융감독에 있어서 법치주의의 의미이다.[88]

한편, 금융감독의 가변성이나 동태성 등의 특수한 성격을 고려한 탄력적인 법적용에 앞서 행정의 일반 법원칙을 감독행정의 한계 원리로 적용하는 것은 감독행정이 관치금융에서 벗어나고 금융감독의 중립을 확보하기 위해서는 법치적 감독행정이 우선적으로 실현되어야 한다는 요구 때문이다.[89]

국가의 모든 행정작용은 의회가 정립한 법률에 의거하고 행해지며 법률에 위배될 수 없다. 우리는 이러한 원칙을 '행정의 법률적합성 원칙(Gesetzmässigkeit der Verwaltung)'이라고 한다. 이 중요한 원칙은 국가의 행정작용에 비하여 의회의 제정법이 우위에 놓인다

(2001. 2.), 1면.

88) 백윤기, "금융행정에 있어서 법치주의 구현방안", 『저스티스』 제33권 제4호, 6면.

89) Dieter Bellinger, Hypothekenbankgesetz kommentar, C. H. Bech'sche Verlagsbuchandlung München(1995), 128면.

는 '법률의 우위(Vorang des Gesetzes)의 원칙'과 행정작용이 행해짐에 있어서 국회가 제정한 형식적 법률이나 법률의 위임에 의한 법규명령 등 법적 근거가 요구된다는 '법률의 유보(Vorbehalt des Gesetzes)의 원칙'으로 구성되어 있다.

'법률의 우위의 원칙'은 흔히 국가의 모든 행정작용은 법률에 위반될 수 없다는 것을 말한다. 여기에서 법률은 의회가 제정한 형식적 의미의 법률을 의미하지만 경우에 따라서는 법률의 위임을 받은 법규명령과 조례 등 자치법규를 포함하는 광의의 법규를 말한다.

따라서 금융감독원이 법률의 내용에 저촉되는 것은 물론 법규명령에 어긋나는 경우에는 법률의 우위원칙에 위배된다. 예를 들자면 1997년 제정 당시,「금감법」제15조를 보면 "대통령령이 정하는 바에 의하여 금융감독위원회의 예산·회계 및 의사관리기능의 수행에 필요한 최소한의 공무원을 둘 수 있다"고 규정하고 있는데 금감위가 이 규정에 반하여 대통령령으로 정하여 예산·회계 및 의사관리기능뿐만 아니라 금감원의 고유한 업무까지도 수행하는 대규모 공무원 조직을 설립한다면 이는 법률의 우위원칙을 위반한 것이 된다.

결국 법률의 우위 원칙은 금융감독에 있어서 민주적 통제의 원리가 작동할 수 있도록 해 준다. 특히 금감위의 감독사무규정 입법권을 통제하는 제1의 법 원리로서 금융감독의 중립을 실현하는 데 가장 중요한 법 원칙으로 기능한다고 볼 수 있다.

2. 法律留保의 原則과 行政立法의 限界

(1) 法律留保와 金融監督

'법률유보의 원칙'은 행정은 법률에 근거가 있는 경우에만 작용할 수 있다는 것을 말한다. 즉 법률의 우위 원칙과 마찬가지로 행정작용에 대한 의회의 의사를 행정부의 의사에 우선시키는 것으로서 주권자인 국민의 대표기관인 의회가 국정의 최고결정권을 갖고 있기 때문에 하위 행정권력인 정부가 행사하는 행정작용의 내용과 행사는 반드시 상위규범에 근거를 두어야 한다는 것을 의미한다.

이 원칙은 우리 헌법 제37조 제2항에 규정되어 있다. 또한 이 규정을 본받아서 (금융감독을 포함한) 행정규제의 일반법이라고 할 수 있는 「행정규제기본법」 제4조 제3항에서도 "행정기관은 법률에 근거하지 아니한 규제로 국민의 권리를 제한하거나 의무를 부과할 수 없다"고 규정하여 행정규제의 법률유보 원칙을 선언하고 있다.

금융감독과 관련하여 이 원칙을 살펴보면, 금융기관을 비롯한 피규제자의 재산권, 영업의 자유 등 기본권은 국가안전보장, 질서유지 또는 공공복리를 위하여 필요한 경우에 한하여 이를 제한할 수 있으나 그 제한은 원칙적으로 법률로써만 가능하며, 법률이 이를 대통령령에 위임하는 경우에도 위임의 뜻과 범위를 구체적으로 명시하여야 하고 법률에서 기본권 제한과 관련한 입법사항이 단지 언급되었다거나 일부 규정되어 있다고 하여 그것이 곧 입법위임의 근거가 될 수는 없다.[90]

법률유보의 문제는 과거에서 현재까지 금융감독에 있어서 감독행정의 합법성보다는 효용성을 보다 고려한 감독자의 재량판단으로 인하여 이 원칙이 엄격하게 지켜졌다고 말할 수 없다. 예를 들자면 「금감법」 제62조, 제66조에 따르면 유관기관, 즉 한국은행이나 예금보험공사에서 불공정행위의 혐의가 있는 금융기관에 공동검사를 요구하면 금융감독원이 이에 응하도록 되어 있는데 정당한 이유 없이 거부하거나 검사요구로 변경하는 일이 많았고 자료제출요구도 지키지 않는 경우가 많았다.[91]

이처럼 명백히 법에 행위근거가 있음에도 그 의무를 해태하거나 법적 근거가 없음에도 재량판단에 의해서 업무를 수행하는 경우에는 감독행정이 법률유보의 원칙을 어긴 것으로 위법한 감독행정이 되며 또한 금융감독의 중립을 해치는 중요한 요인이 된다. 따라서 금융감독의 적법성을 보지하고 관치금융을 탈피하여 공정하고 중립적인 금융감독으로 가기 위한 가장 우선되어야 하고 기본적으로 엄수해야 할 원칙은 법률유보의 원칙이라고 할 수 있겠다.

최근에 금융감독과 관련하여 법률유보의 원칙이 쟁점이 된 판례

---

90) 헌법재판소 2005. 2. 24. 2003헌마289, 『판례집』 제17권 1집, 261면 이하.

91) 본 사례에 대한 통계는 없으나 2004. 9. 1.부터 2004. 10. 31까지 한국은행 등 금융감독유관기관의 관계자 인터뷰를 토대로 예시하였다. 관계자의 인터뷰는 전화인터뷰의 형식으로 이루어졌고 인터뷰의 대상은 한국은행과 예금보험공사의 정보공개담당직원들이었다. 본래 정보공개청구를 하였으나 원하는 자료가 준비되지 않거나 미비하여 관계자와 전화인터뷰를 하게 되었다.

가 있었는데, 대법원 2005. 2. 17. 선고 2003두14765 판결에서 법률에 제재규정을 두지 않고 여신전문금융기관의 대표이사에게 문책경고처분한 것은 법률유보의 원칙에 위배된다고 판시하였다. 사안의 구체적인 내용을 살펴보면, 여신전문금융기관인 주식회사의 대표이사로 재직하던 A(원고)는 금융감독원(피고)이 A가 대표이사 재직 중 신용카드를 부정하게 발급하였다는 등의 이유로 금융감독원 제재규정에 따라 원고에 대하여 문책경고처분을 하였다. A는 여신전문금융기관의 임원에 대한 문책경고의 경우에는 적어도 그 제한의 본질적인 사항에 관한 한 법률에 근거를 두어야 하는데 이런 근거가 없이 문책경고하였으므로 위법하다고 주장하였고 이에 반하여 금융감독원는 「금감법」 제17조 제1호, 제3호, 제37조 제1호, 제2호의 각 규정이 제재규정의 근거조항이므로 법률유보의 원칙에 벗어나지 않았다고 항변하였다.

이에 대해서 대법원은 금감원이 항변하며 열거한 법률조항이 금융감독위원회 또는 금융감독원의 직무범위를 규정한 조직규범에 불과하여 이들이 당연히 법률유보의 원칙에서 말하는 법률의 근거가 될 수 없다고 판단하였다. 금융감독당국은 대부분의 업무수행과 관련하여 자체적으로 만든 업무규정에 따라서 일을 처리하는데 이 규정은 형식적으로 내부법(內部法)으로 기능하므로 그 법규성(法規性)을 인정할 수 없다는 것이다.

위 판례에서 대법원은 금감원이 항변한 다른 제재규정에 대해서도 판단하고 있는데, 「금감법」 제42조에서 금융감독위원회에게 여신전문금융기관의 임원에 대한 해임권고 및 업무집행정지건의의 권한을 부여하고 있다고 하여 당연히 문책경고의 권한까지 함께 주어진 것으로 볼 수 없다고 하면서, 「여신전문금융업법」제53조, 제53조의2는 금감위 또는 금감원이 여신전문금융기관에 대하여 행하는 감독 또는 검사에 관한 규정으로서 위 각 규정도 문책경고의 법률상 근거가 될 수 없고,「증권거래법」제53조 제5항 제2호,「증권거래법시행령」제36조의5 제3호,「보험업법」제20조 제1항 제1호, 상호저축은행법 제24조 제1항 제1호, 신용협동조합법 제84조 제1항 제3호는 여신전문금융기관에 대하여 적용되는 법률이 아니므로, 적어도 여신전문금융기관의 임원에 대한 관계에서는 위 각 법률규정이 문책경고의 근거가 될 수 없고, 따라서 피고가 여신전문금융기관의 임원인 원고에 대하여 한 이 사건 문책경고는 아무런 법률상의 근거 없이 행하여지는 것으로서 위법이라고 판단하였다.92)

위 사례에서 보듯이 금융감독의 제재수단에 대해 법에 명확한 규정이 없음에도 단순히 검사·감독업무사항을 규정한 조항을 근거로 하여 재량으로 제재의 수단을 선택하고 집행하는 행태는 과거 우리 금융규제의 역사에서 자주 반복되던 일이었다. 법에 근거가 없거나 있다고 하더라도 제재의 근거로 삼기에는 간접적이고 불명확한 규정을 가지고 규제자가 시장을 규제하여 왔음에도 이런 위법적 제재가 큰 저항 없이 통용되었던 것은 관치금융의 힘이 법의 영역을 벗어나도 용인될 수 있었던 한국의 특수한 정치·경제적 사정 때문이었다.

---

92) 대법원 2005. 2. 17. 선고 2003두14765 판결, 『판례공보』제222호, 423면.

통례화된 관치금융을 엄격하게 통제해야 한다는 금융감독의 중립 관점에서 보자면 결국 가장 효과적인 통제는 법을 통한 통제이며 규제자가 법을 철저히 지키고 피규제자나 국민이 규제자에 대한 법 준수의 여부를 점검하고 견제하려는 의지가 무엇보다도 중요하다. 특히 금융감독의 경우, 금감위가 만든 사무규정에 의거하여 구체적인 업무가 수행되고 있으므로 법률유보의 원칙이 침해될 소지가 많으므로 더욱 엄격한 적법성 통제원리가 작동되어야 할 것이며 법적 근거가 없는 규제인 경우에는 적극적인 입법태도를 가져야 할 것이다. 현재 「여신전문금융업법」 제53조 제4항에는 여신전문금융기관의 임원에 대한 문책경고 규정을 두고 있다.

(2) 行政立法의 限界

금융영역을 포함한 경제생활영역에 있어서 금융감독이 갖는 막강한 영향력을 생각할 때, 금융감독을 담당하고 있는 기구의 조직구성 그리고 업무수행의 근거와 한계가 법률에 명확하게 규정되어야 한다는 명제는 법치주의의 관점에서 당연한 것이다.

헌법에서 대의기관인 국회에게 입법권을 부여하는 것은 금융감독과 같이 국민의 자유와 의무에 관한 중요한 사항, 특히 자유와 재산권에 관한 사항은 국민의 대표기관인 국회에서 제정·개정된 법률에 의하여 정해져야 하기 때문이다. 따라서 금융감독당국은 행정의 효율성을 앞세워 법적 근거가 없는 행정을 시행하거나 감독자에게 법적 재량이 확보된 감독행정의 영역에서 자의적인 권한행사를 통하여 개인의 자유와 재산을 침해한다면 헌법 제40조와 헌법75조, 헌법 제95조에 위반된다고 할 수 있다.

그러나 오늘날 국가의 기능에 질적 변화가 이루어졌고 국가가 일정한 공적 가치를 행정작용을 통해서 사회에 투영하고 형성해 나가는 역할을 광범위하게 수행하는 데 있어서 행정부의 역할은 계속해서 증대되어 가고 있다. 이러한 행정부의 역할증대는 급변하는 사회경제적 상황에서 발생하는 다양한 문제를 입법부에서 제정한 법률의 형태로만 해결하지 않고 행정입법을 통하여 해결하도록 시도하게 되었다.

특히, 금융감독과 관련하여 입법책임을 우선적으로 부담하고 있는 입법부는 금융환경의 급격한 변화에 대응한 입법수요의 급증과 변화하는 시장상황에 대응할 수 있는 능력이 없어 금융감독관련 행정세칙에 대해서는 금감위에게 법정립의 권한을 위임하고 있다(「금감법」 제17조).

금융감독에 관한 기본법이라고 할 수 있는 「금감법」에서는 금융감독의 원칙과 조직의 구성, 업무의 내용, 벌칙규정 등의 기본사항만이 규정되어 있고 실효적인 권리·의무 규정들은 많은 부분에서 헌법과 법률의 구체적인 위임 없이 금융감독위원회가 제정·개정한 시행세칙에 규정되어 있다. 이런 규범구조 속에서는 필연적으로 금융감독당국의 재량은 확대될 수밖에 없다.[93]

---

93) 추상성에 의해 주어지는 개방된 공간을 채우는 헌법텍스트작업은 궁극적으로 해석자의 주관적인 선판단에 따른 결과일 수밖에 없다. 이덕연, "한국헌법의 경제적 좌표 — 시장(기업)규제의 범위와 한계 —", 『공

사실 행정입법은 국민의 의사를 대표하는 법형식이라기보다는 행정부의 행정편의적 의사를 대변하는 법형식이라고 볼 수 있다. 따라서 행정편의에 입각한 행정입법에 대한 통제기제로써 행정입법의 원칙과 기준을 설정하는 문제는 금융감독의 중립을 위한 중요한 법적 과제라고 할 수 있다.[94]

한편, 금융규제법은 금융기관이나 금융수요자들의 자유와 권리를 제한하는 내용을 담고 있는 침해적 행정작용의 근거 조항을 많이 두고 있다. 앞에서 보았듯이 행정의 법률적합성 원칙은 행정작용의 법률상의 근거를 반드시 두어야 한다는 내용을 담고 있는데 금융규제법제의 상당부분은 기술적이고 전문적인 영역에 속하는 것으로써 행정부의 행정입법권에 기대해야 할 부분이 많이 있다. 그럼에도 불구하고 법치주의의 원리상 금융기관이나 금융수요자의 자유와 권리를 제한하는 것을 내용으로 하는 사항은 하위법령에 포괄위임해서는 안 되고 구체적인 범위를 정하여 위임해야 한다. 이를 헌법 제75조가 규정하고 있는 '포괄위임입법금지의 원칙'이라고 말하며 행정입법의 한계를 설정하는 원리로 기능한다.[95]

포괄위임입법금지의 원칙은 국회에서 제정된 법률의 범위 내에서

법연구』 제33집 제2호(2005. 2.), 5면.

94) 이러한 국가기능의 변화와 규율능력의 한계에 대해서는, Dieter Grimm, Wachsende Aufgabe－sinkende Steuerungs－fähigkeit des Rechts(Nomos, 1990), 291면 이하.

95) 헌법재판소 2004. 10. 28. 선고 99헌바91, 『판례집』 제16권 2집 하, 104면.

행정입법이 이루어져야 한다는 것을 의미하기 때문에 행정입법권이 국회의 입법권에 의하여 통제되어야 한다는 민주주의 원리의 한 표현이라고도 할 수 있는 것이다. 그러나 포괄위임입법금지의 원칙은 성문법체계하에서 상·하위법의 엄격한 위계질서(hierarchy)를 설정하고 있기 때문에 다분히 기술적이고 형식적인 법체계 규정방식이라고 할 수 있다. 또한 이 원칙은 행정권력에 대한 민주적 통제의 의미를 담고 있기 때문에 국민의 생활영역에 미치는 파급력이 큰 행정영역에 있어서는 좀 더 엄격하게 지켜져야 한다.

　따라서 피규제자의 권리침해적 성격이 강한 금융감독행정은 포괄위임입법금지의 원칙을 엄격하게 준수해야 한다. 더군다나 시행세칙에 의거해서 감독업무를 수행하는 경우가 대부분이어서 법률의 위임이 없거나 상위법률에 포괄위임을 의미하는 듯한 내용을 시행세칙이 담고 있다면 감독행정의 재량성은 광범위하게 확장될 수 있다. 극단적인 경우에는 법률의 내용과 정반대의 내용으로 시행세칙이 규정되는 경우도 있을 수 있다.96) 또한 금융감독 유관기관 간에 행정계약을 맺어서 상위법의 규정을 위반하는 경우도 있다. 예를 들면, 합의제 행정기관97)인 금융감독위원회와 무자본 특수법인인 금

---

96) 금감위가 '외부감사 및 회계에 관한 규정'을 개정하여 과거에 분식회계를 했던 기업이 이를 감추기 위하여 '역분식' 분식회계를 허용하여 문제가 된 적이 있다. 전성인, "금감위와 국법질서", 인터넷 참여연대 경제프리즘
　　<http://www.peoplepower21.org/article/article_view.php?article_id=13656> (2005. 4. 26.).

97)「정부조직법」제5조 합의제 행정기관은 소관업무의 일부를 독립적으

융감독원 간의 업무분장(業務分掌)을 위해서 만들어진 양해각서 (Memorandum of Understanding)를 보면, 금융기관의 설립 등과 관련된 인·허가를 금융감독원도 할 수 있도록 되어 있는데, 이는 금융감독위원회만이 이와 같은 업무를 할 수 있다는 「금감법」에 규정되어 있는 내용과 일치하지 않는다.[98]

금융규제행정과 관련한 행정입법 중 행정고시(行政告示)에 의한 경우가 많은데 상위법에 그 행정조치의 요건과 내용을 정하고 세부적인 기준과 절차는 행정고시에 정하도록 하는 경우가 대부분이다.

최근 「금융산업의구조개선에관한법률」(이하 「금산법」으로 약칭) 제10조와 관련하여 금융감독위원회의 행정지도가 헌법재판소와 대법원에 각기 사법심사의 대상이 되었는데 금감위의 적기시정조치에 대한 기준과 절차가 행정지도에 포괄위임되었다는 점이 소송의 쟁점이 되었다. 「금산법」은 우리의 금융산업구조를 재조정하기 위하여 만든 법으로써 금융감독당국이 금융시장에 강력하게 개입할 근거를 마련하고 있다. 이 법은 규제수단으로 적기시정조치를 규정하고 있는데, 「금산법」 제10조는 제1항에서 기업의 재무안정성을 분석하는 척도가 되는 회계학상의 개념인 자기자본비율이 일정수준에 미달하는 등 금감위가 고시한 기준에 미달하거나 미달하게 될 것이 명백하다고 판단되는 때에는 금감위가 위 조치를 취할 수 있도록

로 수행해야 할 필요가 있을 때 법률이 정하는 바에 의하여 설치할 수 있다.

98) 강현호, "금융감독원의 법적 성격", 『공법연구』 제31집 제3호(2003. 3.), 123면.

하고 있다.

적기시정조치는 행태에 따라 권고·요구 또는 명령으로 나누고, 내용별로「금산법」제10조 제1항 제1호에서 제9호까지 구체적으로 열거해서 그 기본적인 요건과 내용을 미리 정한 다음, 제2항에서 그 적기시정조치의 구체적인 기준과 절차만을 고시에 위임하고 있다.

그런데 이에 대해 헌법재판소 다수견해와 대법원은 자기자본비율의 산정, 자기자본비율 등과 조치의 상관관계, 금감위의 조치에 따른 해당 금융기관의 후속조치 등 절차, 기타 적기시정조치와 관련된 상세절차 등「금산법」제10조 제2항의 규정에 의하여 위임된 금감위의 고시에 규정될 내용의 대강을 예측할 수 있다고 판단하고 있으며,「금산법」제10조의 각 규정은 포괄위임입법의 금지를 선언한 헌법 제75조에 위반되지 아니한다고 판시하였다.[99] 그러나 헌법재판소 반대의견은 법규명령의 형식이 헌법상으로 확정되어 있고 구체적으로 법규명령의 종류·위임범위·요건·절차 등에 관한 명시적 규정이 있으므로 그 이외의 법규명령의 종류를 법률로서 인정할 수 없으며 그러한 의미에서 법률은 행정규칙에 법규명령을 위임하여서는 안 된다고 보고 있다.[100]

적기시정조치는 금융규제의 행태에 따라서 행할 조치를 선택하고 그 조치의 근거요건과 내용을 차등화하여 금융시장에 갑작스런 충격을 주지 않고 단계별로 제재하려는 감독당국의 의지를 담고 있는

---

99) 헌법재판소 2004. 10. 28. 99헌바91,『판례집』제16권 2집 하, 106면; 대법원 2005. 2. 18. 선고 2002두9360 판결,『판례공보』223호, 494면.
100) 헌법재판소 2004. 10. 28. 99헌바91,『판례집』제16권 2집 하, 131면.

규제수단이다. 그러나 이러한 단계적 조치는 그 요건과 내용을 법률에 담는 것은 별론으로 하고 그 구체적인 기준과 절차의 명확함 역시 피규제기관의 기본권 보호에 비추어 보아 매우 중요하다. 만일 요건과 내용이라는 법률유보사항과 기준과 절차라는 행정규칙사항이 명확하게 구별되기 어렵다면 법을 해석하는 자의 위치와 그에 따르는 태도에 따라서 규제의 적법성 여부가 판단될 것이다.

한편, 행정규칙은 전통적으로 행정 내부법(Innenrecht)으로써 행정청 내부에서만 효력을 가지며 대외적으로 국민과의 행정법관계를 규율하는 법규로써의 성격이 부인되어 왔다.101) 그러나 세법이나 금융규제법과 같이 국민의 재산권에 대한 규제와 깊은 관련을 가진 법제가 대부분 행정지도와 같은 행정규칙으로 이루어져 있어서 만일 이에 대한 재판규범성을 부인한다면 국민의 권리구제 측면에서 심각한 법 공백상태를 초래한다고 할 수 있다. 반면에 단순히 내부법으로써 기능하는 행정지도에 대해서까지 법규성을 인정한다면 행정지도의 존재의의는 없을 것이다. 그렇다고 그 많은 사항을 모두 법령의 형식을 빌릴 수도 없는 현실적 한계가 있다. 그러므로 법해석자는 행정지도의 법규성을 판단함에 있어서 보다 신중하고 엄격한 태도로 행정지도의 내용이 피규제자의 기본권 제한과 관련하여 직접적인 연관성이 있는지를 실질적으로 심사해야 할 필요가 있다.

---

101) 행정규칙의 법규성 인정여부에 대하여 대법원판례의 대부분은 부정적인 입장을 취하고 있다. 대법원 1983. 6. 14. 선고 83누54 판결, 『판례공보』 제709호 1101면; 대법원 1994. 8. 9. 선고 94누3414 판결, 『판례공보』 제976호, 2305면.

하지만 행정지도의 법규성 판단이 용이하지 않아서 이를 사법판단에만 맡기기에는 판결의 일관성을 유지하기 어렵다.

결론적으로, 법규범의 내용이나 실질적인 기능에 대한 사법심사도 중요하지만 법규범의 형식자체도 법치주의의 근간을 이루는 법규범의 위계질서의 유지를 위하여 본질적인 의미를 갖는다. 법규형식 상호 간과 내용의 불일치의 현상은 법규의 기능론으로 정당화하려고 노력하기보다는 내용에 맞는 법규의 형식을 되찾는 입법적 노력이 지속되어야 할 것으로 지적되고 있다.[102]

따라서 법률이 입법위임을 할 때에는 대통령령, 총리령, 부령 등 법규명령에 위임함이 바람직하고, 금융감독위원회의 고시와 같은 형식으로 입법위임을 할 때에는 적어도 「행정규제기본법」 제4조 제2항 단서에서 정한 바와 같이, 법령이 전문적·기술적 사항이나 경미한 사항으로써 업무의 성질상 위임이 불가피한 사항에 한정된다고 할 것이고, 그러한 사항이라 하더라도 포괄위임금지의 원칙상 법률의 위임은 반드시 구체적·개별적으로 한정된 사항에 대하여 행하여져야 한다.

---

102) 김성수,『일반행정법 — 행정법이론의 헌법적 원리 —』, 법문사(2004), 356~357면.

3. 監督裁量과 行政指導

(1) 金融監督과 裁量

행정행위는 법에 따라 그 집행이 의무화되는 기속행위와 행정청에게 일정한 재량성이 부여되는 재량행위로 나누어질 수 있다. 기속행위와 재량행위 분배의 문제는 기본적으로 당해 행정영역의 성격과 특성을 고려해서 입법자가 정한다. 일반적으로 기속행위는 국민의 생명, 신체, 자유와 권리를 국가가 보장해야 할 의무가 큰 행정영역에서 법에 정하고 있고 이보다는 행정의 다양성과 전문성을 고려해서 전담행정청에 재량의 권한을 부여해야 할 영역은 재량행위로 정하고 있다. 금융감독의 경우, 우리 법제는 감독당국에게 재량권을 다른 행정영역에 비하여 보다 많이 부여하여 감독행정의 효과성을 극대화하고 있다고 평가할 수 있다. 그러나 우리 법제의 경우처럼 감독당국의 과도한 재량권행사가 예정되어 있으면 시장의 자율성을 보호해야 할 감독당국이 오히려 자의적 행정으로 인해 금융시장을 교란할 수 있으므로 감독재량권행사에 대해 법치주의적 관점에서 엄격히 제한하는 것이 필요하다.

금융감독당국이 행사하는 감독행정의 재량권을 제한하는 문제는 단순히 감독당국의 방만한 행정재량을 통제하기 위해서뿐만 아니라 '재량권의 부여와 이에 대한 적절한 제한'을 통하여 금융시장의 다양하고 복잡한 이해관계를 감독당국이 규제하고 조정함에 있어서 감독행정의 메커니즘이 섬세하고 자연스럽게 작동되도록 하는 데 그 목적이 있다. 즉 감독당국이 금융환경의 조건이나 상황을 지나치게 고려하여 이에 무리하게 맞추려고 자의적이고 방만하게 재량권을 행사한다면 감독당국의 재량권을 엄격하게 제한하여 시장의 자율성이 침해받지 않도록 해야 하고 반면에 지나치게 감독당국의 재량권 행사를 제한하여 감독행정의 탄력성을 떨어뜨리는 행위도 감독의 효과성 측면에서 바람직하지 않기 때문에 합리적 제한을 하도록 해야 한다.

금융감독의 과도한 재량적 정책판단의 위험성에 대해서 예를 들자면 감독당국의 미시건전성 감독을 들 수 있다. 은행의 자산건전성 규제와 관련하여 감독당국이 경기 침체 시 은행의 자산건전성 악화를 우려하여 대출조건을 강화하도록 지시한다면 오히려 회사나 개인의 투자나 소비여력이 감소하여 경기는 계속 침체할 수밖에 없고 은행의 자산건전성은 장기적으로 더욱 악화될 것이다. 이를 경제학에서는 '구성의 오류(fallacy of composition)'라고 하는데 미시적 건전성감독의 강화가 거시경제적으로는 위기를 초래할 수 있음을 의미한다.[103]

또한 자산건전성에 대한 감독당국의 과도한 재량권 행사는 금융산업 구조조정과정에서 금융기관 주주의 이익을 심각하게 훼손하여 왔다. 1997년 이후 부실금융기관 정리와 관련하여 감독당국이 과거보다 훨씬 강화된 '자산건전성분류기준'을 적용하여 회계상 부채항목에 잡히는 대손충당금이 늘어남으로써 자본잠식의 중요한 요인이

---

103) 강동수, "거시금융감독정책의 방향", KDI(2005. 4.), 11면.

되었다. 이를 원인으로 감독당국이 해당 부실은행에게 감자명령을 내렸는데 이러한 자산건전성강화에 대한 감독당국의 재량권 남용이 소송에서 문제가 되었다. 대법원은 대손충당금의 산정기준이 되는 '자산건전성분류기준'이 강화되어 부실자산에 대하여 적립하여야 하는 대손충당금이 늘어난 것이 해당 은행의 부채가 자산을 초과하게 된 주요 원인이었다고 하여 이를 다른 부실금융기관과 달리 볼 이유가 없다고 평가하고 이 사건에 대하여 대법원은 해당 은행이 부채가 자산을 초과하여 공적 자금의 지원 없이는 영업을 지속하기 어려운 부실금융기관으로써 그 주식의 경제적 가치가 거의 없기 때문에 금감위가 기존주식 전부를 소각하는 것을 내용으로 하는 감자명령을 하였다고 하여 이를 두고 재량권을 일탈·남용한 위법한 처분이라고 할 수 없다고 판단하였다.104)

그러나 법령이 아닌 감독당국이 만드는 감독규정에 의거한 '자산건전성분류기준'은 금융기관이나 금융기관에 투자한 주주입장에서 매우 중요한 정보이다. 구조조정과정에서 감독당국이 금융기관 인수·합병의 중요한 수단으로 사용한 감자명령은 자본잠식이 심각하고 이를 구제하기 위해 공적자금이 엄청나게 투여된 부실금융기관에 한정되는데 과거의 '자산건전성분류기준'으로 볼 때에 다른 부실금융기관보다 그다지 자본잠식이 크거나 공적 자금 부여금액이 많지 않았던 해당 은행이 새로 적용되는 '자산건전성분류기준'에 의하여 재무상황이 심각하게 되었다면, 감자명령에 따른 피해를 전적으로

---

104) 대법원 2005. 2. 18. 선고 2002두9360 판결, 『판례공보』 제223호, 494면.

주주에게 책임 지우는 것은 감독재량을 크게 벗어난 것이다.

그럼에도 불구하고 감독당국은 계속해서 행정입법을 통하여 미시적 건전성감독에 대한 자신의 규제권한과 재량을 넓혀 나가고 있다. 만일 자산건전성에 대한 규제당국의 재량권을 강화하는 입법이 계속적으로 이루어질 경우, 이는 결과적으로 감독당국이 입법부의 민주적이고 법치적인 통제로부터 좀 더 멀어지는 것을 의미한다. 결국 금융행정권력에게 폭넓은 재량성을 정책적으로 부여하는 것은 금융감독의 법치적 운용을 어렵게 함과 아울러 금융감독의 중립에 큰 장애요인으로 작용될 것이다.

(2) 制裁의 엄격함과 合理性

금융감독당국의 제재는 개별금융기관이 법이 정한 의무요건을 충족하지 못하거나 위법행위를 하는 경우에 징벌을 부과하는 것을 말한다. 법을 위반한 금융기관에 대해 엄격하게 제재조치를 취하는 것은 금융기관의 위법행위가 금융기관·예금자·투자자의 영업권이나 재산권에 중대한 영향을 미치기 때문이다. 그러나 금융감독의 목적은 제재에 있는 것이 아니라 금융기관으로 하여금 법규를 준수하도록 유도하여 금융질서를 안정시키는 데 있다. 따라서 법을 위반한 금융기관을 제재함에도 위법행위의 심각성에 따라서 단계적이고 점진적으로 집행하여 금융질서에 주는 충격을 완화해야 한다. 제재조치에는 영업중지명령, 부보의 종결 또는 영업 일시 중지, 민·형사상 처벌 그리고 최종적 제재라고 할 수 있는 인가취소 등이 있다. 특히 인가취소의 경우 건전성 의무요건의 심각한 불이행에 대응하는 금융감독당국의 가장 강력한 집행수단이므로 인가취소권을 갖고 있는 금융감독위원회는 금융기관의 경영진이 건전성을 준수하도록 상당한 영향력을 행사할 수 있다.

　사실 정당하고 적절한 제재는 제재기구의 위상과 신뢰성을 고양시키는 것이다. 반대로 당국의 제재가 일관성과 적절성, 합리성을 결여한다면 제재를 담당하고 있는 기구의 신뢰와 금융수요자의 재산권에 심각한 침해를 가져올 수 있을 것이다. 예를 들자면 은행들이 일제히 각종 수수료를 급격히 올렸을 때 감독당국이 이를 적절히 제재할 방법이 없어 수수료의 적정성을 유지하라는 식의 행정지도만을 했을 경우에는 은행이용자보다 은행의 영업권을 우선시하는 행정조치로 시장에서 이해될 수 있다. 만일 은행들이 감독당국의 행정지도의 의미를 강력한 수수료규제의 의사가 없는 것으로 이해한다면 강제력 없는 행정지도에 따라서 엄청난 수수료수익을 포기하려는 금융기관은 거의 없을 것이다. 그러나 실제 수수료의 급격한 인상이 은행의 수익성 제고에만 치우친 담합행위로서 은행이용자에게 불합리한 비용을 지불하게 한다면 이는 일종의 금융시장에서의 경제력남용행위로서 은행이용자의 이익을 위해서 감독당국은 강제력 있는 제재수단을 사용해야 할 것이다.

(3) 行政指導와 法治行政

　행정지도는 행정청이 바람직한 행정적 질서의 조성을 위하여 행정객체의 자발적 동의나 협력을 바탕으로 행정목적을 달성하고자 행정객체를 유도하는 비권력적 사실행위이다. 행정지도는 한국과 일본의 특유한 법제도로써 우리의 행정실무에서 필수적인 행정수단 중의 하나이다. 금융규제와 관련한 행정지도는 금융정책적인 이유로 행하여지는 금융기관 등에 대한 조정·권고·설득과 같은 비공식적이며 유도적인 행정작용의 형태인데, 금융기관과 개인의 경제활동에 대한 일반적인 감독수단이 감독목적달성을 위하여 금융기관이나 개인의 경제활동에 대한 국가의 직·간접적인 권력적 규제조치로 피규제자의 복종을 강제하는 형태로 나타나는 반면에 지도와 조정 등 행정지도는 국가의 특정한 금융정책적 목표의 실현을 위하여 일정한 방향으로 금융시장주체의 활동을 설득하여 참여와 협력을 유도한다는 차이점이 있다.

권위적 행정규제는 그 규제수단의 엄격함과 획일성으로 인하여 금융감독의 효율성을 해치는 원인으로 지적되었다. 따라서 금융감독당국은 금융감독의 효율성을 증대하기 위하여 금융감독정책에 순응하는 금융기관에게 일정한 인센티브를 제공하는 등의 예와 같이 유도적·비권력적인 행정작용으로써의 행정지도를 감독행정의 중요한 수단으로 적극 활용하게 되었다.

그런데 금융감독상의 행정지도는 일정부분 규제적 성격을 가지는 것이 사실이며 심지어 강제성을 띠면서 행하여지는 행정지도도 있다. 예를 들어 기업 간의 빅딜을 위한 정부의 조정행위는 사실상 대기업집단 간의 합의와 조정을 통하여 자발적으로 이루어지는 것으로 보이지만 이러한 합의에 응하지 않는 기업에 대하여는 여신의 조기회수와 대출중지 등의 금융제재가 행하여지는 경우가 있다. 사실상 금융기관의 의사결정의 자율성과 경영활동을 제한하는 이러한 성격의 제재적 행정지도는 넓은 의미의 침해적 행정작용으로 볼 수 있을 것이다. 따라서 그와 같은 행정지도의 요건과 절차 및 불복의 방법 등은 법률로 규정되는 것이 원칙이다.

한편, 행정지도에 의해서 파생되는 문제로 금융기관의 가격담합행위가 있다. 대법원 2005. 1. 28. 선고 2002두12052 판결 보험사들이 공정거래위원회를 상대로 시정명령취소의 소를 제기한 사건에서 대법원은 舊「보험업법」 제7조에 의하면 보험사업자가 보험료산출방법서를 변경하기 위하여는 금융감독위원회로부터 인가를 받아야 하고 금융감독위원회가 위 변경을 인가함에 있어서 필요하다고 인정할 때에 금융감독원의 심사를 거치도록 할 수 있다고 규정하고 있어 보험사업자의 위 신고에 대한 심사과정에서 금융감독원장이 행정지도를 통하여 사실상 보험료결정에 관여하였고 그 결과 보험료가 동일하게 유지되었다면, 위와 같은 사정은 공동행위의 합의추정을 복멸시킬 수 있는 정황으로써 참작될 수 있다고 할 것이라고 판결하였다.[105)]

이와 같이 보험료인상에 대한 행정지도는 가격결정에 금융감독당국이 직접 개입해서 금융기관으로 하여금 선택재량의 여지를 박탈하여 동일한 선택을 강요하는 결과를 초래하고 시장의 자율성을 파괴하고 종국적으로는 금융수요자들에게 피해를 줄 수 있다는 사실

---

105) 대법원 2005. 1. 28. 선고 2002두12052 판결, 『판례공보』 제222호, 413면.

을 반증한다.

행정지도와 관련한 또 다른 문제는 기업구조조정과정에 있어서 제기되었다. IMF체제 이후, 기업의 구조조정은 구조개혁기획단설치 운영규정(대통령훈령 제75호)에 의하여 설립된 금융감독위원회 내 구조개혁기획단에 의해서 주도되었다. 구조개혁단이 금융산업의 구조개선을 행하는 것은 「금산법」에 근거하였지만, 기업의 구조조정에 관한 요건과 절차 등 구체적인 사항은 전혀 법적인 근거가 없었다. 따라서 법률의 근거 없이 설립된 조직이 법적 근거 없이 국가 전반에 걸친 기업구조조정작업을 행한 것이다. 이러한 위법적 기업 구조조정작업이 가능했던 것은 행정지도에는 구체적인 법적 근거가 없어도 무방하다는 견해에 기초했기 때문이다. 그러나 행정지도가 행하여지기 위하여는 적어도 조직법상의 근거는 필요하며 당해 행정지도를 행하는 당해 행정청의 관할 사무에 한정된다는 것이 행정지도에 대한일반적인 법이론이다. 그러나 기업구조조정에 관한 사항을 금융감독위원회의 사무로 인정하는 실정법 규정은 존재하지 않으며 위에서 언급한 구조개혁단은 금융감독위원회의 공식적인 직제상의 조직도 아니다.[106] 따라서 국민의 경제생활과 국가공동체의 구성원의 이해관계에 상당한 영향을 미치며 국정운영의 일반적인 조건과 형태를 정하는 행정작용은 행정지도라는 이유로 법치주의가 배제될 수는 없으며 이른바 본질사항유보라는 관점에서도 그 법적 근거가 반드시 필요하다.[107]

---

[106] 백윤기, "금융행정에 있어서 법치주의 구현방안 ─ 금융행정법의 정립과 발전방향의 모색 ─",『저스티스』제33권 제4호, 32면.

(4) 制裁手段의 `處分性`

금융감독기관이 직접적으로 금융기관의 임·직원 임명권을 가지고 있지는 않지만 이에 영향력을 행사할 수 있는 권한은 가지고 있었고 실제로 그 힘을 행사해 왔다. 또한 면직에 있어서도 감독당국은 임·직원의 퇴임을 간접적으로 강제하는 '문책경고제도'를 활용해 왔는데 금융기관에 대한 조사나 검사 결과, 증권회사나 그 임·직원의 법규위반 사유를 발견한 경우에는 관련 법령(또는 감독규정)에 의거하여 조치권고, 문책요구, 징계요구 등의 행정적 제재수단을 사용한다.

금융감독당국의 임원해임권고는 규범적 강제력을 갖지 않는 사실행위이므로 행정처분과는 달리 「행정절차법」이 적용되지 않으며 그에 대한 이의신청(재심)은 허용되지만 이를 행정심판이나 행정소송의 대상으로 삼을 수 없는 것이 원칙이다.[108] 과거 법원은 문책요구나 조치권고 등에 대한 항고소송이 제기되는 경우 이와 같은 행정적 제재조치가 이른바 '처분성'이 결여되었다는 이유로 소송을 각하하는 예가 드물지 않았다.[109] 그러나 금융기관을 상대로 임·직원

---

107) 홍준형, "금융행정의 구조와 개혁방향", 『한국공법학회·전국경제인연합회공동학술대회 — 경제행정과 법치주의 — 자료집』(2000. 12. 19.), 152면.

108) 사실상 행하여지는 권고나 지도 등은 순수한 비권력적 사실행위로서 행정지도라고 보기 어렵고 오히려 하명에 가까운 행정처분의 성격을 가지는 경우가 많다. 임재연, "제재절차의 정합성 및 권리구제개선방안", 한국증권법학회(2006. 4. 2.), 21면.

109) 대법원 1995. 11. 21. 선고 95누9099 판결, 『판례공보』 제1호, 88면;

에 대한 문책요구나 해임권고를 명하는 것은 사실행위에 불과하지만 결과적으로 상대방에게 행정처분과 동일하게 불이익한 법적 효과를 발생시키기 때문에 과거 법원의 견해는 문제가 있었다.

이와 달리 최근 대법원은 문책경고제도의 처분성을 인정한 판결을 내렸는데, '금융기관검사및제재에관한규정' 제22조는 금융기관의 임원이 문책경고를 받은 경우에는 금융업 관련 법 및 당해 금융기관의 감독 관련 규정에서 정한 바에 따라 일정기간 동안 임원선임의 자격제한을 받는다고 규정하고 있고, 「은행법」 제18조 제3항의 위임에 기한 舊'은행업감독 제재규정'에 따라 문책경고를 받은 자로서 문책경고일로부터 3년이 경과하지 아니한 자는 은행장, 상근감사위원, 상임이사, 외국은행지점 대표자가 될 수 없다고 규정하고 있어서, 문책경고는 그 상대방에 대한 직업선택의 자유를 직접 제한하는 효과를 발생하게 하는 등 상대방의 권리·의무에 직접 영향을 미치는 행위로서 행정처분에 해당하는 것으로 판단하였다.[110]

본 취소청구의 대상이 되는 감독당국의 행정행위는 금융기관에 대하여 임·직원을 상대로 문책을 요구하는 것이 아니라 직접적으로 금융기관의 임원에 대한 문책경고이므로 상대방에 대한 직업선택의 자유를 직접 제한하는 효과를 발생하게 하는 등 상대방의 권리·의

대법원 1996. 3. 22. 선고 96누433 판결, 『판례공보』 제10호, 1418면; 임재연, "제재절차의 법적 정합성 및 권리구제 개선방안", 한국증권법학회(2006. 4.), 4면.

110) 대법원 2005. 2. 17. 선고 2003두14765 판결, 『판례공보』 제222호, 423면.

무에 직접 영향을 미치는 행위로서 행정처분에 해당한다고 볼 수 있다. 따라서 임원해임권고 수단이 금융기관의 경영권을 위협하는 수단으로 작동할 수 있기 때문에 사실상 행위강제력을 가진다. 그리고 이에 대한 적당한 이의제기수단 역시 없기 때문에 해임권고가 사실상 금융감독원의 자유재량적 행사가 가능할 수밖에 없다. 이에 대한 적절한 법적 한계를 둘 수 없다면 차라리 제재수단으로써의 임원해임권고제도를 폐지하는 것을 고려할 필요가 있다.

II. 監督行政의 比例, 明確性, 衡平性 原則의 遵守

1. 比例의 原則

금융감독이 상술하는 바와 같이 헌법적 근거를 갖고 있지만, 구체적 감독행정의 범위와 방법이 헌법적 의미에서 정당화되기 위해서는 감독목적이 금융질서를 형성하는 데 비례의 원칙에 적합해야 한다. 비례의 원칙이란 행정주체가 구체적인 행정목적을 실현함에 있어서 그 목적과 수단 간에는 합리적인 비례관계가 유지되어야 한다는 것을 말하며, 과잉(조치)금지의 원칙이라고도 한다. 비례의 원칙은 내용적으로 적합성의 원칙, 필요성의 원칙, 상당성의 원칙 등의 세 가지 파생원칙으로 구성되어 있으며, 이들 원칙은 상호 간에 단계적 구조로 되어 있다. 첫째, 적합성의 원칙은 어떠한 처분을 할 것인가의 여부에 관한 논의이고, 둘째, 필요성의 원칙은 어떠한 처분을 행하는 경우에 있어서 수단선택에 관한 논의이고, 셋째, 상당성의 원칙은 선택된 수단을 행사함에 있어서 그 정도에 관한 논의이다.

금융감독행정의 영역에서 비례의 원칙은 행정처분 등 개별행정작용의 적법성 여부를 가름하는 기준인 동시에 법령과 규칙 자체의 합헌성을 심사하는 기준으로 널리 적용된다.

따라서 금융감독과정에서 수행되는 수단과 목적 사이에는 적절한 균형관계가 유지되어야 한다. 따라서 목적과 수단 간에 이러한 균형관계가 붕괴되는 경우에는 금융감독행정은 위헌·위법하다는 평가를 면하지 못한다. 또한 금융감독을 통하여 달성하려는 목적과 제재수단 간에는 객관적인 관련성이 있어야 하며, 목적달성을 위한 최소한의 조치에 머물러야 하며, 제재처분을 통하여 달성하는 공익과 침해받는 금융기관과 금융수요자의 이익 간에는 엄격하고 정확한 형량이 이루어져야 한다.

이와 관련해서 헌법재판소와 대법원은 「금산법」 규정 중 부실금융기관의 매각과 관련하여 금융감독당국이 기관에게 자본감소명령을 할 수 있는 제12조 제3항에 대해 판결하였는데 구조조정을 용이하게 하기 위하여 주주의 이익을 희생하는 의미를 담고 있는 이 규정에 대해 헌법재판소와 대법원이 적극적으로 해석하는 입장(합헌)을 취하였다. 헌법재판소 다수견해와 대법원의 입장을 종합해 보면 다음과 같다. 즉 ① 부실금융기관의 경우 기존 주주가 보유하고 있는 주식은 그 가치가 거의 없는 것이나 다름없기 때문에 이러한 주식에 대한 주식소각이나 주식병합은 그 실질적 내용에 있어서는 감자명령 당시 자유시장에서 형성된 주식의 실질가치를 확인하는 내용에 불과하기 때문에 금융감독당국에게 자본금의 감소를 명할 수 있는 권한을 부여할 필요가 있다. ② 감자결의는 주주총회에서 이루어질 것을 기대하기 어려우므로 공적자금의 투입이 효율적이고 적기에 시행될 수 있도록 하기 위하여 이사회의 결의만에 의할 수 있도록 할 필요가 있다. ③ 감자결의에 반대하는 주주에게는 그 당시 주식의 실질가치에 따라 주식의 매수를 청구할 수 있는 권리를 부여하고 있으므로,「금산법」제12조 제3항의 규정이 주주의 재산권을 과도하게 침해하는 위헌적인 규정이 아니라고 판시하고 있다.[111] 그러나 헌법재판소 반대의견은 사기업이 부실화하는 경우 원칙적으로 회사정리절차나 파산 등 회사를 정리하는 절차를 밟아야지, 국가가 매번 부실기업에 대하여 국민의 세금으로 조성된 막대한 공적 자금을 투입해서 경쟁을 통한 시장의 자동조절기능을 약화시켜서는 안 된다고 보고 본 규정이 우리 헌법이 규정하고 있는 시장경제질서에 부합된다고 볼 수 없어 위헌으로 판단하였다.[112]

그러나 본 판결은「금산법」제12조 제3항에 대해서 비례의 원칙 위반여부를 판단하지 않은 잘못이 있다. 현재 부실금융기관의 주식이 아무런 실질가치를 가지지 않는다고 하여 소액주주를 비롯한 주

---

111) 헌법재판소 2004. 10. 28. 99헌바91,『판례집』제16권 2집 하, 107
    면; 대법원 2005. 2. 18. 선고 2002두9360 판결,『판례공보』223호,
    494면.
112) 헌법재판소 2004. 10. 28. 99헌바91,『판례집』제16권 2집 하, 133면.

주의 의사와는 전혀 상관없이 금융감독당국이 구조조정의 효율성만을 내세워 감자명령을 한다는 것은 비례의 원칙을 위반하고 있다.

특히 부실금융에 대한 원인이 국가의 경제정책의 실패와 부패한 경영진에 의해서 초래되었을 경우 이에 대한 책임을 전적으로 주주가 책임져야 한다는 논리는 주주의 재산권을 지나치게 경시하는 것이다. 특히 주식이란 그 가치가 미래의 수익성을 담보하는 것에 본질이 있으므로 단순히 지금 실질가치가 없다고 감독당국이 판단하고 상법의 규정을 배제하고 독단적으로 감자결의를 이사회의 결의로 대신할 수 있게 하는 규정은 지나치게 주주의 이익을 구조조정의 공익에 비해서 낮게 평가하고 있는 것이다.

2. 明確性의 原則

법치주의를 이루는 하나의 원칙으로써 명확성의 원칙(Bestimmt-heitsgebot)은 기본권을 제한하는 법규범의 내용은 명확하여야 한다는 헌법상의 원칙을 말한다. 헌법재판소는 법치국가원리의 한 표현인 명확성의 원칙은 기본적으로 모든 기본권제한입법에 대하여 요구된다고 한다.[113]

입법자가 입법의지를 법집행을 통해서 관철시키기 위해서는 우선적으로 전제되어야 할 것은 법규범의 내용이 명확해야 한다는 점이다.[114] 법규범의 내용과 의미가 불확실하면 법적 안정성과 예측가

---

113) 헌법재판소 2002. 1. 31. 2000헌가8,『판례집』제14권 1집, 1면 이하.

능성을 확보할 수 없고, 법을 집행하는 행정청의 자의적인 법해석과 집행을 가능하게 한다. 따라서 「행정규제기본법」 제4조 제1항에서 행정규제는 그 내용이 알기 쉬운 용어로 구체적이고 명확하게 규정되어야 함을 선언하고 있다.

한편, 금융감독행정에 대한 법적 규율은 국민의 경제활동을 위한 행위기준이 되고, 이에 따라서 국민은 생산·소비·투자 등 구체적인 행동을 결정하게 된다. 이런 관점에서 명확하고 예측가능한 금융감독법제는 효율적인 금융체제를 보장하는 매우 중요한 원칙이라고 말할 수 있다.

명확성의 원칙의 기능과 관련하여, 첫째, 입법부는 금융감독에 관한 법규명령이나 행정처분 등 행정부에게 일정한 권한을 위임함에 있어서 법률의 내용을 명확히 규정해서 행정부에 의한 권한이나 재량권의 남용을 방지하는 기능을 가지고 있다. 둘째, 명확성의 원칙은 금융기관이나 금융수요자의 기본권을 보장하는 중요한 기능을 가지고 있다. 법규의 요건이나 내용 등이 명확하게 국민에게 인식되고 그들에게 예측가능성을 부여해서 이를 집행하는 행정기관에 의한 자의적인 법해석이 이루어지는 경우, 국민에게 적절한 권리구제를 인정하는 것이다. 그러므로 이 원칙은 모든 금융감독법규 그리고 금융감독행정의 대상, 범위, 내용, 목적 등에 있어서 국민들이 명확하게 인식하고 이에 따라 경제활동을 할 수 있어야 한다는 것을 뜻한다고 볼 수 있다.[115) 헌법재판소는 새마을금고법 제66조 제2항

---

114) 국회사무처 법제실, "위임입법에 있어서의 명확성 원칙", 국회사무처 (2002. 12.), 1면.

제1호 위헌소원 사건에서 명확성의 원칙이 금융기관의 예견가능성을 보장하기 위한 원칙이라는 점을 분명히 하였다.[116)]

예를 들어 금융기관의 경제활동을 규제하는 행정처분의 내용이 불분명하여 상대방이 이해할 수 없거나 이에 따르는 의무 등을 이행할 수 없는 경우, 중대하고 명백한 하자가 있는 것으로 보아서 무효인 행정처분으로 간주된다. 이러한 명확성의 원칙은 구체적인 금융감독 행정작용뿐 아니라 금융감독 행정입법 자체에도 요구되는 원칙이기에 법의 내용과 목적, 규율대상이 불명확한 경우에는 위헌의 문제가 제기될 수 있다.[117)] 따라서 금융감독위원회나 금융감독

---

115) 헌법재판소 2004. 7. 15. 2002헌바47 전원재판부, 『판례집』 제16권 2집 상, 43면 이하; 헌법재판소 2001. 10. 25. 2001헌바9, 『판례집』 제15권 2집 하, 406면 이하; 헌법재판소 2002. 7. 18. 2000헌바57, 『판례집』 제14권 2집, 1면 이하.

116) "법 자체에 대출한도란 규율대상이 감독기관의 승인을 받아야 할 사항이라는 점이 명시적으로 규정되지 않은 채, 법시행령 제23조에서 비로소 승인사항으로 규정된 사항들에 대하여도 처벌조항인 이 사건 법률조항을 적용하는 것은 범죄와 형벌에 대하여 수범자의 예견가능성을 보장하고자 하는 죄형법정주의의 명확성원칙에 위배된다고 할 것이고, 또한 그러한 경우 이 사건 법률조항이 금지하고자 하는 행위의 유형, 즉 금지의 실질이 관련법률조항이 아닌 하위법령 등에서야 비로소 나타나게 된다는 점에서 죄와 형을 법률로 규정하도록 한 죄형법정주의의 이념과도 조화되기 어렵다고 할 것이다." 헌법재판소 2003. 3. 27. 2001헌바39 전원재판부, 『판례집』 제15권 1집, 246면 이하.

117) 위임입법의 구체성·명확성의 요구 정도는 그 규제대상의 종류와 성격에 따라 달라질 것이지만, 특히 처벌법규나 조세법규 등 국민의 기본권을 직접적으로 제한하거나 침해할 소지가 있는 법규에서는 일반

원이 행사하는 권한들은 금융기관의 영업의 자유, 재산권, 계약의 자유, 법인의 의사결정의 자유, 기업의 자유 등 헌법상의 기본권에 지대한 제한을 수반하기 때문에 그만큼 더 명확하고 엄격한 법적 근거가 요구된다고 할 수 있다.[118]

3. 衡平性

감독행정에 있어서 형평성의 원칙은 감독당국이 감독행정을 행함에 있어서 합리적 근거가 없는 한, 규제대상을 차별 없이 동등하게 처우해야 한다는 것을 말한다. 이 원칙은 우리 헌법 제11조와 제119조 2항 그리고 제123조 2항 경제질서에 있어서 균형성을 강조하는 규정에서 나온다고 볼 수 있다.

앞서 언급한 대법원 2005. 2. 18. 선고 2002두9360 판례에서 금융감독당국이 감자명령을 집행함에 있어서 부실을 초래한 경영진 겸 기존 대주주와 소수 주주 간에 아무런 차별을 두지 않아서 이에 대한 형평성의 문제가 제기되었는데 이러한 조치를 취함에 있어서 주주 아닌 다른 관계자들과의 사이에 이해관계를 조정하는 절차가 없다고 하여 헌법상 평등의 원칙에 위반된다고 할 수 없다고 판단

적인 급부행정법규에서와는 달리, 그 위임의 요건과 범위가 보다 엄격하고 제한적으로 규정되어야 한다. 헌법재판소 1991. 2. 11. 90헌가27,『판례집』제3권, 11면 이하.

118) 백윤기, "금융행정에 있어서 법치주의 구현방안",『저스티스』제33권 제4호, 8면.

하였다.[119] 그러나 과거 우리의 법제가 소수 주주가 경영에 실질적으로 참여할 수 있다고 말할 수 없으며 소수 주주의 보호 법제 역시 최근의 일로 이에 과거 부실경영에 대해서까지 최근법제를 이유로 소수 주주에게 책임을 물을 수는 없는 것이다. 이는 결과적으로 부실금융기관처리과정에서 별 책임이 없는 소수 주주의 재산권을 희생해서라도 구조조정을 실시해야 한다는 정책적 판단에 입각한 법해석으로써 소수 주주의 이해를 검토함이 없이 신속한 구조조정에만 초점을 둠으로 해서 법의 형평성 원칙을 크게 훼손했다고 볼 수밖에 없다.

금융감독과 관련하여 또 다른 형평성의 문제로 제기할 수 있는 것은 금융기관 종류에 따른 차별을 들 수 있다. 우리의 금융법제는 금융기관 중심으로 구성되어 있으므로 금융기관의 설립요건이나 퇴출요건 그리고 각종의 절차는 금융기관별로 각기 다르다. 만일 형평

---

119) "부실금융기관의 경우 그 주식은 대부분 감자명령 당시 이미 영(0) 또는 영(0)에 가까운 상태로 그 가치가 감소하였다고 할 것이고, 주주들은 주주총회 참석, 소수주주권의 행사 등을 통하여 기업경영에 참여할 수 있다는 점에서 부실경영의 결과로 나타난 손실에 대한 법적 책임이 없다고 할 수 없으며, 주식회사의 경우 주주가 투자금액의 한도 내에서 이에 대한 유한책임을 지고, 자유의사로 투자한 재산에 대하여는 스스로 책임을 져야 하는 점, 감자에 반대하는 주주에게 주식매수청구권이 부여되어 있는 점 등에 비추어 보면, 금융기관의 경영권을 지배하고 있는 대주주나 임원의 지위에 있는 주주 외에 소액주주의 주식에 대해서도 주식의 전부소각 등의 방법으로 감자명령을 할 수 있다." 대법원 2005. 2. 18. 선고 2002두9360 판결, 『판례공보』제223호, 494면.

성을 고려하여 규제를 완화하려고 하면 이들 금융기관을 규제하고 있는 법제의 조항을 같은 수준에서 동시에 개정해야 한다. 그러나 법개정절차는 상당히 복잡하기 때문에 문제가 된 규정들이 같은 수준에서 동시에 개정되는 것이 매우 어려운 일이다. 결과적으로 문제가 먼저 발생한 금융기관을 규제한 법이 먼저 바뀌게 되고 나머지는 그대로 두게 되는 결과가 되기 때문에 법제의 형평성은 시간의 흐름에 따라서 무너지는 결과를 초래할 수밖에 없다.[120)]

　2003년도 감사원 보고서를 보면, 금융기관 설립 시 주요 출자자의 자격과 금융기관 임원선임자격을 금융권역별로 다르게 제한하여 운용하고 있다고 지적하고 있다.[121)] 「금산법」 제2조 제3호의 규정에 따라 금융감독위원회 등에서 부실금융기관으로 지정된 금융기관의 최대주주 또는 주요주주이었던 자와 금융관련법령 등을 위반하여 처벌받은 자가 새로이 설립되는 금융기관의 주요 출자자가 될 수 없도록 할 때에는 금융업종 간 또는 내·외국인 간에 차별을 두지 않고 제한하는 것이 타당한데도 「보험업법시행령」 제11조의 3 제4항을 비롯한 보험, 선물, 투자신탁운용, 종합금융, 여신전문금융, 금융지주회사 및 상호저축은행 등 7개 금융업 관련 법령에서는 내국인만을 제한하고 있기 때문에 금융업종 간 또는 내국인과 외국인을 차별하는 결과를 초래하였다.

---

120) 금융기관별 규제방식을 취한 것이 금융기관 영업행위규제(conduct of business regulation)의 불균형을 가져왔다. 한기정, "금융기관의 영업행위규제", 『새로운 금융법 체제의 모색』, 소화(2006), 173면 이하.

121) "2002년 주요감사결과 Ⅰ", 감사원(2003), 362면.

이러한 문제를 근본적으로 해결하기 위해서는 금융법제 자체의 패러다임이 바뀌어야 한다. 지금의 「은행법」이니 「보험법」이나 하는 금융기관별로 업무영역이 한정되는 법제가 아니라 금융기관 일반에 통용되는 「금융기관 설립법」 또는 「금융기관 퇴출 및 구조조정법」, 「금융거래법」처럼 기능별로 법체계가 나누어져야 하고 이에 따른 기능적 감독시스템으로 바뀌어야 할 것이다.

III. 監督行政의 節次的 正當性

1. 意 義

행정절차는 행정청이 의사결정을 함에 있어서 거치는 일련의 절차이다. 행정청이 구속적 결정을 내리기 이전에 외부적으로 일련의 절차를 거치는 것은 민주주의의 원리의 실현, 법치주의의 실현, 행정의 공공성과 투명성의 실현, 법적 분쟁의 사전 조정을 통한 권리 보장 등의 의미를 가진다.

한편, 「금감법」에서 금융기관에 대한 인·허가, 검사, 감독, 기타의 행정처분은 금융기관의 권리를 침해하는 전형적인 불이익처분에 해당하므로 「행정절차법」의 행정처분절차에 관한 규정이 적용되어야 한다. 또한 오늘날 '법치행정'이라는 경직적인 행정법 구조에서 행정의 수요자인 국민의 참여와 협조를 이끌어 내기 위해서도 금융감독행정에 있어서 「행정절차법」의 준수는 중요한 의미를 갖는다고 볼 수 있다. 또한 금융감독행정이 갖는 전문성으로 인하여 실체법적 적법성에 대하여 사법통제가 제한될 수밖에 없기 때문에 절차법적 통제가 더욱 엄격해야 할 필요가 있다.[122]

2. 「行政節次法」의 遵守

「행정절차법」의 규정 중 불이익처분과 관련하여 중요한 의미를 가지는 규정의 예를 제시해 보면, 처분기준의 설정·공표(제20조), 불이익처분의 사전통지 및 의견제출(제21조, 제22조 제3항, 제27조), 청문(제22조 제1항, 제28조 내지 제36조), 공청회(제22조 제2항, 제38조, 제39조), 처분의 이유제시(제23조), 문서의 열람(제37조), 행정상 입법예고(제41조 내지 45조), 행정예고(제46조, 제47조), 행정지도(제48조 내지 제51조) 등이다.

(1) 處分基準의 設定·公表 및 處分의 理由提示

금융감독당국이 행정처분을 하기 이전에 처분의 근거가 되는 기준을 미리 설정해서 행정작용에 대한 국민의 예측가능성과 행정의 투명성을 보장하는 것은 법치행정이 지향하는 행정법관계의 안정성이라는 관점에서 중요하다.[123]

---

122) 백윤기, "금융행정에 있어서 법치주의 구현방안", 『저스티스』 제33권 제4호, 34면.

「행정규제기본법」 제5조 제3항에서는 "규제의 대상과 수단은 규제목적을 실현하는 데 필요한 최소한의 범위 안에서 가장 효과적인 방법으로 객관성·투명성 및 공정성이 확보되도록 설정되어야 한다"고 규정하고 있고 「금감법」 제2조에서도 "업무수행에 있어서의 투명성"을 확보하도록 규정하고 있다.

이에 따라서 감독당국은 처분기준을 공표하는 것이 당해 처분의 성질상 현저히 곤란하거나 공공의 안전 또는 복리를 현저히 해하는 것으로 인정할 만한 상당한 이유가 있는 경우를 제외하고는 필요한 처분기준을 당해 처분의 성질에 비추어 될 수 있는 한 구체적으로 정하여 공표하여야 한다. 특히 금융규제법상의 시정조치는 대부분 금융감독당국에 상당한 정도의 재량권을 부여하고 있으므로 재량권 행사의 남용이나 일탈을 막고 금융기관이 영업활동을 함에 있어서 규제에 대한 예측가능성을 높이기 위하여 구체적인 처분기준을 설정하여 고시 등을 통하여 공표하여야 할 것이다.

행정처분의 이유제시제도는 행정처분의 기준공표와 함께 행정작

123) 특히 신청에 의한 수익적 행정행위의 경우에 처분기준이 마련되면 민원인이 자신의 신청에 대하여 행정관청이 어떠한 기준에 의하여 구체적으로 어떠한 처분을 할 수 있을지 예측할 수 있다. 따라서 불필요한 시간과 노력의 낭비를 줄일 수 있으며 성사의 가능성이 없는 민원의 남발을 방지하여 행정관청의 부담도 줄일 수 있다는 현실적인 이점이 있다. 더욱이 우리사회의 고질적인 문제로 등장한 공직자의 부패와 관련하여도 민원처리의 기준이 확립되어 있다는 것은 공직자와 민원인 간의 부정과 비리의 고리를 차단한다는 정책적인 의미를 갖게 된다. 김성수, 『일반행정법 — 행정법이론의 헌법적 원리 —』, 법문사(2004), 537면.

용의 예측가능성을 보장하여 법치행정의 기본이념을 실현하는 행정
처분절차의 핵심적인 내용이다.[124] 「행정절차법」 제23조에 따르면
행정청은 행정처분을 하는 때에는 ① 신청내용을 그대로 인정하는
처분인 경우, ② 단순·반복적인 처분 또는 경미한 처분으로써 당사
자가 그 이유를 명백히 알 수 있는 경우, ③ 긴급을 요하는 경우를
제외하고는 당사자에게 그 근거와 이유를 제시하여야 한다.

　행정처분의 이유제시는 행정처분의 본질적인 구성요소인 동시에
다양한 법치주의적인 기능을 수행하는 것이기 때문에 처분청은 위
의 예외사유에 해당하지 않는 한 이를 생략할 수 없으며, 이를 결
하는 경우에는 절차상 흠이 있는 행정처분으로써 행정쟁송의 대상
이 된다.

(2) 處分의 事前通知와 意見提出

　「행정절차법」 제21조에 의거하여 금융감독당국의 적기시정조치와
같은 행정처분은 금융기관에게 의무를 과하거나 권익을 제한하는
불이익처분이므로 처분 전에 ① 처분의 제목, ② 당사자의 성명 또
는 명칭과 주소, ③ 처분하고자 하는 원인이 되는 사실과 처분의
내용 및 법적 근거, ④ 의견을 제출할 수 있다는 뜻과 의견을 제출
하지 아니하는 경우의 처리방법, ⑤ 의견제출기관의 명칭과 주소,
⑥ 의견제출기관, ⑦ 기타 필요한 사항을 당사자 등에게 통지하여

---

124) 김성수, 『개별행정법 ― 협조적 법치주의와 행정법이론 ―』, 법문사
　　 (2004), 234면.

야 한다. 이러한 사전통지는 처분의 상대방으로 하여금 불이익처분에 대하여 필요한 의견제출의 기회를 보장하기 위한 것이다. 당사자 등은 처분 전에 그 처분의 관할 행정청에 서면·컴퓨터통신 또는 구술로 의견제출할 수 있으며, 의견제출을 하는 경우에는 그 주장을 입증하기 위한 증거자료 등을 첨부할 수 있다. 이러한 사전통지와 당사자 등의 의견제출의 기회는 처분의 이유제시와 더불어 행정절차의 핵심적인 내용을 이루는 것이므로 정당한 이유 없이 이러한 절차를 결하는 경우에는 절차상의 흠이 있는 행정처분으로써 취소사유가 된다.

금융시장에서 시장참여자들이 서로 다른 다양한 이해관계를 가지기 때문에 감독당국이 법령·규칙의 제정과 집행에 의해 그들의 경제적 활동에 치명적인 효과를 발생시킬 수 있다. 따라서 감독행정에 있어서 적법절차의 원리(Due Process of law)가 좀 더 엄격하게 적용된다. 이는 규제대상자에게 변명이나 의견제출의 기회를 부여한다는 권리구제의 측면뿐만 아니라 이해관계인과 국민 일반에게 참여를 유도해서 공감대를 형성하고 규제수용가능성을 높이는 데 기여한다.[125)]

과거 피규제자가 금융규제기관을 상대로 그 절차적 적법성을 소송으로써 문제를 제기하는 경우는 드물다가 최근에 이에 대한 몇 건의 중요한 판례가 나왔다.

금융감독행정의 적법절차의 중요성을 확인하듯, 1999. 8. 31. 서

---

125) 백윤기, "금융행정에 있어서 법치주의 구현방안", 『저스티스』 제33권 제4호, 9면.

울행정법원이 금융감독위원회가 행정처분을 내리기에 앞서 당사자에게 사전통지나 의견제출 기회를 주지 않은 것이 절차상 위법이라는 판결을 내렸다. 법원은 대한생명주식회사(원고)에 대한 금융감독위원회(피고)의 자본금감소명령처분을 취소하는 소송에서 「행정절차법」 제21조 제1항에서 행정청은 당사자에게 의무를 과하거나 권익을 제한하는 처분을 하는 경우에는 미리 처분의 제목·당사자·처분의 원인사실과 처분의 내용 및 법적 근거·의견제출에 관한 사항 등을 당사자에게 통지하여야 한다고 규정하고 있는데 금감위가 사전통지를 하였다고 인정할 증거자료가 부족하다고 판단하여 결국 처분에 사전통지절차가 결여된 흠이 있어 위법하다고 판시하였다.[126] 이 판례는 아무리 금융개혁이 중요하고 부실 금융기관 퇴출이 시급히 요구된다고 하더라도 법이 요구하는 적법절차는 지켜야 함을 확인해 주었다고 볼 수 있다.

위 판례와 달리 대법원 2005. 2. 18. 선고 2002두9360 판결에서 법원은 금융감독의 절차적 적법성을 간과하는 판결을 내리고 있다고 판단되는데, 부실금융기관에 대한 감독당국의 감자명령 시 「금산법」에 주주총회의 특별결의를 거치지 않을 수 있다는 조항이 있는데 이러한 조항을 근거로 감자명령이라는 불이익처분을 행할 시에 「행정절차법」의 사전통지 또는 의견청취 규정을 준수하지 않는 감자명령의 절차적 위법성 문제에 대하여 법원은 감독당국의 입장을 옹호한다. 즉 감자명령을 하기 위하여는 그 상대방인 금융기관에

---

126) 서울행정법원 1999. 8. 31 선고 99구23709 판결, 법률신문 제2817호 (1999. 9. 2.), 1면.

대하여 사전통지 및 의견청취 등 「행정절차법」에 규정된 절차를 취하여야 하고, 그 후 이사회의 결의를 거쳐야 비로소 감자의 효과가 발생하므로 주주들에게는 자신들이 선임한 당해 금융기관의 대표이사 및 이사들을 통하여 자신들의 입장과 의견을 개진할 수 있는 기회가 있고, 또한 이에 대하여 직접 행정소송 등을 제기하여 구제받을 수 있는 길도 열려 있으므로, 주주에 대한 처분의 사전통지 또는 의견청취 등의 절차에 관한 규정이 없다고 하여 적법절차의 원칙에 위반된다고 할 수 없다는 것이다.[127]

「금산법」이 감자에 대하여 소수 주주의 의사를 개진할 주주총회 개최를 원천적으로 막고 있으며 법원이 소수 주주가 이사회 구성에 미치는 영향력이 미약함에도 불구하고 대표이사 및 이사를 통해서 소수 주주의 의사가 개진될 수 있다고 판단하고 있다거나 행정소송을 제기할 수 있으니 주주에 대한 처분의 사전통지나 의견청취 절차는 필요 없다고 판단하고 있는 것은 적법절차 원칙의 목적과 취지를 간과하였다고 밖에 볼 수 없는 것이다.

(3) 聽聞과 公聽會

행정처분절차, 특히 불이익처분절차에서 핵심적인 내용은 청문절차이다. 청문절차를 통하여 행정청은 당사자의 입장을 확인하고 객관적인 자료를 기초로 적정한 행정처분을 내릴 수 있다.[128] 그런데

---

127) 대법원 2005. 2. 18. 선고 2002두9360 판결, 『판례공보』 제223호, 494면.

「행정절차법」은 청문과 공청회의 실시사유로 행정청이 필요하다고 인정하는 경우와 다른 법령에서 청문 등을 실시하도록 규정하고 있는 경우로 한정시키고 있다. 다시 말하자면 이러한 청문실시의 사유가 존재하지 않는 한 당사자 등은 금융감독당국의 행정처분에 대하여 위에서 언급한 바와 같이 서면 등에 의한 의견제출로 그치게 되는 것이다.

「은행법」 제64조를 보면 인가취소를 받은 금융기관은 청문을 신청할 수 있도록 되어 있는데 인가취소뿐만 아니라 금융기관의 이해관계에 중요한 사항을 결정하는 행정처분 등에도 청문절차를 확대할 필요가 있다.

Ⅳ. 특수문제로서의 豫測可能性

1. 意 義

금융감독의 법적 한계의 특수문제는 금융이라는 동태적인 규제대상영역의 특수성을 고려한 감독행정의 예측가능성 확보의 문제이다. 금융감독의 대상과 수단이 감독목적을 실현하는 데 있어서 필요한 최소한의 범위 안에서 가장 효과적인 방법은 금융기관의 예측가능성

---

128) 김성수, 『개별행정법 — 협조적 법치주의와 행정법이론 —』, 법문사 (2004), 234면.

을 증대시키기 위한 예방적 수단을 강구하는 것이다. 금융감독당국
은 언제 어떻게 발생할지 모르는 금융위기에 대처하기 위해 금융기
관에 대한 감독업무를 수시로 진행해야 하는데 아무런 예고절차 없
이 업무를 수행한다면 금융기관의 업무수행을 저하시킬 뿐만 아니라
감독행정에 대한 피감독기관의 참여와 협력을 기대하기 어렵다.

2. 常時的 金融監督

감독업무에 있어서 예측가능성을 증대시키려는 노력은 금융감독
의 중립이라는 관점에서도 중요한 법적 과제이다. 또한 금융위기를
초래하는 위험요소를 예방하고 금융감독의 효율성을 높이기 위한
핵심 정책과제이기도 하다. 이런 금융감독의 예측가능성을 담보하기
위해서는 우선적으로 상시감독체제가 도입되어야 한다.[129]

금융감독당국의 노력에도 불구하고 국내 금융시장의 왜곡현상이

---

129) 금융감독원이 금융기관들의 수검부담을 덜어주기 위해서 기관별 전
담조직(RM)시스템을 통한 상시검사체제로 전환하기로 하였다. 상시
검사체제로 전환한다는 의미는 금융감독원이 자발적 조직·인사혁신
을 통해 감독서비스기관으로 탈바꿈한다는 것을 말한다. 먼저 검사국
내 팀 조직을 상시감시와 현장검사를 동시 주관하는 기관별 전담조
직(RM: Relationship Manager)체제로 전환하고 검사국 내 기관별 전
담조직의 전문성을 보완하기 위해 리스크관리, IT 등 전문검사역 그
룹을 검사지원국으로 편성·운영키로 했다. 손상호, "금융감독방식의
선진화방안", 『정책조사보고서』, 한국금융연구원(2004. 4.), 21면; "2003
년도 정부업무 평가결과(Ⅰ)", 국무조정실 정책평가위원회(2004. 1.
16.), 375면.

반복되고 있는 것은 금융리스크의 사전예방에 치중하는 선진국과는 달리 국내 금융감독당국은 금융기관의 위규사항을 적발하여 적기시정조치를 취하는 등의 사후조치에 치중해 왔기 때문이다.[130]

금융선진국의 감독기관들이 상시감독를 통해 평소 리스크 문제를 지속적으로 해소하고 있는 반면에 우리 감독기관은 정기검사에 치중하고 있어 효율적인 리스크관리가 제대로 안 되고 있다. 금융기관은 시간의 흐름에 따라 변화하는 유기체이기 때문에 사후교정적인 리스크 관리로는 실효성이 떨어질 수밖에 없다. 따라서 리스크를 조기에 인지하고 대응하기 위해 상시감독체제로 전환해야 하는데 상시감독체제를 도입하기 위해서는 전문성을 갖춘 감독인력을 확충하는 것이 필요하다. 감독인력 확충 방안으로 외부 리스크전문가 영입과 금융기관의 종합기획·통제 기능을 담당하는 부서의 퇴직직원을 계약직으로 채용하는 등의 방안을 생각해 볼 수 있다.[131]

한편, 상시적 금융감독에 대한 기본 개념은 RBS 개념에서 나온다. RBS란, 리스크 중심의 금융감독(RBS: Risk-Based Supervision)

---

130) 손상호, "금융감독방식의 선진화방안", 『정책조사보고서』, 한국금융연구원(2004. 4.), 4면.

131) 금융감독의 선진화란 상시감시를 통해 시장의 리스크요인을 조기에 파악하는 것이다. RBS는 선진국형 금융감독시스템으로 경영실태평가의 개별부문에 해당되는 CAMEL에 리스크평가를 독립된 부문으로 편입시킨다. RBS의 가장 큰 장점은 금융기관이 유발할 수 있는 문제를 조기에 인식하고 이에 적절한 대응을 할 수 있음으로써 시장불안요인을 사전 차단할 수 있다는 점이다. 손상호, "금융감독방식의 선진화 방안", 『정책조사보고서』, 한국금융연구원(2004. 4.), 19면.

을 말하는 것으로써 금융회사 감독·검사 시 리스크 현황(Profile)에 초점을 두는 과정(process) 전반을 의미하며, 은행의 경영활동에 수반되는 리스크량과 리스크관리수준에 대해 영업활동별로 상시평가를 실시하고, 그 결과 포착된 고위험 영업활동에 대해 감독·검사자원을 집중 할당해서 감독·검사의 효율성을 제고하는 감독·검사제도이다.132) 이 개념은 최근에 금융감독당국이 업무수행과 관련하여 가장 역점을 두고 있는 제도 중에 하나이다.133)

RBS는 기본적으로 금융기관을 하나의 관점을 가지고 보거나 특정 시점의 횡단면적·특성을 보는 방법이 아니라 시간흐름에 따라 변화하는 금융기관의 동태적인 모습을 리스크의 움직임에 기초하여 인식하고 대처하는 감독방식을 의미한다.

이를 보다 구체적으로 보면, 특정 금융기관에 대한 모든 정보를 상시적으로 수집·분석하여 리스크 과다유발요인을 밝혀내고 이에 필요한 적절한 사전예방적 성격의 시정조치를 수시로 취하는 일련

---

132) <http:// www.fss.or.kr> 전자민원창구 FAQ.
133) '은행업 감독규정' 제30조 ① 금융기관은 각종 거래에서 발생하는 제반 리스크를 적시에 인식·측정·감시·통제하는 등 리스크를 적절히 관리할 수 있는 체제를 갖추어야 한다. ② 금융기관은 리스크를 효율적으로 관리하기 위하여 부서별, 거래별 또는 담당자별 리스크부담한도·거래한도 등을 적절히 설정·운영하여야 한다. ③ 금융기관은 각종 거래에서 발생할 수 있는 신용리스크, 시장리스크, 유동성리스크 등 각종 리스크를 종류별로 측정하고 관리하여야 한다. ④ 금융기관은 주요 리스크 변동상황을 자회사와 연결하여 종합적으로 인식하고 감시하여야 한다. ⑤ 감독원장은 금융기관의 리스크관리실태 적정성을 평가하고 그 결과를 감독 및 검사업무에 반영할 수 있다.

의 감독과정에 해당된다. 이를 감독과정에 구체적으로 적용해 보면, 특정 금융기관을 업무라인별로 구분하여 라인별 리스크의 양과 리스크통제 시스템의 적정성을 평가한 뒤 이를 종합하여 금융기관 전체 리스크 관리의 적정성 여부를 판단하는 일련의 판단과정을 의미한다.

한편, RBS는 금융기관의 자발적 리스크관리체계가 이루어져 있을 때 더욱 효과를 발휘할 수 있다.[134] 향후 리스크 중심의 금융감독이 원활히 추진되기 위해서는 현재 정기검사 위주인 금융감독시스템을 단계별 과정을 거쳐 상시감시 및 부문검사를 중시하는 시스템으로 전환해야 한다. 이를 위해 상시적으로 금융기관의 리스크 변동을 인지하고 문제점을 파악할 상시감시의 역할과 기능 및 이를 담당할 상시감시자의 전문성이 대폭 강화되어야 한다. 지속적인 감시활동을 통해 평소에 금융기관의 리스크 문제를 상당부분 해소하면 정기검사 시에는 평소에 점검하지 못했던 부문을 중심으로 '선택과 집중의 원리'에 의해 효과적으로 시행할 수 있다.

3. 被監督機關의 豫測可能性 提高

금융감독당국은 검사업무일반에 있어서 임점검사와 간접감독 모두를 시행한다.[135] 이 중 금융기관은 불시에 실시되는 임점검사로

---

134) '은행업 감독규정' 제31조 효율적인 리스크관리를 위하여 필요하다고 인정되는 경우, 이사회 내에 리스크관리를 위한 위원회를 두고 그 업무를 담당하게 할 수 있다.

인하여 영업에 막대한 지장을 받는다. 특히 정기적으로 징구(徵求)되는 자료를 현장에서 중복 요청하는 검사업무의 관행은 금융감독의 존재이유에 대해 피감독기관이 근본적인 회의를 갖도록 만든다. 이런 관행을 방지하기 위해서 검사의 준비과정에서 리스크의 발생가능성이 가장 큰 금융기관을 미리 선정하여 리스크관리 취약부문에 대해 집중적으로 검사하는 등 검사의 사전준비 및 계획 단계에서부터 리스크 요인을 적극적으로 고려해야 한다.136) 또한 사전준비자료도 리스크 요인에 보다 초점을 맞추고 금융기관의 전체적인 문제점을 적시하는 방향으로 구성되는 것이 바람직할 것이다.

한편, 금융감독당국은 불시 임점검사로 인하여 영업에 많은 지장을 받는 금융기관을 위하여 임점검사에 따른 고충이나 불만사항을 해결할 수 있도록 해야 한다. 이 문제와 관련해서 금융감독원 자체적으로 시행하는 임점검사에 대한 피감독기관으로부터의 의견수렴은 피감독기관의 솔직한 의견개진이 어렵기 때문에 한계가 있다. 따라서 금융감독업무처리 지연, 업무 수행 시 부적절한 태도, 성실성 결여 등의 경우로 피해를 받은 금융기관은 감독당국에 대해 독립적으로 고발 또는 시정을 요구할 수 있는 제도적 장치가 마련되어야

---

135) 입법례를 보면, 일반적으로 금융감독기구가 임점검사와 간접감독을 모두 시행하지만 임점검사와 간접감독을 분리하여 다른 기관이 담당하는 나라도 있다. 대표적으로 터키는 은행감사원이 임점검사만을 담당하고 중앙은행은 간접감독만을 담당한다. "21세기 금융환경과 금융감독", 금융감독원(2004. 4.), 192면.

136) 손상호, "금융감독방식의 선진화방안", 『정책조사보고서』, 한국금융연구원(2004. 4.), 7면.

한다.

또한 검사결과, 피감독기관의 건전성 악화요인에 대해서 피감독기관과 감독당국의 의견이 불일치하는 경우에 이를 논의하여 교정할 수 있는 제도가 마련되어야 한다. 그리고 임점검사활동의 효과를 높이기 위해서 금융감독당국은 각종 법규의 준수여부를 점검하는 수준에서 벗어나 금융기관 전체의 위험도를 평가하여 은행의 경영위험을 덜어줄 수 있는 수준으로 검사의 질적 수준을 발전시켜야 한다. 그러기 위해서는 금융감독당국은 금융기관의 이사회나 최고경영층에서 결정한 경영지침 및 업무운영방향부터 점검해 나가는 방식(top-down approach)을 채택할 필요가 있다.[137]

---

[137] "21세기 금융환경과 금융감독", 금융감독원(2004. 4.), 177면.

第 3 章

金融監督 組織改編의 法的 課題

第1節 金融監督機構의 統合

한국전쟁 이후 최대 국난(國難)이라고 불리던 1997년 외환위기의 후유증은 십 년이 지난 오늘날까지도 여전히 계속되고 있다. IMF의 구제금융을 지원받는 대가로 강도 높은 구조조정이 경제전반에 걸쳐 시행되었고 이에 수반하여 기업파산과 실업이 대규모로 양산되었다. 이런 엄청난 결과를 초래한 외환위기의 원인에 대해 다양한 정치·경제적 분석이 있어 왔는데 금융위기의 원인에 대한 논의 중에는 투기성 헤지펀드(hedge funds)가 단기차익을 노리고 모험적 환투기를 해서 비롯되었다는 견해가 있었고 한편으로는 투명하지 못한 금융환경과 내부의 경제성장 운용시스템에 원인을 두는 견해도 있었다.[138] 특히, 우리 경제내부에서 그 원인을 찾는 학자들 중에는 과거 정부의 과도한 금융통제와 이를 뒷받침했던 금융규제 법제에 문제가 있었다고 주장하며 대대적인 금융개혁을 주장하였다.[139]

---

138) 미국의 저명한 경제학자 제프리 삭스(Jeffrey Sachs)는 1997년 동아시아의 외환위기는 국제자본의 급격한 이동으로 인한 일시적인 현상으로써 IMF의 고금리정책은 잘못된 대책이라는 견해를 가지고 있고 반면에 역시 미국의 경제학자인 로렌스 서머스(Lawrence Summers)는 동아시아의 외환위기가 근본적으로 당해 국가의 경제체질이 좋지 않았기에 발생하였다고 보고 IMF의 고금리정책은 잘한 대책이라고 주장하고 있다. 제프리 삭스 인터뷰, 조선일보(2007. 3. 10.), B6~B7면; 로렌스 서머스 인터뷰, 조선일보(2007. 5. 19.), C6면.

외환위기 이전에도 이런 금융개혁의 논의가 있어 왔으나 정치적 추진력의 부재로 좌절되어 오다가[140] 금융개혁에 대한 생산적 논의와 극적변화는 금융위기 직후인 1997년 말. 대통령 직속 금융개혁위원회의 금융감독체계 개편안에서 비롯되었다. 금융위기를 거치면서 금융개혁에 안이했던 정책입안자들 역시도 금융개혁의 필요성을 크게 인식할 수밖에 없었던 것이다.

한편, IMF체제 이전에는 금융감독과 관련해서 은행감독, 증권감독, 보험감독을 담당하는 기구가 각기 분화되어 있었고, 이렇게 분화된 금융감독기구는 경제위기를 극복하는 데 있어서 행정효과의 극대화를 위해 단일적인 조직으로 거듭날 필요성과 과거 정부의 과도한 금융통제로부터 벗어나야 할 필요성이 있었다.[141]

---

139) 과거 금융위기를 경험한 개발도상국들은 금융자원배분에 있어서 정부가 강력한 영향력을 행사하여 자원배분의 비효율성을 초래하였다는 평가를 받고 있다. 정부의 개입은 금융기관 부실시 정부의 구제금융이 지급될 것이라는 기대감을 제공함으로써 시장규율기능을 약화시키고 경제주체의 위험추구유인을 증대시켜왔다. 김홍범, 『한국 금융감독 개편론』, 서울대학교출판부(2006), 105~134면.

140) 1990년대 초반. 이와 같은 폐해를 전반적인 규제시스템의 개혁으로 극복하려는 시도가 있었으나 정치적 추진력의 부족으로 실패하였다.

141) 좀 더 부연해서 금융감독당국을 통합하려는 이유를 들자면, 첫째, 금융기관 업무의 겸업화 및 다양화로 인하여 각기 다른 금융기관 간 통합에 의한 금융그룹이 형성되었고 각 금융기관의 신규업무 개발로 종전 업무구분이 모호해졌다는 점. 둘째, 금융권 또는 금융기관 간 감독차별화에 따른 불평등경쟁 요소를 제거하기 위해서 통일되고 일관성 있는 감독규제의 필요성이 증대되었다는 점. 셋째, 금융의 국제화시대에 대한 효과적 대응이 필요하다는 점. 넷째, 금융감독의 사각

이에 따라서 「금감법」을 제정하여 영국[142])을 위시한 몇몇 선진국의 금융감독기구의 조직모형을 받아들여서 분산되어 있던 금융감독기구들을 통합하여 금융감독위원회와 금융감독원을 중심으로 하는 통합금융감독체제를 1998. 4. 구축하게 되었다.

출범 당시, 통합금융감독체제는 외환 유동성위기 등 금융위기에 대해 효과적이고 능동적으로 대처하여 금융시장의 안정과 예금자보호에 효과적인 제도가 될 것으로 기대되었다.[143]) 그러나 통합 이후에도 금융감독기구의 임·직원이 연루된 금융부정과 비리사건, LG

지대를 해소해야 한다는 점. 다섯째, 금융감독의 투명화 및 감독책임의 명확화가 필요하다는 점을 들 수 있다.

IMF는 한국정부에 금융감독기구를 통합하여 구조조정의 핵심기구로 거듭나야 함을 권고하였고 한국정부는 이를 받아들였다. "주요국의 금융위기 발생원인과 시사점", 『조사통계월보』(1997); 안창모, "금융환경변화에 따른 감독체계의 재편방향 ― 시스템 안정과 효율의 조화 ―", 『산업경제』 제8집(1998).

142) 영국은 1997. 10. 통합금융감독기구를 출범시켰다. 이전에는 중앙은행인 영란은행 내 은행감독위원회 및 은행감독국이 은행감독을 담당하고 증권감독은 상무부 산하 증권투자위원회에서 담당하고 보험감독은 무역산업부 보험국이 담당하였다.

143) 금융감독통합은 1997년 말. 외환위기로 금융산업에 대한 구조조정이 시급한 과제가 됨에 따라 IMF가 이를 종합적으로 추진할 통합금융감독기구의 설치를 한국정부에 강력히 건의하였고 이에 따라서 1997. 12. 이에 대해 한국정부와 IMF 간에 양해각서(MOU)가 체결되었다. 통합금융감독기구는 설립된 후, 집중된 감독권한과 정보를 바탕으로 금융산업의 구조조정과 금융기관의 건전성을 높이고 금융시장의 투명성과 공정성을 제고하는 데 성과가 있었다. 『금융감독원법 제정을 위한 입법공청회 자료집』, 국회대안정치연구회(2002. 2. 21.), 23면.

카드사태, 투기성 단기외국자본의 금융시장 교란행위 등 대형금융사고가 연이어 발생하였다. 이러한 대형금융사고가 계속해서 발생하는 원인은 감독업무를 수행하는 자의 개인적 도덕성 문제보다는 감독체제 전반의 구조적문제라는 것이 일반적인 인식이다. 즉 금융감독 통합초기의 취지와는 달리 관치적 감독업무수행을 가능케 하는 금융감독체제 내에 근본적인 문제가 있다는 것이다.[144]

---

144) 통합금융감독기구가 오히려 관치금융을 심화시킬 것이라는 지적이 통합초기부터 있어 왔다. 은행, 보험, 증권감독원 등 3개 금융감독당국을 통합한 금융감독위원회를 당시 재경원 산하로 두는 것은 재경원의 금융기관에 대한 통제력을 강화하여 관치금융을 강화하기 위함이라는 것이다. 1997년 11월 13일 경제정의실천시민연합과 참여민주사회시민연대 합동으로 "정치권은 관치금융 강화하는 한은법 및 금융감독통합기구 설치를 철회하라"는 공동성명을 발표하였는데 그 주장을 발췌해 보면, "과거 관치금융의 폐습은 우리 금융산업의 선진화와 국제경쟁력확보에 큰 걸림돌이 되어 왔다. 따라서 금융감독기구는 정부부처와 정치권으로부터 완전독립한 감독기구로서 중립적인 위치에서 독자적인 감독권을 행사할 수 있도록 하는 것이 개혁취지에 걸맞다. 그럼에도 불구하고 국회재경위가 형식논리를 앞세워 관치금융을 막을 견제장치를 하나도 마련하지 않고 금감위를 재경원 산하로 바꾼 것은 납득하기도 어렵고 개혁이 아니라 개악을 하고 있는 것이다"라고 주장하였다. 김대식·윤석헌, "통합금융감독기구의 변천과 향후의 개편방향", 『금융학회지』 제10권 제1호(2004), 205면. 세계적으로 금융기관 업무의 다양화, 대형화, 겸업화 등 금융환경의 변화에 대응하여 분산된 금융감독조직을 통합하는 추세이기는 하지만 통합된 감독조직이 금융감독의 독립성을 확보하는 선결과제라고 단언할 수는 없다. 현재 16개국(한국, 영국, 캐나다, 일본, 호주, 스웨덴, 덴마크, 노르웨이, 아이슬란드, 싱가포르, 멕시코, 핀란드, 이스라엘, 남아공, 룩셈부르크, 아일랜드)에서 통합 금융감독기구를 운영 또는 설

第2節 金融監督委員會

I. 法的 性格

　금융감독위원회는 합의제 행정기관으로써 9인의 위원으로 구성된
다. 소속은 국무총리실 산하이다.[145) 금감위의 업무내용을 살펴보면,
금융기관에 대한 감독과 관련된 규정의 제정 및 개정, 금융기관의
설립, 합병, 전환, 영업양수·도 등의 인·허가, 금융기관의 경영과
관련된 인·허가, 금융기관에 대한 검사·제재와 관련된 주요사항,
증권·선물시장의 관리·감독 및 감시 등과 관련된 주요사항, 기타
법령에서 금융감독위원회에 부여된 업무에 관한 사항의 심의·의결
(「금감법」 제17조)과 금융감독원의 업무·운영·관리에 대한 지시·
감독(「금감법」 제18조)으로 구분할 수 있다. 합의제 행정기관은 「정

　　립 중이지만 미국의 경우에는 아직도 복잡하게 분화된 감독시스템을
　　가지고도 비교적 정부로부터 독립성을 잘 유지하며 운영되고 있다.
　　미국에서도 금융환경의 변화에 발맞추어 1990년대 중반, 복잡한 금
　　융감독당국을 통합하여 Federal Banking Commission을 설립하자는
　　방안이 제시되었으나 정치적, 지역적 이해의 불일치로 입법화에는 실
　　패하였다.

145) 국무총리실 소속의 의미는 금융감독위원장의 제청권과 감독으로부터
　　피해를 본 사람이 국무총리에게 행정심판을 제기할 수 있다는 것뿐
　　이어서 법률제·개정권이 국무총리에 있는 공정거래위원회와는 차이
　　가 있다(「금감법」 제70조).

부조직법」 제5조에 의거하여 독임제 행정기관에 비하여 합리적이고 다양한 의사수렴과 결정, 기관의 독립성을 고려하여 설립한다. 그러나 현재의 금감위는 정부 경제부처와 밀접한 관계를 유지하고 있어서 금감위의 독립성을 요구하는 주장이 계속해서 제기되고 있다.[146]

한편, 금융감독위원회의 법적 성격과 관련하여 독립행정청이라고 주장하는 학자가 있다. 그 논거로는, 금감위는 그 사무를 독립적으로 수행하기 때문에 감독기관이 없다고 하며 국무총리 소속하에 둔다고 하는 것은 위원장의 예우와 예산의 소속을 의미할 뿐이므로, 국무총리는 금감위에 대하여 계층적 감독은 물론이고 후견적 감독권도 보유하지 않는다고 한다.[147] 그러나 금감위는 독립행정청이라고 보기에는 몇 가지 점에 있어서 의문이 있다. 우선 독립행정청이라고 하기에는 그 독립성이 많이 약화되어 있다는 점이다. 물론 국무총리가 계층적, 후견적 감독을 하고 있다고 볼 수는 없다. 하지만 금감위의 조직구성에 재정경제부가 실질적으로 개입하고 있기 때문에 금감위가 정부로부터 독립적이라고 말할 수 없다. 금감위가 인적 구성에 있어서 당연직으로 재정경제부 차관 그리고 재정경제부 장관이 추천하는 자가 위원이 된다는 점과 금감위 부위원장의 임명제청권을 갖는다는 점, 금융감독에 관한 법령 제·개정 발의권을 갖는

---

146) 김대식·윤석헌, "통합금융감독기구의 변천과 향후의 개편방향", 『금융학회지』 제10권 제1호(2004), 203면.

147) 강현호, "금융감독원의 법적 성격", 『공법연구』 제31집 제3호(2003. 3.), 135~136면; 이광윤, "독립행정청의 법적 성격", 행정법이론실무연구회 발표문(2003. 2. 8.), 10면.

다는 점, 더욱이 금감위의 위원 중 국회의 추천을 받아서 임명되는 위원이 없다는 점, 금감위의 행정보좌 조직인 사무국 역시도 재정경제부 관료출신으로 채워져 있다는 점 그리고 독립행정청의 경우에는 법인격이 없는데 금감위는 금융기관의 인·허가를 결정하는 심의·의결기관으로써 법인격이 인정된다는 점을 고려할 때, 금감위는 합의제 행정기관일 뿐 독립행정청은 아니라고 할 것이다.

Ⅱ. 組織의 構成

1. 一般的 構成

금융감독위원회는 위원장·부위원장 각 1인과 재정경제부 차관, 한국은행 부총재, 예금보험공사 사장, 재정경제부 장관이 추천하는 회계전문가 1인, 금융감독위원회 위원장이 추천하는 금융전문가 1인, 법무부장관이 추천하는 법률전문가 1인, 대한상공회의소 회장이 추천하는 경제계 대표 1인(「금감법」 제4조 제1항) 모두 9인의 위원으로 구성된다. 금융감독위원회 위원장은 국무회의의 심의를 거쳐 대통령이 임명하며 금융감독위원회 부위원장은 재정경제부장관의 제청으로 대통령이 임명한다. 위원장·부위원장 및 임명직 위원의 임기는 3년으로 하며, 1차에 한하여 연임할 수 있다(「금감법」 제6조).148) 그런데 금융감독위원회 및 증권선물위원회의 예산 기타 행정사무를 총괄하는(「금감법」 제3항) 금융감독위원장은 금융감독의 독립성을 유지하는 데 있어서 중요한 역할을 담당한다.[149] 그러나 금감위 위원장이 감독업무수행에 있어서 과도한 영향력을 미칠 수 있는 현행 지배구조는 개선되어야 한다.[150] 그리고 위원장의 임명제도에 개선이 필요하다. 이제까지 금융감독을 담당했던 최고책임자들은 행정고시출신의 정통경제관료의 이력을 가진 인사들로 채워졌다.[151]그랬기 때문에 궁극적으로는 재경부를 정점으로 하여 지시·

---

148) 임명직 위원은 정당법 제6조의 규정에 불구하고 정당에 가입할 수 없으며 정치활동에 관여할 수 없고(「금감법」 제7조), 금융감독위원장·부위원장 및 금융감독위원회 위원장이 추천하는 위원은 재직 중 국회의원 등을 겸하거나 영리를 목적으로 하는 사업을 영위할 수 없다 (「금감법」 제9조).

149) IMF 경제위기 당시 금융개혁의 수장이었던 이헌재 전 금융감독위원장은 금융감독원이 더 이상 정부의 정책사항을 일방적으로 시달받아서 처리하는 소극적 집행기구가 아니며 스스로 정책을 구상하고 집행하고 책임지는 적극적 정책의결기구가 되어야 한다고 주장하면서 금융감독기구의 독립성을 강조하였다. 2대 이용근 전 위원장은 시장에 의한 구조조정을 강조하면서 감독기구의 큰 틀에 대한 조정보다는 감독기구 내부의 화합을 강조하였다. 현대그룹 대북송금사건과 SK글로벌 사태로 곤욕을 치른 이근영 위원장도 금융감독정책은 기본적으로 시장 자율적이고 시장친화적인 방향으로 추진해야 한다고 말했다. 4대 이정재 위원장은 금융감독구조개편에 가장 적극적이었다는 평가를 받았다. 그는 금융규제를 재검토하여 의미 없는 규제는 대폭 폐지해야 한다고 말했다. 이제까지 금융규제당국이 자율규제 잘하고 있다고만 주장했지만 사실상은 타율규제 위주의 행정을 하였음을 시인한 셈이다. 헤럴드경제 경제면(2004. 8. 7.).

150) 금융감독조직혁신작업반, 『금융감독조직혁신방안』, 기획예산처(2000. 12. 20.), 51면.

151) 초대 위원장을 지낸 이헌재는 행정고시출신의 정통 재무관료 코스를

복종을 본질로 하는 과거의 권위적 행정시스템을 유지해서 감독의 생산성과 효과성보다는 감독기관의 권위와 성과에 초점을 맞춘 감독행정에 주력할 수밖에 없었다.152) 따라서 금융감독의 최고책임자 임명에 있어서 보다 합리적이고 중립적인 인사제도를 시행해야 한다. 즉 단순히 고시출신 인사를 고위직 금융감독 책임자로 내정하는 것보다는 개방형 인사제도를 도입하여 금융기관의 장, 기업인 출신을 포함한 다양한 경력을 가진 인사 중에서 임명해야 할 것이다.

또한 금감위의 위원 임명제도도 바뀌어야 한다. 현재의 금융감독 체제가 정부로부터 독립성을 제대로 확보하지 못하는 원인은 금감위의 위원구성이 중립적 인사로 구성되어 있지 못하다는 점 때문이

밝았다. 이재국 금융정책과장, 재정금융심의관, 증권관리위원회 상임의원을 지냈고 2대 이용근은 행정고시출신, 재무부 증권·보험과장, 국세심판소 상임심판관, 금융감독위원회 상임위원을 역임하였고, 3대 이근영은 행정고시 출신이고 재무부 세제실장과 산업은행 총재를 역임하였다. 4대 이정재는 행시출신이고 재무부 금융정책과장, 이재국장, 재경부차관을 역임하였고 현 윤증현 위원장은 행정고시, 재무부 금융정책과장, 재경원 금융정책실장을 역임한 정통재무관료출신이다. 이상의 경력을 보면 알 수 있듯이 행정고시 선후배사이이고 재무부 이력이나 직위가 동일하는 등 유사점이 너무도 많은 인물들이다. 이에 대한 상세한 논의는, 김홍범, 『한국 금융감독 개편론』, 서울대학교출판부(2006), 135면 이하.

152) 2007. 6. 현재까지 금융감독위원회 위원장은 5명을 거쳤다. 이들은 모두 정통 경제관료출신으로서 사회경력이 유사하다는 공통점 말고도 현 위원장을 제외하고 3년 임기를 제대로 마친 사람이 없다는 공통점을 가지고 있다. 막강한 권한만큼이나 견제가 많았고 부침이 심했다는 것을 알 수 있다.

다. 즉 금감위 9인의 위원 중 정부 측 인사가 6인을 차지하기 때문에 합의과정에서 정부의 입장을 대변하는 위원이 다수를 이루므로 해서 금융감독의 정책적 중립성이 저해될 가능성이 상존한다. 또한 3년의 임기에도 불구하고 위원장과 부위원장 등이 행정관료화되어 자주 교체된다는 점 역시 금융감독의 독립성 확보에 직접적인 장애요인으로 작용하고 있다.[153] 이 점은 총재의 임기보장이 확고해지고 있는 한국은행과 비교되는 점이다.

그런데 일각에서는 금융감독위원회가 위원회의 장점을 살리면서 독립적이고 공정한 의사결정을 하기 위해서는 금융감독위원회 위원 구성에서 부원장 3인을 제외하는 것이 바람직하다는 의견이 있다. 이 견해에 따르면 위원회 조직을 갖는 이유는 위원들의 다양한 의견이 평등하게 개진되기를 바라는 것인바, 위원 간에 엄격한 위계질서가 있어서는 자유로운 토론이 어려우므로 부원장이 참가하는 것은 위원회 운용의 본 취지와 어긋난다는 것이다. 또한 금융감독위원회 11인 위원 중 7인을 비상임으로 하고 있으나 역할의 중요도와 역할 수행에 필요한 시간에 비추어 볼 때 임명직 위원도 금융통화위원회의 예와 같이 상임직으로 하는 것이 바람직하다고 볼 수 있다.[154]

---

153) 김대식·윤석헌, "통합금융감독기구의 변천과 향후의 개편방향", 『금융학회지』 제10권 제1호(2004), 228면.

154) 현재 3인의 민간인 비상임위원들의 경우 최대한 노력을 하더라도 정보부족, 심의안건의 과부하 및 보좌인력의 결여 등으로 역할 수행에 근본적인 한계가 있다는 것이 일반적인 평가이다. 김대식, "금융감독기구 개편", 『금융감독원법 제정을 위한 입법공청회 자료집』(2002.

또한 금융감독위원회 조직구성과 관련된 문제로서 금감위 내부의 또 다른 합의제 행정기관인 '증권선물위원회'에 대한 조직법상의 문제가 있다. 금감위는 산하의 조직으로 증권선물위원회[155]를 두고 있는데, 「금감법」 제정과정에서 금감위와의 상하관계가 불분명하고 실제 운영에서도 금감위의 사전심의 기능에 치중하여 업무중복 및 상호마찰이 있다는 지적이 있어 왔다.[156] 이러한 구조는 입법례를 보건대 미국, 캐나다 등과 같이 증권선물시장감독기구가 별도로 설립되어 있는 체제와도 상이하고, 영국 등 통합감독기구를 운영하는 국가에서 하나의 위원회가 모든 감독을 동시에 하는 체제와도 다른 모호한 조직형태이다. 금융감독의 통합 당시에도 이런 지적이 있었

---

2. 21.), 23면.

155) 금융감독위원회는 증권선물업무의 전문성을 고려하여 위원회 내에 증권선물위원회를 두고 증권·선물시장의 불공정거래 조사, 기업회계의 기준 및 회계감리에 관한 업무, 금융감독위원회가 심의·의결하는 증권·선물시장의 관리·감독 및 감시등과 관련된 주요사항에 대한 사전심의, 증권·선물시장의 관리·감독 및 감시등을 위하여 금융감독위원회로부터 위임받은 업무, 기타 법령에서 증권선물위원회에 부여된 업무를 수행하도록 한다(「금감법」 제19조). 금감위 내에 설치된 증권선물위원회의 법적 성격과 관련하여 증선위가 업무의 전문성과 객관성을 담보하기 위하여 비록 민간인 전문가가 증선위의 구성에 참여하더라도 금감위의 계층적 감독을 받는 금감위 소속기관임은 분명하기 때문에 합의제 행정기관이지만 독립행정청이라고 볼 수는 없다고 한다. 강현호, "금융감독원의 법적 성격", 『공법연구』 제31집 제3호(2003. 3.), 136면.

156) 김대식, "금융감독기구 개편", 『금융감독원법 제정을 위한 입법공청회 자료집』(2002. 2. 21.), 24면.

지만 증권선물위원회가 금감위 내부에 조직될 수밖에 없었던 것은 관행적으로 증권선물감독의 성격이 다른 금융부문의 감독과는 다르다는 입법자의 인식이 강했기 때문에 금융감독 부문에서 단일한 의사결정기구로 금감위를 운영한다는 전제하에서 증권선물시장감독의 전문성 유지를 위해 금감위 내부에 증권선물위원회를 둔 것이다.

증권선물위원회의 조직을 구체적으로 검토해 보면, 위원장 1인을 포함한 5인의 위원으로 구성하며, 위원장을 제외한 위원 중 1인은 상임으로 한다. 증권선물위원회 위원장은 금융감독위원회 부위원장이 겸임하며, 증권선물위원회 위원은 금융감독위원회 위원장의 추천으로 대통령이 임명한다. 위원장이 아닌 증권선물위원회 위원의 임기는 3년으로 하며, 1차에 한하여 연임할 수 있다(「금감법」 제20조). 또한 증권선물위원회의 회의는 2인 이상의 위원의 요구가 있는 때에 위원장이 소집한다. 다만, 위원장은 단독으로 회의를 소집할 수 있다.증권선물의원회의 회의는 3인 이상의 찬성으로 의결한다(「금감법」 제21조 1항, 2항). 증권선물위원회는 소관업무에 관하여 금융감독원을 지시·감독한다(「금감법」 제23조).

2. 特殊問題로서 事務局의 擴大

(1) 意 義

우리는 관치금융의 일소와 금융감독의 독립성과 전문성을 확보를 위해서 IMF의 권고를 받아들여서 금융감독을 통합하였다.[157] 현행

「금감법」은 금융기관에 대한 감독·제재 업무에 관하여 금융감독위원회는 주요사항을 심의·의결하는 기구로, 금융감독원은 금융감독위원회의 지시·감독을 받아 업무집행을 하는 집행기구로 이원화하고 있다.[158] 그러나 「금감법」 제15조에 의거하여 설립된 금감위의 산하조직인 사무국은 법이 정한 금감위의 단순행정보좌조직에 머물지 않고 금감위와 금감원 사이에서 변칙적으로 조직과 권한을 확대하여 기존 금융감독원의 권한과 역할을 축소시키고 있으며 관치금융을 강화하고 있다는 비판을 받고 있다. 금감위의 사무국은 설립

---

157) IMF의 1차적인 목적은 빠른 시기 내의 채무변제일 것이다. 그러기 위해선 한국정부의 구조조정이 빠르게 진행되기를 바랐을 것이다. 그럼에도 IMF가 금융감독기구의 중립성을 요구한 것은 중·장기적으로 한국의 금융시장이 자율성과 건전성을 확보하는 것이 새로운 금융위기를 방지할 수 있을 것이라는 기대심리가 있었던 것이다. 2차적으로는 향후 국내금융시장이 외국투자자의 접근과 역할이 좀 더 용이하도록 형성되도록 하는 데 있을 것이다. 외국자본의 급속한 증가와 더불어 경제구조도 외국자본의 이해에 종속되는 쪽으로 빠르게 전환되었다. 구제금융을 제공한 IMF는 한국경제의 회복과 장기적 발전보다는 은행－산업의 연계를 약화시키고 경제구조를 외국인 투자자가 금융과 산업에서 주도적인 역할을 하는 새로운 방향으로 전환시키는 것을 목표로 삼은바, 돌이켜보면 IMF는 원하는 바의 목표를 구조조정 프로그램을 통해 초과 달성했다고 볼 수 있다. 심상정, "외국자본규제 어떻게 할 것인가", 민주노동당·투기자본감시센터주최 ― 외국자본 정책토론회 발표문(2005. 4. 11.).

158) 금융감독위원회는 금융감독원의 정관변경에 대한 승인, 조직 및 기구에 관한 사항, 예산 및 결산 승인, 직원의 보수기준 결정, 기타 금융감독원을 지시·감독하기 위하여 필요한 사항을 심의·의결한다(「금감법」 제18조).

당시, 정원 19명의 단순행정보좌조직이었지만 현재는 정원 70명이 넘어서고 있으며 금융감독정책을 직접 수행하는 조직으로 탈바꿈하였다. 그 결과, 금융감독위원회를 지칭할 때 최고의사결정기구인 위원회를 지칭하는지 또는 그 산하의 사무국 조직을 지칭하는지 구분이 가지 않을 정도로 감독권한 및 책임의 귀속이 불분명해졌다.159)

이와 관련하여 금감위는 대통령령인 「금융감독위원회직제」를 2006. 2. 현재까지 총 6번의 개정을 통하여 조직과 업무의 범위를 지속적으로 확대하여 왔는데 1998. 4.에는 1실－3개과, 19명이었던 규모가 2006. 2. 현재에는 1실(기획행정실)－2국(감독정책1국, 2국)－1담당관(홍보관리관)－10개과(혁신행정과, 기획과, 의사국제과, 감독정책과, 은행감독과, 비은행감독과, 증권감독과, 보험감독과, 자산운용감독과, 조사기획과) 75명의 직제로 개편하여 합의제 행정기관이라는 명칭이 어울리지 않게 된 것이다. 더 나아가서 1999년 직제에 대한 전면개편 이후 지금까지 금융감독위원회는 금융감독체계 개편론을 지속적으로 제기하였고 금융감독원의 감독·조사 업무를 회수하여 종국적으로 금융감독원은 단순 검사만을 담당하는 기구로 축소되었다.

이에 대응하여 금융감독원의 노동조합은 대통령령인 「금융감독위원회직제」가 사무국 내에 감독정책 1국 및 감독정책2국을 신설하여 금융기관에 대한 실질적 감독권한을 부여하고 있는데 이는 모법인 「금감법」의 위임을 받거나 모법이 정하는 범위 내에서 입법된 것이

---

159) 김대식·윤석헌, "통합금융감독기구의 변천과 향후의 개편방향", 『금융학회지』 제10권 제1호(2004), 210면.

라 할 수 없어 헌법 제75조에 정면으로 위반된다고 하여 헌법소원까지 제기하였다.

새로운 직제 개편의 논쟁은 금감위 소속 공무원조직의 기능과 역할을 확대하는 것을 인정한 2004년 'LG카드 유동성 위기사태에 대한 금융감독원에 대한 감사원 보고서'를 통하여 일단락된 듯 보였으나160) 이 보고서의 내용이 관치금융으로의 회귀라는 지적이 더해지면서 계속 진행 중에 있다.161)

(2) 公務員組織의 擴大 反對立場

금융감독위원회의 직속 사무국을 확대하는 데 반대하는 견해는 금융감독기구가 비정부조직으로 개편되어야 한다는 논리의 연장선에서 ① 현재의 사무국 확대는 금융환경과 금융감독의 새로운 변화에 맞지 않는다고 주장한다. 즉 금융감독기구의 중립성과 독립성을 기본으로 하는 탈관치적이고 효율적인 21세기의 새로운 금융감독체계를 만들자는 시대적 요구에 역행한다는 것이다. 또한 ② 법률유

---

160) "금융기관 감독실태감사결과", 감사원 보도자료(2004. 7. 17.).

161) 금융감독기구의 개편을 권고하였던 감사원 감사는 결국 금감위 사무국과 금감원 간 감독업무 역할분담이라는 미세조정에 그치고 말았다. 신용카드 대란이 금융감독체계의 비효율성 때문이라며 금융감독체계 개편을 권고한 감사원 감사는 정부혁신지방분권위원회의 졸속개편과 금감위/금감원 역할분담이라는 미미한 개편으로 그쳐 금융감독개편에 대한 실질적 방안을 기대한 국민들에게 실망만 안겨주게 되었다. 나경원, "국내 금융산업의 현황과 과제", 『국회국정감사보고서』(2004. 10.), 58면.

보의 원칙에 반한다고 주장한다. 즉 금융감독의 기본적인 지배조직 구조를 정한 「금감법」 제15조를 위반하고 있다는 것이다. 「금감법」 제정 당시, 금감위 직속 사무국 조직의 존재나 기능이 전혀 명시되어 있지 않았고 다만 「금감법」 제15조 제1항에서 조직에 관하여 금감위 규칙으로 정하도록 하였고 제2항은 금감위의 "예산·회계 및 의사관리기능의 수행"에 필요한 "최소한의 공무원"을 두도록 하였을 뿐이다. 따라서 현재처럼 사무국의 업무가 법이 정한 업무범위를 넘어서고 금감위의 업무와 관련된 최소한의 보좌인원을 초과하여 급속히 비대화하여 금융감독의 실질적 업무를 수행한다면 사무국의 기능과 업무내용에 대해서 법률에 정해야 마땅하다는 것이다. 또한 ③ 금융감독의 공정성·독립성을 확보하기 어렵다. 현재의 구조하에서는 재경부와 금감위 사무국 간의 인사교류가 관행적으로 이루어지기 때문에162) 거시 경제정책 수행과 관련하여 금감위 사무국이 재경부의 실질적인 영향력하에 놓이는 결과가 초래됨으로써 금감위의 지시를 받는 금감원이 감독기능을 독립적으로 수행하기 어려운 상황이다. 이런 상황에서 감독기능은 재경부가 추진하는 거시경제정책의 수단으로 격하되고 금융시장의 건전성 유지라는 감독정책 본연의 목적 달성에는 소홀할 수밖에 없다는 것이다.163) 마지막으로

---

162) 2001. 4. 현재 금감위 사무국에 소속된 공무원의 출신부서를 보면 과장급 이상 16명 중 재경부 출신이 14명, 공정위와 산자부 출신이 각 1명이다. 또한 최근에는 금감위 사무국의 감독정책 1국장이 재경부 금융정책국장으로 옮긴 사례가 있다. 김대식·윤석헌, "통합금융감독기구의 변천과 향후의 개편방향", 『금융학회지』 제10권 제1호(2004), 229면.

④ 현행 법제는 국민경제에 중요한 영향을 미치는 금융감독직제에 대한 사법통제를 무력화시킨다. 「금감법」에서 금융감독위원회 소속 하의 공무원조직이 단순히 행정보좌만을 하도록 하고 최소의 공무원으로 구성되도록 한 근거조항을 삭제하여[164] 행정부가 자유롭게 제·개정할 수 있도록 직제근거를 법률에서 대통령령으로 변칙개정 하였기 때문이다.[165]

(3) 公務員組織의 擴大 贊成立場

사무국의 확대개편을 찬성하는 견해는 금융감독기구가 정부조직 으로 통합되어야 한다는 입장을 견지한다. 금융감독기구의 직제개편 과 관련하여 정치적 주도권을 쥐고 있는 금융감독위원회, 감사원, 재정경제부, 정부혁신분권위원회가 찬성을 주장하는 기관들이다. 이 들의 찬성논거를 검토해 보면 ① 「금감법」에 의할 때 금융감독위원 회는 오직 심의·의결기능만을 수행하도록 되어 있지 않으며 금융감 독 업무 전반에 대한 최종적이고 실질적 권한을 행사할 수 있다.

---

163) 김대식·윤석헌, "통합금융감독기구의 변천과 향후의 개편방향", 『금융학회지』 제10권 제1호(2004), 229면.

164) 1997. 12. 제정 당시, 「금감법」 제15조 제2항에서 위원회의 예산·회계·의사관리기능을 수행하기 위해 최소한의 공무원을 둔다(10명 내외)는 조항.

165) 1999. 5. 24. 「금감법」을 변칙으로 개정하였다. 본 법이 정무위원회 소관이지만 논란을 불식시키고자 행정자치위원회에서 처리하였다. 국회의 통제 없이 행정부 독단으로 금융감독위원회의 하부 공무원조직을 늘려나갈 발판을 마련하였다.

따라서 금융감독원은 금융감독위원회의 지시에 따라 검사·감독 등의 구체적인 업무수행을 보좌하는 기구이므로 업무중복을 이유로 금감위 사무국의 축소를 주장할 수는 없다. 또한 ② 금감위의 사무국 소속 감독정책1국과 2국은 금융감독위원회의 본래적인 업무를 수행하기 위하여 둔 보좌기관이며 이들 조직은 「금감법」에 규정된 금융감독위원회의 권한범위 내에서 금감위 본래의 업무를 보좌하는 기능을 할 뿐이다. 따라서 「금융감독위원회직제」가 모법인 「금감법」의 위임한계를 벗어난 것이라 할 수 없다고 한다. 마지막으로 ③ 감독정책1국은 종전의 조정협력관에서, 감독정책2국은 종전의 감독법규관에서 명칭을 변경한 것으로써 「금융감독위원회직제」는 기존에 수행하고 있던 기능의 범위 내에서 각 부서의 업무분장을 합리적으로 조정한 것에 불과하므로 금감위가 그 전에 행사하지 않던 새로운 권한을 행사하고, 이로 인하여 금융감독원의 권한이 없어지거나 축소된 것은 아니라고 주장한다.

(4) 憲法裁判所의 判例

헌법재판소는 「금융감독위원회직제」와 관련된 2001헌마285 헌법소원사건에서 본안판단까지 가지 않고 금융감독원 직원의 기본권 침해가 간접적이고 사실적이므로 각하한다고 결론을 내렸지만 각하 결정문에서 본안판단에 대한 일단의 견해를 전개하고 있다. 즉 금융감독업무는 금융감독위원회의 본래 업무이며, 금융감독위원회는 「금감법」에서 부여한 감독업무를 직접 수행할 수 있다고 전제하고 있다. 그렇기 때문에 감독업무의 수행을 위하여 금융감독위원회 내에 보좌기구를 둘 수 있다. 따라서 이 보좌기구의 조직 및 정원에 관한 사항을 정하고 있는 「금융감독위원회직제」에 따라서 감독정책1국 및 감독정책2국을 설치하고 금융기관에 대한 제반 감독업무를 수행하게 한 것은 하등 이상할 것이 없다는 취지이다. 헌법재판소의 견해는 금융감독업무를 금융감독위원회와 금융감독원이 양분하여 독자적인 업무수행을 하는 것이 아니라 원칙적으로 금융감독위원회라는 합의제 행정기관이 금융감독업무를 전담하지만 필요에 따라서 세부적인 업무수행을 금융감독원에게 위임하는 것이라는 의미이다.

따라서 "「금융감독위원회직제」는 법률상 부여된 금융감독원의 기능이나 권한을 조정, 축소하는 내용을 포함하고 있지 않아서, 금융감독원의 기존의 권한이나 기능은 「금융감독위원회직제」에도 불구하고 그대로 유지되고 있으므로, 「금융감독위원회직제」의 입법목적, 실질적인 규율의 대상이나 내용에 비추어 볼 때 「금융감독위원회직제」로 인하여 금융감독원의 권한이 박탈되거나 축소되는 등의 법적인 영향이 있다고 보기 어렵고 설사 「금융감독위원회직제」로 금융감독원의 직원들에게 미치는 불리한 영향은 간접적, 사실적인 것"[166]이라는 결론을 내렸다.

---

166) 헌법재판소 2002. 4. 25. 2001헌마285, 『판례집』 제14권 1집, 397면 이하.

(5) 批 判

일반적으로 금감위 사무국 확대를 주장하는 견해는 금융감독이 국가사무이므로 원칙적으로는 공무원이 직접 담당해야 한다는 논리에 입각한다. 이들의 논거 중에는 관치금융의 폐해가 반드시 공무원이 금융감독을 담당해서 발생한 것은 아니며 단순한 감독체제 운용상의 '선택과 집중'의 문제라고 주장한다. 예컨대 미국의 경우는 중앙은행, 감독기구, 예금보험공사 임·직원이 모두 공무원 신분이지만 비교적 금융감독이 정부나 정치권으로부터 독립적으로 수행되고 있다는 예를 든다.

그러나 미국이 우리와 다른 점은 공무원이면서도 소속 기관의 업무를 중립적으로 수행할 수 있도록 제도적·관행적 환경이 마련되어 있다는 점이다. 그러나 우리 관료들은 고시제도, 순환배치 등으로 우수한 자질과 능력에도 불구하고 금융규제에 있어서 전문성과 책임성이 부족하다.[167] 특히, 관료조직의 순환보직 및 인사교류의 원칙은 업적 위주의 단기적 감독정책만을 수립하도록 부추기고 포획이나 규제유예를 조장하며, 금융감독위원회에 대한 재경부의 정책지배를 강화하고 감독관료의 전문성 축적 기회를 봉쇄시킨다.[168]

따라서 금융감독업무를 공무원조직이 담당할 경우의 문제점을 전혀 고려함이 없이 사무국 확대를 지지하는 헌법재판소의 견해는 문

---

167) 김대식·윤석헌, "통합금융감독기구의 변천과 향후의 개편방향", 『금융학회지』 제10권 제1호(2004), 232면.
168) 김홍범, 『한국 금융감독 개편론』, 서울대학교출판부(2006), 135면.

제가 있다고 볼 수 있다. 헌법재판소의 판단은 '금융감독은 정부조직이 담당해야 할 고유한 국가사무'라는 원론적인 입장만을 견지하고 있는 것이다. 결국 이 판단에 근거하면 금융감독위원회와 금융감독원의 관계는 수직적 상하구조로만 해석되며 금감위가 업무영역과 보좌조직을 확대하여 금융감독원이 집행하고 있는 감독업무를 중복 수행하여도 문제가 없다는 것이다. 만일 그렇다면 금융감독의 집행기관인 금융감독원을 설립·운용할 필요와 이유는 전혀 없는 것이 된다.

이런 헌법재판소의 판단은 「금감법」의 목적과 취지에 반하는 법 해석이라고 밖에 볼 수 없다. 「금감법」이 담고 있는 실질적, 정책적 의미를 검토해 보면 금감위 사무국의 확대가 「금감법」의 체계정합성에 위배된다는 것을 알 수 있다. 즉 통합 「금감법」의 제정취지에서도 알 수 있듯이 금융감독 통합의 의미는 금융감독을 담당하는 관료기구의 거대화해서 행정의 효율성을 증가시키자는 의미가 아니라 금융감독의 공정성·독립성을 확보할 수 있는 금융감독기구를 설립하여 운영하자는 의미이다. 따라서 관료기구인 금감위의 사무국 확대는 철회되어야 할 것이다.

第3節 金融監督院

Ⅰ. 法的 性格

금융감독원은 금융감독위원회 또는 증권선물위원회의 지시를 받아 금융기관[169]에 대한 검사·감독업무 등을 수행하기 위하여 설립된 무자본 특수법인(special corporation)이다(「금감법」 제24조). 특

---

[169] 「금감법」 제38조 금융감독원의 검사를 받는 기관은 다음 각 호와 같다.
1. 「은행법」 또는 「장기신용은행법」에 의한 인가를 받아 설립된 금융기관
2. 「증권거래법」에 의한 증권회사·증권금융기관 및 명의개서대행업무를 수행하는 기관
3. 「간접투자자산운용업법」에 의한 자산운용회사 및 투자자문회사
4. 「보험업법」에 의한 보험사업자
5. 「종합금융기관에관한법률」에 의한 종합금융기관
6. 「상호저축은행법」에 의한 상호저축은행과 그 중앙회
7. 「신용협동조합법」에 의한 신용협동조합 및 그 중앙회
8. 「신탁업법」에 의한 신탁회사
9. 「여신전문금융업법」에 의한 여신전문금융기관 및 겸영여신업자
10. 「선물거래법」에 의한 선물업자
11. 「농업협동조합법」에 의한 농업협동조합중앙회의 신용사업부문
12. 「수산업협동조합법」에 의한 수산업협동조합중앙회의 신용사업부문
13. 삭제<1999. 9. 7.>
14. 다른 법령에서 금융감독원이 검사를 하도록 규정한 기관
15. 기타 금융업 및 금융관련업무를 영위하는 자로서 대통령령이 정하는 자.

수법인이라 함은 국가정책상 공공이익을 위해 특별법에 의거하여 설립된 법인을 말하며, 좁은 의미로는 재정운용 및 경영관리상의 이유에 따라 특정한 공익사업을 원활히 하기 위해 설립된 회사 형태의 법인을 의미한다.[170] 특수법인의 종류에는 ① 정부가 전액 출자한 법인의 경우[171]와 ② 정부와 사인(私人)이 공동출자한 법인,[172] 그리고 ③ 금감원과 같이 무자본 법인으로 나누어진다.[173] ①과 ②의 경우에는 법인 설립이 정부 및 지방 공공단체가 자금의 전부 또는 일부를 출자하여 설립하므로 「공공기관의 운영에 관한 법률」에 의거하여 최고경영진과 임원의 임면에의 개입(제25조), 경영실적의 보고 및 평가(제47, 48조), 감사원의 업무와 회계 감사(제52조) 등, 정부의 특별한 통제를 받는다. 따라서 정부의 출자 없이 정부조직인 금감위의 직접적인 지시·감독을 받는 금감원은 특수법인론에서 볼 때에 예외적이라고 할 것이다.[174]

---

170) 김명식, 『특수법인론』, 한국학술정보(2005), 45면 이하.
171) 농업기반공사, 농수산물유통공사, 대한무역투자진흥공사, 한국조폐공사, 한국석유공사, 대한광업진흥공사, 대한주택공사, 한국토지공사, 한국철도공사.
172) 대한석탄공사, 한국수자원공사, 한국도로공사, 한국전력공사, 한국관광공사, 한국자산관리공사, 한국가스공사, 인천국제공항공사, 한국수출입공사, 중소기업은행, 한국지역난방공사.
173) 한국방송광고공사, 한국은행, 예금보험공사, 금융감독원이 있다.
174) "특수법인을 개별 법률에 의하여 법인격이 부여되어 대체로 정부의 재정지원을 받으면서 공익적 사무를 수행하는 공공성이 있는 법인"이라고 할 때 금감원과 같이 정부의 재정지원을 받지 않은 특수법인은 예외적이라고 할 것이다. 김명식, 『특수법인론』, 한국학술정보

한편, 입법례를 보면, 금융감독의 검사·감독업무는 일본의 금융청처럼 정부조직이 관장하는 하는 것이 일반적이지만 현재, 금융감독을 통합한 국가들은 일반적으로 비정부조직에게 집행업무를 담당케 한다. 그것이 금융감독의 독립성과 전문성을 보다 강화할 수 있다고 믿기 때문이다.[175] 그런데 경제학계에서는 금융감독원의 법적 성격을 규명함이 없이 통칭해서 '민간기구'라고 설명하고 있다. 즉 민간기구란 공무원이 아닌 민간인으로 구성된 조직으로써, 한국의 중앙은행인 한국은행이나 영국의 금융감독기구인 FSA(Financial Services Authority)와 같이 공공부문에서 활동하는 특수법인 형태를 가리킨다고 말한다.[176] 특히, FSA는 유한책임회사(Company limited by guarantee)로서 독립적인 비정부기구(Independent non-governmental body)인데, 재원은 주로 감독대상 금융기관으로부터 받는 수수료(fee)로 충당하는 점이 우리 금융감독원과 같다.[177]

그러나 여타의 민간기구와 다른 점은 정부기관인 금융감독위원회의 직접적인 지시·감독을 받아서 감독업무를 수행하는 데 있다. 또한 금융감독원은 한국은행과 같이 화폐·통화정책에 있어서 최종적

(2005), 95면.

175) 2002년 실시한 여론조사에서 응답자의 85% 이상이 금융감독원을 무자본 특수법인화 한 것은 금융감독의 공정성과 중립성 보장에 효과적이라고 답하였다. 『금융감독원법 제정을 위한 입법공청회 자료집』 부록 여론조사통계 재인용(2002. 2. 21.).

176) 김홍범, "한국의 관료조직과 금융감독", 『5개학회 2004년 춘계공동학술연구발표회 자료집』, (2004. 5. 21.).

177) <http://www.fsa.gov.uk/Pages/About/Who/index.shtml>.

인 정책결정권한을 갖고 있지 못하고 집행업무만을 수행하는 보좌적 성격의 공기관이다.[178] 따라서 민간기구라고는 하지만 정부조직과 긴밀하고 직접적으로 연결되어 있어서 그 업무는 행정기관의 공무수행과 다를 바 없이 수행되며 위법·부당한 업무수행으로 인해서 권리나 이익을 침해받은 국민은 국무총리를 상대로 행정심판을 청구할 수 있다(「금감법」제70조). 그러므로 금융감독원은 행정기관에, 여기서 일하는 임·직원은 공무원에 준하는 법적 위상을 갖는다.[179]

Ⅱ. 組織의 構成

1. 一般的 構成

금융감독원의 임원구성은 원장 1인, 부원장 4인 이내, 부원장보 9인 이내와 감사 1인으로 구성된다(「금감법」제29조). 그리고 부원장·부원장보 및 감사의 임기는 3년으로 하며, 1차에 한하여 연임할 수 있다(「금감법」제29조).[180] 그리고 금감원의 최고 수장인 원장은 금

---

178) 금융감독원은 금융기관의 업무 및 재산상황에 대한 검사·제재, 금융감독위원회 및 증권선물위원회의 업무보좌 등 업무를 수행한다(법 제37조).

179) 금감원의 임·직원은 형법 기타 법률에 의거하여 벌칙 적용을 받을 경우, 공무원으로 간주된다(「금감법」제69조).

180) 비교법적으로 우리와 동일한 통합금융감독기구를 운영하고 있는 영국의 FSA는 내부조직으로 이사회(Board)와 집행부서, 그리고 별도의

감위 위원장직과 겸임하며 금감원 직원의 임면권한을 갖는다(「금감법」 제33조). 그런데 금감원의 원장이 금감위의 위원장을 겸임하는 것은 조직법제상 문제가 있다. 금융감독위원회와 금융감독원은 법에 의하여 엄밀하게 그 조직의 업무와 성격이 구별된다. 이 두 조직의 관계에 대하여 '수직적인 상하관계'인지 아니면 '상호 보완관계'인지 여부에 대해 문제시된다. 그러나 법상 금융감독원은 금융감독위원회의 지시·감독을 받는 기관이므로(「금감법」 제24조) 지시·감독기구의 장과 지시·감독을 받는 기구의 장이 동일인이라는 것은 기관의 정체성을 의심케 하는 이상한 체계이다. 더불어서 더 중요하게 지적되어야 할 점은 이러한 조직체계가 금감원의 업무수행에 있어 공정성과 독립성을 해치는 요인이라는 점이다. 왜냐하면 금감위 위원장은 제1대 위원장에서 제5대 현 위원장까지 정부의 경제부처의 관료 출신으로 그 사회경력과 배경이 유사하여 이들이 금융감독당국을 지배하는 한, 금융감독의 공정성·독립성을 확보하기는 그만큼 어렵기 때문이다.[181]

정책·지원부서가 있다. 이사회(Board)는 2005년 현재 의장 1명을 포함한 총 15명의 이사로 구성되며 FSA의 경영, 조직관리 및 주요 정책현안을 처리한다. 이사진은 재무부 장관이 임명한다. 집행부서는 3인의 이사(Managing Directors)들이 소매금융(retail markets), 도매금융(wholesale markets), 기관금융 및 금융감독부문(Institutional markets and regulatory service)을 담당하고 있다. 정책·지원부서는 이사회 의장 산하의 보조 조직으로 5개 부서가 있다.
<http://www.fsa.gov.uk/pages/about/who/board/>.

181) 금감원장은 금융감독위원회의 승인을 얻어 금융감독원의 업무수행과 관련하여 필요한 경우에는 규칙을 제정할 수 있다(「금감법」 제39조).

한편, 검사·감독권을 금융감독원에 부여하면서 금융감독원장의 임기 3년, 연임제(「금감법」 제6조)를 제도적으로 보장하여 임기 중에 책임을 물을 수 없도록 하는 것이 민주주의 원리에 반하는지 여부가 문제시된 적이 있는데 다음의 이유로 법이 정한 임기보장이 민주주의의 원리에 반하는 것은 아니라고 본다. ① 행정부의 구성과 운영은 민주적 원리를 존중하여야 하며 이때 금융감독의 공정성·독립성이라는 공적 가치와 책임이 조화롭게 실현되는 것이 가장 바람직하다. 공정성·독립성과 책임성이 충돌하는 경우에는 적극적인 가치인 공정성·독립성 유지가 우선되어야 한다. 그리고 ② 민주적 정당성의 원리에 따라 구성되는 통치기관의 임기보장과 사항강제원리에 따라 설립되는 공법인의 임원의 임기보장은 그 이론적인

원장은 「금감법」 제38조 각 호의 기관 또는 다른 법령의 규정에 의하여 금융감독원에 검사가 위탁된 대상기관에 대하여 업무수행상 필요하다고 인정하는 때에는 그 기관에 대하여 업무 또는 재산에 관한 보고, 자료의 제출, 관계자의 출석 및 진술을 요구할 수 있다(「금감법」 제40조). 원장은 제38조 각 호에 해당하는 기관의 임·직원이 「금감법」 또는 「금감법」에 의한 규정·명령 또는 지시를 위반한 경우, 「금감법」에 의하여 원장이 요구하는 보고서 또는 자료를 허위로 작성하거나 그 제출을 태만히 한 경우, 「금감법」에 의한 금융감독원의 감독과 검사업무의 수행을 거부·방해 또는 기피한 경우, 원장의 시정명령이나 징계요구에 대한 이행을 태만히 한 경우, 당해 기관의 장에게 이를 시정하게 하거나 당해 직원의 징계를 요구할 수 있다. 징계는 면직·정직·감봉·견책 및 경고로 구분한다(「금감법」 제41조). 또한 원장은 금융기관이 법을 계속 위반하여 위법 또는 불건전한 방법으로 영업하는 경우에는 금융감독위원회에 영업정지를 명할 것을 건의할 수 있다(「금감법」 제43조).

근거를 달리하기 때문에 획일적으로 민주원리를 적용시킬 수 없는 것이므로 임기보장은 독립적인 금융감독원의 법적 성격에서 나오는 불가피한 특성으로 이해해야 한다. 또한 ③ 5급 이상의 공무원이 대통령에 의해 임명되지만 법이 정한 사유나 절차에 의하지 않고서는 신분이 박탈되지 않듯이 금융감독원장이 대통령에 의하여 임명된다고 하여 대통령이 자유로이 해임할 수 있어야 민주주의 원리에 합치된다고 단정할 수는 없는 것이고, ④ 특정 공직의 임명제는 면직을 무기로 하여 임명권자들이 당해 공직 담당자의 직무에 자의적으로 간섭하거나 영향을 미치는 것을 방지하기 위한 것으로 민주행정의 원리와 직접적인 관련성이 있다고 할 수 없다. 또한 ⑤ 임기제 공무원이라 하더라도 위법·부당한 직무수행 시에는 관계 법령이 정하는 민·형사상 및 행정법상의 책임을 부담하는 것이므로 책임행정을 기본으로 하는 민주적 행정의 원칙에도 반하지 않는다.

결론적으로, 대통령이 임기 중 금융감독원장에 대하여 책임을 물을 수 없도록 한다고 해도 그것은 임기제 보장을 필요로 하는 직제의 속성에서 나오는 것이므로 민주원리에 반하는 것은 아니며 오히려 임기제의 보장은 민주적 행정을 실현하는 제도가 될 수 있다. 그러나 영조물법인의 업무수행에 대하여는 정부의 최소한의 감독·통제가 필요하다고 볼 것이므로 금융감독원장의 임기보장이 정부의 최소한의 감독·통제를 전적으로 배제하는 제도가 되어서는 안 된다. 만일 정부의 감독·통제의 필요성에 의해서 원장에게 책임을 묻는 입법을 강구할 경우라면 금융감독원의 자율성이나 독립성을 확보하기 위해서 극히 제한적이고 구체적으로 규정하는 것이 바람직하다.

2. 組織의 責任性 擔保

이제까지 금융감독의 개혁과제가 붉어져 나올 때마다 그 원인이 되었던 것은 금융감독당국 임·직원의 부정·부패 사건들이었다. 이런 사건들은 금융위기에 효과적으로 대처하며 금융기관으로부터 신뢰받는 금융감독기구가 되기 위해서는 선진화된 감독기법과 제도를 신속하게 도입하는 것도 중요하지만 금융감독업무를 수행하는 자들의 책임성을 확보할 수 있는 법제도를 마련하는 것 역시 중요하다는 점을 반증한다고 할 수 있다. 이에 따라서 「금감법」에는 감독기구의 임·직원에게 높은 수준의 책임성을 요구하고 있는데, 먼저 금융감독원의 부원장·부원장보 및 감사와 직원은 그 직무외의 영리를 목적으로 하는 업무에 종사하지 못하며 당해 임명권자의 승인 없이는 다른 직무를 겸하지 못하도록 하고 있다(「금감법」 제34조). 그리고 부당·위법한 감독업무집행으로 인하여 형법 기타 법률에 의한 벌칙 적용을 받게 된 때에는 그 업무의 공공성을 들어 공무원에 준하는 책임과 의무를 부담한다(「금감법」 제69조). 또한 금융감독원장·부원장·부원장보 및 감사와 직원은 검사·감독을 받는 금융기관 또는 그 기관의 임·직원에게 대출을 강요하거나 금품 기타 이익을 받아서는 안 되며, 원장·부원장·부원장보 및 감사와 직원 또는 그 직에 있었던 자는 그 직무상 알게 된 정보를 타인에게 누설하거나 직무상 목적 외에 이를 사용하여서는 아니 된다(「금감법」 제35조).

한편, 임·직원의 책임의식 강화를 위한 금감원 자체의 노력도 필요한데 효과성이 떨어지는 포상이나 문책과 같은 인위적인 하향식 책임성 강화 방안[182])보다는 윤리경영이 잘 되어 있는 사기업에 금감원의 임·직원들을 연수시켜서 그들 스스로 감독업무수행에 있어서 도덕성 확보가 감독목적을 달성하는 데 중요한 선결과제라는 사실을 직접 경험하도록 하는 것이 보다 효과적일 것이다.[183]) 그리고 금융감독 임·직원의 부정·부패의 원인이 임·직원의 저임금 체계에서 나올 수 있다는 점을 인식하여 금융감독당국에 종사하는 임·직원의 급여체계를 시중 금융기관의 수준으로 상향조정하고 능력과 성과에 따른 보상폭을 확대하는 등 인사·성과보상 체계도 정비해야 한다.[184])

이에 대하여 입법례를 검토해 보면 영국 금융감독기구(FSA)의 설립초기에, 조직의 거대화로 인하여 금융감독의 책임성 약화가 우려되었다. 따라서 이에 대처하고자 FSA의 책임성과 투명성을 대폭

---

182) 하향식 책임성 강화 노력이 실패한 사례를 들면, 과거 김대중 정부는 공공부문의 도덕성 강화를 위해 반부패특별위원회를 신설하여 부패지수 측정모형을 개발·시행한 적이 있다. 반부패특별위원회는 공공기관을 대상으로 부패방지종합대책추진상황을 주기적으로 검토하여 대통령에게 보고하고 우수기관에게는 포상하고 문제기관은 문책하며 조달·교육·병무 분야의 부패방지대책을 보완하고 회계제도를 개선하였다. 그러나 이런 노력들이 오히려 공무원집단을 부패집단으로 낙인찍어 개혁실패를 초래했다는 평가를 받고 있다. 김재홍·김태일 공저, 『공공부문의 효율성 평가와 측정』, 집문당(2003), 196면.

183) 금융감독원, "21세기 금융환경과 금융감독"(2004. 4.), 194면.

184) 금융감독기구 직원의 급여체계는 일반 공무원의 급여체계와 동일하다. 임·직원의 급여수준은 감독대상 금융기관 및 유관기관 등의 중위수준에 맞출 필요가 있다.

강화하는 입법을 하게 되었다. 그 내용을 요약하면, ① 규제목적을 명확히 규정해서 정치적·법률적 책임성을 강화하였다. ② FSA의 지배구조를 좀 더 명확하게 하였다. 즉 감독위원회 위원장과 위원은 재무부가 임명하되 비상임 이사가 상임이사보다 많도록 한다. 비상임이사가 다수가 됨으로 해서 관료적 행정을 견제하고 독립된 의사결정을 가능케 하여 자립적 감독지배구조를 구축한다는 측면을 고려한 것이다. ③ 연차 보고서를 작성해 재무부에 제출하고 연간 이룬 실적을 국회에 보고한다. ④ 소비자 및 업계전문가 패널을 구성해서 감독관련 법령과 일반적인 지도사항에 대해 공개적으로 협의한다. ⑤ FSA의 업무 규정과 결정사항에 대한 별도의 독립적인 검토를 할 수 있는 기관을 설치할 수 있는 근거를 마련했다. FSA 업무와 관련된 법령과 관행이 경쟁을 저해하지 않는지의 여부를 가리기 위해 공정거래위원회의 독립적인 검토를 받거나 감독원의 제재나 승인내용에 대해 불복할 경우 재무장관이 운영하는 별도의 심판소(tribunal)에서 이를 심의할 수 있도록 하였다. ⑥ FSA는 재무부를 통하여 의회에 책임을 부담한다. 재무부는 감독원에 대해 감사하고 이를 공표할 수 있다. 또 규제체계와 운영에 심각한 실패가 있는지를 질의할 수 있다.[185] 이런 통제시스템은 FSA가 재무부로부터 독립적이기에 의미가 있다.

위의 입법 방안이 우리의 금융감독에 시사하는 바가 모두 크지만 특히, ⑥과 관련해서는, 우리의 경우에 감독규정이 금융시장의 자율

---

185) 안상욱·최흥식, 『금융감독체제의 개선방향』, 한국금융연구원(2001. 5.), 43면.

성을 침해하는지에 대해서 감독당국이 공정거래위원회에 검토를 의뢰하지 않는다. 행정 관할영역에 대한 배타성 때문이다. 감독규정의 제정권이 금감위에 독점적으로 인정되므로 이에 대한 사전심사를 관련기관이 검토하는 것은 감독당국의 관치적 입법의지를 통제하고 금융감독의 중립을 담보하는 중요한 절차임에도 관료적 사고방식 때문에 지켜지지 않는 것이다. 유관기관의 협조가 현실적으로 이루어지지 않는다면 시민·전문가가 패널로 참여하는 공적 감사기구를 두어 감독규정의 검토를 포함한 전반적인 감사업무를 수행할 수 있도록 해야 할 것이다.

Ⅲ. 財源調達

1. 意 義

금융감독원은 무자본 특수법인이므로 감독업무를 수행하는 데 필요한 기본적인 물적 토대가 없이 설립되므로 해서 조직의 예산을 자체 조달해야 하는데 기본적으로 피감독기관으로부터 받는 감독분담금과 유가증권 발행으로 받는 발행분담금,[186] 한국은행 출연금, 기타 이자수입[187] 등으로 이루어지는데, 이 중 감독분담금은 전체

---

186) 발행분담금은 금감원의 필요경비 충당을 위하여 유가증권 신고서를 제출하는 발행인으로부터 징수하는 분담금으로써 「증권거래법」 제206조의 8에 의거하여 징수된다.

예산의 약 3분의 2에 이른다. 금융감독의 재원조달에 있어서 입법례를 검토해 보면 금융감독이 분화되어 있는 미국의 경우, 연방금융감독청(the Office of the Comptroller of the Currency)의 재원은 전적으로 피감독은행이 지불하는 검사비(Examination fees)에 의하여 충당하고 있고, 영국의 FSA의 재원 역시도 피감독기관으로부터 은행요금(Banking fees)과 출자금(Contribution) 명목으로 충당하고 있다. 반면에, 일본(금융청)은 전액 정부예산으로 독일(은행, 증권, 보험감독청) 및 캐나다(OSFI)는 정부예산(약 10% 이내) 및 금융기관 분담금(잔여액)으로 조달하고 있다.

만일 금융감독을 정부조직이 담당한다면 금융감독에 소요되는 재원을 국가의 일반회계예산으로부터 제공받게 될 것이므로 예산의 독립성이 이루어지지 않은 상태에서 금감원의 업무수행상의 자율성은 그만큼 보장받기 힘들 것이다. 그러나 현행 금감원이 정부조직이 아니고 감독비용이 피감독기관으로부터 받는 감독분담금 등에 의해 조달됨에도 불구하고 금융감독당국이 분담금을 정책변경에 따른 소요비용 정도로 생각하고 분담금비율을 임의로 조정할 수 있다고 인

---

187) 한국은행 출연금은 강제출연이 아닌 임의출연의 형식에 의하며 금감원의 자금사정, 금융기관의 분담실적 및 향후 부담능력, 한국은행의 수지상황 등을 종합적으로 감안하여 매년 금융통화위원회가 결정한다. 또한 기타 이자수입은 금감원이 운영자금의 이자수입, 청사 임대료수입 및 공인회계사시험 응시수수료 등 금감원 업무수행과정에서 창출된 수입금액으로써 과거 실적 등을 감안하여 관련 부서에서 예산 신청 시 매년 추정하여 산출하고 있다. 박종수, "감독분담금의 법적 성질", 『조사연구 Review』 특별호(2007. 3.), 금융감독원, 69면.

식하고 있어서 문제가 되고 있다.[188]

2. 監督分擔金의 法的 性格

감독분담금이 「부담금관리기본법」의 적용을 받는 부담금인지 아니면 동법의 적용을 받지 않는 수수료인지에 대해 논란이 있었다. 감독분담금이 부담금에 해당한다는 견해는 ① 감독분담금 부과가 금융기관에 대한 검사실적이나 검사인력 제공현황 등에 연계됨이 없이 각 금융권역별로 결정된 분담요율을 일괄 적용하고 있다는 점, ② 금감원의 방만한 예산통제의 필요성이 절실하기에 동법의 관리대상에 편입되어야 한다는 점, ③ 한국원자력안전기술원에서 원자력관계사업자에게 부과하는 원자력관계사업자 비용부담금과 비교하여 설치목적, 운용주체의 업무내용 및 부과방법 등에서 유사하다는 점을 근거로 들고 있다. 그러나 감독분담금이 수수료에 해당한다는 견해는 ① 감독·검사서비스라는 용역제공의 대가로서 수익자 부담원칙에 따라 부과되는 반대급부적 수수료의 성격을 갖는다는 점, ② 부담금은 과오납을 제외하면 환급규정이 없으나 감독분담금은 금감원 결산 후 남은 잉여분을 익년도에 납부 금융기관에 반납하도록 하고 있다는 점, ③ 부담금은 체납 시 가산금 부과 또는 국세체납의 예에 따라 징수할 수 있는 강제규정에 따르는 반면 감독분담

---

188) 징세정책에 따라서 세율을 조정하는 행위는 조세의 중립성을 해치는 결과를 초래한다. 이철송, "양도소득세의 중립성확보에 관한 연구", 『법학논총』 제12집, 한양대법대(1995).

금의 경우에는 법규상 가산금 부과 및 별도의 징수절차를 규정하고
있지 않다는 점을 근거로 제시한다.[189]

　결론적으로, 피감독기관은 「금감법」 제47조 제1항[190]에 의거하여
분담금을 내도록 되어 있다. 이는 「부담금관리기본법」 제2조의 부
담금의 개념인 "재화와 용역의 제공과 관계없이" 부과되는 것이 아
니라 피감독기관에 대한 감독·검사 서비스 제공이라는 용역제공의
반대급부로서 부과되는 것이다.[191] 따라서 「금감법」에서 피감독기
관이 내는 감독분담금의 법적 성격에 대하여 「부담금관리기본법」의
적용대상인 부담금이 아닌 수수료로 보아야 할 것이다.

---

189) 박상희, "감독분담금의 법적 성질", 『조사연구 Review』 특별호(2007.
　　3.), 금융감독원, 22~23면.

190) 금융감독원의 검사를 받는 금융기관은 분담금을 금융감독원에 납부
　　하여야 한다. 분담금의 분담비율·한도 기타 분담금의 납부에 관하여
　　대통령령이 정한다(「금감법」 제47조).

191) 그러나 분담금이 이론상 사용료 및 수수료와 구별되는 점은 국가에
　　의하여 제공되는 재화나 용역이 사용료 및 수수료의 경우보다 구체
　　적이고 직접적인 반면에 분담금은 국가 공공시설의 설치행위나 개발
　　행위로 인하여 발생할 수 있는 추상적이고 경제적 이익이 그 대상이
　　된다는 것이다. 김성수, 『개별행정법 ― 협조적 법치주의와 행정법이
　　론 ―』, 법문사(2004), 41면.

3. 經濟的 利益의 問題

감독분담금이 부담금이 아닌 수수료의 성격을 갖는다고 하더라도 수수료와 약간 구별되는 것은 국가의 특정한 급부행위를 수령하거나 시설을 이용하는 것과 같은 구체적 이익에 대한 대가의 의미가 아니라도 행정작용의 결과로 일정한 인적 범위에 속하는 사람들에게 추상적 이익이 발생하였다는 사실만으로도 분담금의 부과·징수 요건이 충족된다는 점이다. 따라서 감독행정에 의해 피감독기관이 추상적으로 자산건전성 등이 보다 나아졌다는 이익이 발생한다면 분담금의 요건이 충족된다. 만일 구체적 이익뿐만 아니라 추상적 이익도 발생하지 않았다면 분담금의 부과요건은 충족되지 못한 것이고 피감독기관은 부과의무를 부담하지 않아도 된다고 판단할 수 있다. 그러나 산술적 계량이 가능한 구체적 이익을 요건으로 하는 것이 아니라 산술적 계량이 불가능한 추상적 이익을 요건으로 보고 있는 것이므로 결국 요건을 판단하는 법해석자에 의해서 부과의무의 여부가 결정된다. 피감독기관의 추상적 이익에 대한 판단문제는 금융감독을 수행한 감독당국과 피감독기관 간에 이해가 상반될 수 있는 가능성이 크기 때문에 이에 대한 법원의 판단은 중립적인 입장에서 합리적으로 이루어져야 한다. 법원이 이익판단에 있어서 엄격한 기준을 들이대어 구체적 이익과 추상적 이익의 차이를 별 구별 없이 인정한다면 금융감독당국은 당장 효과를 볼 수 있는 감독정책만을 수행할 것이다. 구체적 또는 추상적 이익간의 차이를 보다 명백하게 구별하여 감독행정이 주는 이익이 단기적으로 구체적인 효과를 보지는 못하겠지만 장기적으로 효과가 있을 것이라고 판단한다면 이는 분명 추상적 이익이 있는 것이므로 감독당국은 보다 넓은 안목에서 감독행정을 펼칠 가능성이 커질 것이다. 그러므로 피감독기관의 분담금에 대한 적절한 감면요구가 금융감독행정의 소극 또는 적극성에 영향을 끼칠 수 있으므로 피감독기관도 금융감독이 제공하는 행정의 만족도와 이익분석을 엄밀히 하여 분담금 부과에 대해 민감하고 예민하게 반응하여 금융감독행정에 상당한 영향력을 행사할 수 있을 것이다. 이처럼 분담금은 비록 추상적이기는 하지만 분담금의 납부의무자에게 특정한 경제적 이익이 발생하였다는 점에서 납부의무자에게 어떠한 반대급부도 주어지지 않는 조세와 구별된다.192)

4. 業種間 差別의 問題

금융감독의 분담금 징수와 관련하여 문제로 지적되는 것은 증권과 보험업종이 은행·비은행(카드, 종금, 저축은행, 신협, 여신금융기관 등) 업종에 견주어 상대적으로 많은 분담금을 내고 있어 업종 간 차별이 있다는 점이다. 현행 분담금 산정은 직전 사업연도 말. 총 부채금액(예수금·50% 반영)과 감독 투입인력(40%), 총자산(5%), 영업이익(5%)을 기준으로 하여 은행·비은행권은 '1만분의 3', 보험권은 '1만분의 15', 증권·기타권은 '1만분의 30' 범위 안에

---

192) 김성수, 『개별행정법 ─ 협조적 법치주의와 행정법이론 ─』, 법문사 (2004), 41면 이하.

서 금융감독위원회가 임의로 정할 수 있다. 실제로 적용된 분담금 요율을 보면, 은행·비은행의 경우에 전년 사업연도 말. 총 부채금액의 1만분의 0.6898인 반면에, 보험은 1만분의 2.6303, 증권 및 기타는 1만분의 9.1423이었다. 단위당 부채금액에 견주면, 보험은 은행·비은행의 381%, 증권 및 기타는 은행·비은행의 1325%에 이르는 분담금을 내는 셈이다.

이는 피검기관의 업종분류에 따라서 그 자산건전성 등급에 차이와 수익성을 고려한 것으로 볼 수 있지만 반드시 업종분류와 자산건전성·수익성이 상관관계를 갖는다고 볼 수는 없고 이는 형평성의 입장에서도 받아들여지기 힘들다. 또한 금융의 통합화 현상이 가속되고 있는데 업종의 분류에 따라 계속적으로 부담금에 차등을 두는 것은 합리적이지 못하다. 예를 들면, 상대적으로 불이익을 받고 있는 증권사는 증권사의 고객예수금은 전액 증권예탁원에 예탁되어 있어 부채를 기준으로 감독분담금을 산정하는 것은 무리가 있다고 주장한다. 또 보험사들도 은행신탁계정은 감독대상에 포함되어 있음에도 분담금 산정 시 전액 제외되고 있으며 감독수요 측면에서 차이가 큰 비은행권을 은행권역에 포함시켜 은행의 분담기준을 적용하는 것 역시 형평성에 문제가 있다는 지적이다. 이에 따라서 징수체계 개편과정에서는 은행은 부채를 기준으로, 보험과 증권은 영업수익을 기준으로 하되, 회사의 규모와 검사 투입인력 등을 감안하고, 권역별의 형평성을 맞추기 위해 가중치를 두는 형태로 분담금 요율 산정기준을 바꾸는 방안이 논의되고 있다.[193]

또한 분담금 징수와 관련하여 또 다른 쟁점이 있는데 그것은 금융감독당국이 은행권에 유가증권발행 분담금을 징수하겠다는 것이다.194) 이에 따라 금융감독당국이 은행에 유가증권 신고서 제출의무를 부과할 예정인데 이렇게 되면 은행들이 발행하는 채권에 유가증권 발행분담금이 새로 부과될 뿐 아니라 금융채 발행·모집 과정이 지연되어 은행권 부담이 가중된다.195) 그러나 이 문제는 전업카드, 할부금융, 증권 등 제2금융권이 유가증권 신고의무를 부담하고 있는 반면에 은행만 제외되어 형평성에 문제가 있기 때문에 당연히 징수되어야 할 부분이라고 생각된다.

5. 小 結

금융감독의 분담금 산정 문제는 피감독기관에게 과도한 부담을 주지 않는 범위 내에서 합리적으로 산정되어야 한다. 감독분담금산

---

193) 감독분담금 배분은 어느 한쪽의 분담금이 내려가면 다른 쪽의 부담이 늘어나는 제로섬 게임 같은 것이어서 업종 간 합의가 쉽지 않은 측면이 있다.

194) 유가증권 발행분담금이란 기업체나 금융기관이 회사채를 발행할 때 금융감독원에 이를 신고하는 과정에서 내야하는 일종의 수수료다. 통상 회사채 발행금액 0.04%를 발행분담금으로 납부하도록 되어 있지만 은행은 이 의무에서 제외되었다.

195) 과거에는 각 금융기관이 발행하는 금융채를 특수채로 간주해 유가증권 신고의무를 모두 면제해 줬지만 외환위기 이후 금융권 부실사례가 빈발하자 금융기관들도 2001. 7.부터 유가증권 신고서를 의무적으로 제출하도록 했다. 하지만 은행만큼은 도산 가능성이 낮다고 판단해 신고 의무를 계속 면제해줘 타 금융기관이 반발해 왔다.

정기준에 투입인력이 차지하는 비중이 지나치게 크기 때문에 금융감독원은 오히려 금융기관의 감독분담금 부담을 경감시키기 위해서 조직단위별 실질업무수요를 기초로 정원을 조정하여 금융기관의 감독분담금 부담을 덜어주는 방안을 검토해야 한다. 이와 관련하여 금융감독기능의 일부를 피감독기관인 금융기관에 이전하여 리스크 관리의 일정부분을 자율규제방식으로 전환하는 것을 생각해 볼 수 있다. 이를 위해서는 금융기관의 총체적인 리스크를 파악하는 전산시스템을 개발해야 좀 더 효과적이겠지만 우선 리스크관리가 잘 되는 금융기관에 인센티브를 주는 형식으로 분담금을 줄이는 방식을 강구할 수 있을 것이다. 예를 들자면 각 금융기관의 리스크 관리 정도에 대해 차등을 부어 경영진에게 적극적인 위험관리를 촉구하고 잘된 경우, 감독분담금을 일정부분 감액해 준다면 피감독기관의 자율건전성감독의 강화와 피감독기관의 비용 경감이라는 일거양득(一擧兩得)의 결과를 얻을 수 있을 것이다.

결론적으로, 감독분담금은 시혜적 행정비용으로 인식해서 국가가 임의로 정해서는 안 되며 '제공되는 서비스의 양과 질에 상응하는 적정가격 설정'이라는 시장의 가격결정원리에 입각하여 비용이 산출되어야 한다. 왜냐하면 감독분담금의 법적 성격은 금감원이 제공하는 감독서비스에 대한 수수료이기 때문에 제공되는 서비스의 가치평가가 가격을 결정하는 기준이 되는 것이 합리적이기 때문이다.

第4節 金融監督機構 相互間 및 다른 機關과의 關係

Ⅰ. 意 義

금융시장의 안정성을 위해서 금융감독기구와 감독유관기관 간에 금융불안정의 조사, 제재 등에 대한 긴밀한 협조와 상호통제가 필요하다. 특히, 경기변동과정에서 자산가치 및 신용창출의 팽창·축소가 반복되는 금융순환주기(Financial Cycle)로 인한 금융불균형에 적절하게 대응하고 긴급유동성 지원, 예금보호제도, 지급결제제도 등 위기관리를 위한 금융안전망이 오작동될 경우에 초래되는 시장규율의 상실과 도덕적 해이 등에 이들 유관기관의 협조가 당연히 이루어져야 한다.196)

Ⅱ. 金融監督委員會와 金融監督院과의 關係

두 기관의 관계를 수직적 상하관계라고 보는 시각은 금융감독원이 금융감독위원회의 심의·의결사항을 집행하고 그 업무를 보좌하며(「금감법」 제37조), 금융감독위원회 위원장이 금융감독원의 원장

---

196) 강병호, "우리나라 금융감독 및 자율규제체계에 관한 연구",『규제연구』제14권 제1호(2005. 6.), 200면.

을 겸하고 금융감독원의 부원장과 부원장보(이하 "부원장·부원장보"라 한다)는 원장(위원장)의 제청으로 금융감독위원회가 임명하고 감사는 금융감독위원회의 제청으로 대통령이 임명한다는 점을 지적한다(「금감법」 제29조).[197]

또한 금융감독원장은 금융감독위원회 또는 증권선물위원회가 요구하는 금융감독 등에 필요한 자료를 제출하여야 한다(「금감법」 제58조). 원장은 검사를 실시한 경우에는 그 결과를 금융감독위원회에 보고하여야 하고 금융감독위원회는 필요하다고 인정하는 경우에는 금융감독원의 업무·재산 및 회계에 관한 사항을 보고하게 하거나 금융감독위원회가 정하는 바에 의하여 그 업무·재산상황·장부·서류 기타의 물건을 검사할 수 있다(「금감법」 제60조). 금융감독위원회 또는 증권선물위원회는 금융감독원의 업무를 지시·감독하는 데 필요한 명령을 할 수 있고 금융감독위원회는 증권선물위원회 또는 금융감독원의 처분이 위법하거나 공익 또는 예금자 등 금융수요자의 보호를 위하여 심히 부당하다고 인정되는 때에는 그 처분의 전부 또는 일부를 취소하거나 그 집행을 정지시킬 수 있다는 규정, 증권선물위원회 역시 소관업무에 관한 금융감독원의 처분이 위법하거나 심히 부당하다고 인정되는 때에는 그 처분의 전부 또는 일부를 취소하거나 그 집행을 정지시킬 수 있다(「금감법」 제61조).

그러나 두 기관을 지시·복종의 상하관계로만 규정한다면 금감위의 관치적 의사에 따라 금감원이 업무수행을 할 수밖에 없을 것이

---

197) 홍준형, "금융행정의 법적 구조와 개혁방향", 『공법연구』 제29집 제2호, 117면.

므로 감독행정의 공정성·독립성을 해치는 결과를 초래한다. 두 기구의 관계를 상호보완적 또는 상호협력적 관계로 설정하여, 가능한 두 기구 간에 업무상, 기능상 차별화를 견지하는 것이 중요하다.

이런 관점에서 보자면, 금융감독원의 부원장과 부원장보의 인사결정권을 금융감독위원회가 행사하는 것은 바람직하지 못한 일이다. 금융감독원장이 부원장과 부원장보를 단독으로 임명하거나 원장이 대통령에게 제청하여 대통령이 임명케 하는 것이 바람직하다. 더군다나 금융감독원장이 금융감독위원회 위원장과 동일 인물인데 구태여 금융감독위원회가 임명해야 할 필요성이 없으며 금융감독의 공정성·독립성 실현의 관점에서도 바람직하지 않다.

또 개정이 요구되는 조항으로는 금감원 원장의 이익과 금감원의 이익이 상반되는 사항에 관하여는 금융감독위원회 위원장의 직무를 대행하는 금융감독위원회 위원이 금융감독원을 대표한다(「금감법」 제31조)는 규정이 있다. 이는 금융감독의 공정성·독립성 실현 입장에서 명백히 잘못된 입법이다. 금융감독원 원장이 금융감독위원회의 위원장이므로 원장의 의사가 금융감독위원회의 관료적 의사를 반영할 수 있기에 금융감독원의 공정한 업무수행이 어려운 상황에서 금융감독원의 독자적이며 중립적인 의사를 대표할 수 있는 인물이 직무를 대행해야 하는데 본 조항처럼 금융감독위원회의 위원이 금융감독원을 대표하게 한 것은 금감원이 금감위 지배하에 있다는 것에 다름 아니다. 금융감독원의 부원장이나 부원장보의 위상 역시도 이 조항에 의거하여 아무런 의미를 가지지 못한다고 볼 수 있다.

Ⅲ. 金融監督委員會와 韓國銀行과의 關係

1. 意 義

1997년 금융위기 당시에 은행감독권을 중앙은행으로 분리시키는 문제와 관련하여 논의가 활발하였는데 중앙은행이 은행감독권한을 보유하여야 한다는 주장의 논거는 ① 중앙은행이 은행감독권한을 보유하고 있는 경우는 금융위기의 발생이 전체적인 경제위기로 확대되기 전에 그 금융위기에 대응할 수 있는 인식과 능력을 갖추게 되고, 금융기관에 최종적으로 유동성을 공급할 수 있는 능력이 강화된다는 점198)과 ② 중앙은행의 최종대부자(lender of last resort)로서의 역할은 은행감독으로부터 얻을 수 있는 상세한 정보가 없이는 달성될 수 없고, ③ 은행감독정책과 통화신용정책은 각각 정책의 집행과정에서 얻어지는 정보를 잘 활용해서 상호보완될 수 있다는 점,199) ④ 건전한 은행 및 금융제도를 유지하기 위해서는 중앙은행이 은행감독권한을 보유하여 통화신용정책과 은행감독정책을 서로 보완하여 나가는 것이 바람직하다는 점을 들고 있다. 특히, 대부분

---

198) William McDonough, An Independent Central Bank in a Democratic Country: The Federal Reserve Experiences, FRBNY Q Rev, Spring(1994), 4면.

199) Thomas F Cargill, Central Bank Independence and Regulatory Responsibilities: The Bank of Japan and the Federal Reserve, New York University Press(1989), 60면.

의 선진국들에서는 중앙은행이 은행감독권을 갖고 있거나 정부와 그 권한을 공유하고 있다는 사실도 한국은행에 은행의 건전성 감독 권한을 부여해야 할 이유로 제시된다.[200]

이에 반하여, 은행감독권이 중앙은행으로부터 독립된 별개 기관에서 집행되어야 한다는 논거로 ① 중앙은행이 은행감독권까지도 보유한다면 은행감독정책과 통화신용정책이 추구하는 목표가 서로 다르기 때문에 충돌(conflicts)이 발생할 수 있고, ② 따라서 만약 그 충돌이 격화될 경우에는 중앙은행이 은행감독의 중요성을 간과하여 부실은행을 구제하기 위한 금리 인하 또는 높은 인플레이션의 위험 감수 등 은행제도의 안전성과 건전성(safety and soundness)에 해를 끼칠 수 있는 정책을 집행할 수 있다는 점이 제시되었다.[201]

---

200) 중앙은행이 은행감독권한을 보유하고 있는 국가는 프랑스, 이태리, 룩셈부르크, 네덜란드(이상 G-10국가), 오스트레일리아, 그리스, 아이슬란드, 뉴질랜드, 포르투갈, 터키(이상 OECD국가) 등이다. 중앙은행이 정부와 은행감독권한을 공유하는 국가는 벨기에, 독일, 일본, 스위스, 미국(이상 G-10국가) 등이다. 중앙은행이 은행감독권한을 보유하지 않는 국가는 영국, 캐나다, 스웨덴(이상 G-10국가), 오스트리아, 덴마크, 핀란드, 노르웨이(이상 OECD국가) 등이다. The Federal Reserve Position on Restructuring of Financial Regulation Responsibilities, Federal Reserve Bulletin. (July 1984), 553~56면; Jög Geerlings, Neuss, Die neue Rolle der bundesbank im Europäischen System der Zentralbanken-Von der Reichsbank zur Europäischen Zentralbank, NJW(1 juni 2004).

201) The Federal Reserve Position on Restructuring of Financial Regulation Responsibilities, Federal Reserve Bulletin(July 1984), 546~549면.

결국 IMF의 권고로 한국은행으로부터 금융감독위원회와 금융감독원으로 은행감독권이 이양되었지만 일정한 범위 내에 한국은행이 금융감독기능에 참여할 수 있는 기회는 보장하고 있다. 법제의 구체적인 내용을 살펴보면, 한국은행202)은 금융통화위원회가 통화신용정

---

202) 중앙은행은 통화량의 증가를 통제하여 물가를 억제하고 이자율을 통하여 실물경제의 흐름을 조절한다. 물론 이러한 화폐정책을 경제논리에 따라서 자연스럽게 실행하기 위하여는 정부에 대한 중앙은행의 독립성이 절대적으로 보장되어야 한다. 다시 말하자면 통화량과 지불준비금의 조절을 통하여 효과적인 화폐 및 금융정책이 수행되기 위하여는 중앙은행이 정치권의 압력을 받아 정치논리에 좌우되는 일이 없어야 한다. 우리나라에서도 이미 오래전부터 한국은행의 독립성과 관치금융에 대한 잘못된 관행을 개선하자는 논의가 있었으나 효과적인 개선책을 찾지 못한 상태에서 IMF위기를 맞았다. 「한국은행법」은 한국은행이 통화신용정책을 중립적으로 수립하고 자율적으로 집행하며, 그 자주성이 존중되어야 한다고 규정하고 있으나(「한국은행법」 제3조), 이러한 규정만으로 한국은행의 독립성과 자주성이 보장되기 어렵다. 그럼에도 불구하고 중앙은행으로써의 한국은행은 이 법에 의하여 통화 및 금융정책의 중심적인 기능을 수행하고 있다. 한국은행의 화폐정책은 한국은행에 설치된 정책결정기구인 금융통화위원회에 의하여 수행된다. 금융통화위원회의 중요한 심의·의결사항은 우리나라 화폐 및 금융정책의 핵심적인 사항이 모두 포함되는 데 중요한 내용은 다음과 같다. 1. 한국은행권 발행에 관한 기본적인 사항 2. 금융기관이 유지하여야 하는 최저지급준비율 3.한국은행의 금융기관에 대한 재할인 기타 여신업무의 기준인 이자율 4. 한국은행 통화안정계정의 설치 및 운용에 관한 기본적인 사항 5. 극심한 통화팽창기 등 국민경제상 긴절한 경우 일정한 기간 내의 금융기관의 대출과 투자의 최고한도 또는 분야별 최고한도의 제한 6. 극심한 통화팽창기 등 국민경제상 긴절한 경우 금융기관의 대출에 대한 사전승인 등이다(「한국은행법」 제28조).

책 수행을 위하여 필요하다고 인정하는 경우에는 「금감법」에 의하여 설립된 금융감독원에 대하여 구체적 범위를 정하여 금융기관에 대한 검사를 요구할 수 있으며, 필요시 한국은행 소속 직원이 금융감독원의 금융기관 검사에 공동으로 참여할 수 있도록 요구할 수 있다.203) 이 경우 금융감독원은 지체 없이 이에 응하여야 한다. 한국은행은 금융감독원에 대하여 검사결과의 송부를 요청하거나 검사결과에 따라 금융기관에 대한 필요한 시정조치를 요청할 수 있다. 이 경우 금융감독원은 이에 응하여야 한다(「한국은행법」 제88조).204)

금융통화위원회는 금융감독위원회가 통화신용정책과 직접 관련되는 조치를 하는 경우, 이의가 있을 때에는 재의를 요구할 수 있다. 재의요구가 있는 경우, 금융감독위원회가 재적위원 3분의 2 이상의 찬성으로 전과 같은 의결을 한 때에는 조치는 확정된다(「한국은행법」 제89조). 또한 한국은행 부총재는 금융감독위원회의 당연직 위원으로서 금융감독정책에 관한 의사결정에 참여할 수 있다(「금감법」 제4조 제1항).

따라서 현행 법제하에서 한국은행은 단독적으로 은행감독권을 행사할 수 없고 "통화신용정책의 수행에 필요하다고 인정하는 경우"

---

203) 공동검사를 실시할 경우 금감원은 은행의 경영건전성에 대한 전반적인 사항을 검사하고 한국은행은 통화정책 및 지급결제제도와 관련된 사항만을 점검하게 된다. 그러나 검사과정에서 얻은 정보는 두 기관이 현장에서 상호 공유하고 양 기관의 업무에 참고한다.

204) 금융감독제도 개편이전에는 한국은행 내의 은행감독원이 시중은행에 대하여 인·허가, 건전성 감독기준 제정, 검사와 제재 등 은행업무 전반에 걸친 감독권을 행사하였다.

에 한하여서만 제한적으로 검사요구권이나 공동검사권을 갖는다고 할 수 있다.[205]

그러나 법의 규정과는 달리 실제 운영에 있어서 한국은행과 금융감독당국과의 업무협조는 제대로 이루어지고 있다고 볼 수 없다. 검사 및 공동검사요구와 관련하여 2001년 공동검사 13건/검사요구 18건, 2002년 공동검사 13건/검사요구 19건, 2003년 공동검사 11건/검사요구 4건, 2004년 상반기까지 공동검사 7건/ 검사요구 2건으로 공동검사와 검사요구권의 활용이 수적인 면을 보더라도 활발하지 않고 금융감독당국의 협조도 원활한 것이 아니었다. 금감원이 2002. 7. 하나은행에 대한 공동검사요구를 거부한 사례가 있는데 그 결과 한국은행은 하나은행에 대한 공동검사에 참여하지 못하였다.[206]

2002. 9. 금융감독원과 한국은행 간에 공동검사에 관한 양해각서가 체결되었고 금감원은 한국은행이 공동검사를 요구하는 경우에 대하여는 금융통화위원회의 의결을 거친 경우에 반드시 수용하게 되었다.[207] 그러나 2006. 11. 한국은행은 은행들의 과도한 외화대출을 조사하기 위하여 금융감독원과 공동검사를 실시하였으나 은행에 대한 검사권을 독점하려는 금융감독원의 방해로 인해 은행들이 자료를 제대로 제출하지 않아 파행을 빚은 일이 있었다.[208]

---

205) 이에 대한 판단은 금융통화위원회에서 결정한다.
206) 본 통계는 2004. 7. 20. 한국은행에 정보공개를 청구하여 구하였다. 통계조사에 한국은행 조사역 김혜연이 참가하였다.
207) 그러나 금감원이 공동검사요구에 응한다고 하더라도 공동검사 시점은 금감원의 일정에 따라야 한다는 문제점이 있다.

입법례를 검토해 보면 영국의 경우, 감독관련 기관 간의 일반적 업무협력을 위하여 중앙은행인 영란은행과 금융감독기구(FSA)는 각기 상대기관의 책무와 관련될 가능성이 있는 자신의 어떤 정책 변화에 대해서도 미리 협의하도록 하고 있다. 이러한 실질적인 협의는 감독업무를 매우 입체적으로 수행할 수 있게 하는 장점이 있는데 원활한 정보공유체제가 갖추어져 있기에 가능한 일이다.

우리의 경우, 한국은행과 금융감독원간의 정보공유체제가 원활히 이루어지고 있지 않아서 한국은행이 축적한 은행감독관련 자료를 금융감독원이 제대로 활용하고 있지 못하다는 지적이 많다. 또한 한국은행의 금융통화정책과 금융감독원의 감독정책이 제대로 상호협력이 잘 되지 못하고 있는 문제도 금융감독 통합 이후 감독당국이 시스템 리스크(System risk)를 제대로 관리하지 못하고 있다는 데 주된 원인이 있다.

---

208) "은행들이 회계상으로는 외화 대출로 처리하면서 스왑거래를 통해 실제로는 원화를 꿔주고 있는 탓에 시중자금이 늘어 집값 급등을 부추길 뿐 아니라 원-달러 환율을 하락시키고 있다는 지적이 제기됨에 따라, 한은은 지난달 금감원에 공동검사를 요구했다. 한은과 금감원은 2006년 11월 22일부터 지난 8일까지 기업·국민·신한·우리·한국씨티·HSBC 등 6개 은행을 대상으로 공동검사를 벌였다. 그러나 두 기관의 영역 다툼으로 검사는 거의 이뤄지지 못했고, 검사가 끝났는데도 필요한 조처를 내리기 힘들어졌다." 한겨레신문 종합2면 (2006. 12. 11.).

2. 中央銀行의 役割 强化

1997년 IMF 당시 통합금융감독체제의 도입으로 한국은행의 은행 감독기능이 금융감독위원회로 이관되었다.[209] 당시 한국은행에서 은행감독업무를 수행하던 650여 명의 직원이 새로 설립된 통합감독기구로 자리를 옮겼다. 그 결과 한국은행의 목적과 업무도 바뀌었는데 「한국은행법」제6차 개정으로 한국은행이 목적하는 '은행·신용제도의 건전화와 그 기능향상'이 삭제되었다.

이에 따라서 현재 한국은행은 주요 업무인 통화신용정책의 수립과 집행을 위해 필요한 한도 내에서 극히 제한적인 은행감독 관련 업무를 수행하고 있다.[210] 그러나 통화신용정책에 있어서 금융감독

---

209) 은행감독권 분리에 대해 한국은행은 강력히 반발하였다. 논거는 중앙은행의 최종대부자 기능이나 지급결제제도의 안전성 확보기능 수행을 위하여 개별은행의 지급능력이나 유동성 사정을 상시 파악해야 한다는 것이며 정치적인 의미에서 독립적인 한국은행이 감독기능을 수행하는 것이 중립적 감독업무수행을 담보한다는 것이었다. 한국은행 보도자료(2004. 2. 12.) 공보2004-2-18호 참조.

210) 한국은행은 현행 「한국은행법」 및 「금감법」에 의거 제한된 범위 내에서 간접적이고 소극적인 다음의 감독관련기능을 보유한다. ① 금융기관에 대한 자료제출요구권, ② 긴급여신대상 금융기관에 대한 업무와 재산상황 조사·확인권, ③ 금융감독원에 대한 금융기관 검사요구권, 검사공동참여권, 검사결과송부요청권, 시정조치요청권, ④ 금융감독위원회에 대한 재의요구권 ⑤ 재정경제부장관, 금융통화위원회 및 금융감독위원회 간 상호자료요청권 등 그리고 한국은행 부총재는 금융감독위원회 및 예금보험공사 운영위원회에 당연직 위원으로 각각 참석한다.

기구의 통합 이후 한국은행의 통화신용정책에 있어서 독립성은 한 층 강화되었다. 즉 이전 한국은행의 최고의사결정기구인 금융통화위원회의 의장이 재정경제원 장관이었으나 「한국은행법」의 개정으로 한국은행 총재가 의장을 겸임하게 되었다. 이에 따라서 「한국은행법」 개정 이후에는 금융통화위원회가 정부와 사전협의 없이 자율적으로 금리변경 등 통화신용정책을 결정하게 되었다.

중앙은행의 2대 의무는 통화안정과 금융안정이다. 금융안정의무는 근대적 중앙은행의 형성과정에서 확립되었고 통화안정의무는 대공황 이후 관리통화제도가 자리잡으면서 중앙은행에게 부과된 또 하나의 의무로 확립되었다.[211] 「금감법」의 제정 및 「한국은행법」의 개정에 의하여 한국은행에 독자적인 통화신용정책권한이 주어졌으나 은행감독권은 분리되어 타 기관에 이관됨으로써 중앙은행의 독립성은 강화된 반면 업무영역은 축소되었다.[212] 그럼에도 불구하고 IMF 구제금융 실시 이후 부실금융기관의 퇴출 등 금융구조조정이 실시됨으로써 금융위기에 대처하는 중앙은행의 역할은 더욱 크게 부각되었다.[213]

---

211) 김홍범, 『한국 금융감독의 정치경제학』, 지식산업사(2004), 20면.

212) 박승 당시 한국은행 총재는 2004. 2. 13. 동남아 중앙은행기구(SEACEN)총재회의에서 한국의 금융감독제도개편에 대해서 기조연설을 하였는데 1990년대 중반 이후 한국의 금융산업 여건변화 등 금융감독제도 개편배경과 금융감독기구 통합과정에서 있었던 한국은행과 정부와의 논의내용에 대해 상세히 설명하고 있다. 한국은행 보도자료(2004. 2. 12.) 공보 2004-2-18호 참조.

213) 1997년 당시 금융감독권은 한국은행으로부터 분리되어 나갔으나 통

한국은행이 은행감독권을 금융감독당국에 이양했다고는 하지만 현행 법제에서도 「한국은행법」이 규정하고 있는 금융기관에 대한 자료제출요구권이나 검사요구권, 공동검사권 그리고 재의요구권 등을 적절히 사용한다면 은행감독에 대한 상당한 정도의 권한을 갖는다고 할 수 있다. 그러나 현실적으로 금융감독기구의 협조가 없이는 한국은행의 금융감독기능 수행에 어려움이 있다. 특히, 통화신용정책을 수행함에 있어서 금융기관의 관련정보수집이 필요한데 감독권이 없는 한국은행의 자료제출요구에 은행이 잘 응하지 않고 있으며, 비은행금융기관의 경우에는 자료제출요구권 자체가 없다.

일본의 경우를 보자면, 중앙은행인 일본은행이 금융기관에 대한 고사(考査)를 실시하고는 있으나, 감독당국은 아니다.[214] 특이한 점은 일본은행이 신용질서의 유지 및 자금결제의 원활화관련 업무의 고사를 위하여 금융기관과 고사에 관한 계약 체결이 가능하다는 점이다(일본「은행법」 제44조, 考査업무를 통해 금융기관의 경영상태 파악 및 금융기관의 건전경영 지도업무를 수행한다).[215] 일본은행이 행정기관이 아니므로 일방적인 행정처분으로써의 금융감독업무수행이 어렵기 때문에 상호 이해와 협조하에 고사계약(考査契約)을 체결하는 것이므로 우리에게도 시사하는 바가 크다.

화신용정책에 있어서 한국은행의 독립성은 더욱 강화되는 방향으로 제도개편이 이루어졌다.
214) 고사결과에 대하여 행정처분 등 조치권한이 없으며, 조치는 금융청 소관사항이다.
215) 금융감독원, "주요국가의 금융감독법제" 일본편 참조.

결론적으로 중앙은행의 은행감독권을 단독적으로 보유하지 않더라도 현 법제의 합리적 운용으로 통화신용정책에 활용할 수 있을 것이다.

그러나 한국은행의 은행감독기능 보유여부와는 관계없이 중앙은행은 금융시장과 금융기관 경영에 관한 폭넓은 정보를 확보해야 할 필요성이 크기 때문에 은행감독기능이 분리된 현 법제하에서도 금융감독기구와 긴밀하게 협조하여 필요한 정보를 신속히 입수할 수 있어야 한다. 또한 금융시장의 불안이 높아질 경우에는 중앙은행이 직접 금융기관에 대한 현장 정보를 수집할 수 있도록 하는 것이 바람직할 것이다.

금융감독을 전반적인 권력구조의 틀에서 검토해 보자면, 금융감독기구와 한국은행은 협력과 견제관계를 유지하는 것이 좋을 것이다. 이러한 상호관계는 통화신용정책과 은행감독기능이 유기적인 협력체제를 통해서 조화롭고 효과적으로 실현될 수 있도록 하는 데 도움이 될 것이다.

Ⅳ. 金融監督委員會와 財政經濟部 등의 關係

금융감독위원회와 재정경제부는 조직법제에서 상하관계를 이루고 있지는 않다. 금융감독위원회가 형식상 국무총리 산하에 소속되어 있기 때문이다. 그럼에도 불구하고 두 기관은 매우 긴밀한 관계를 갖는다고 할 수 있다. 우선 재정경제부장관은 금융감독에 관련되는 법령을 제정 또는 개정하고자 하는 경우에는 금융감독위원회와 반드시 사전협의하여야 한다(「금감법」 제64조의2).

따라서 재정경제부는 적극적으로, 금융감독위원회는 소극적으로 법률 제·개정에 참여한다고 볼 수 있다.216) 실제로는 금융감독원이 규정의 검토의견을 금융감독위원회에 부의하면 실질심사를 거쳐 규정의 제·개정이 이루어지고 금융감독원장이 법령이나 금융감독위원회규정에서 위임받아 시행세칙을 제·개정하므로 금융감독위원회와 금융감독원이 모두 감독규정의 제·개정에 참여한다고 할 수 있다.217) 그러나 두 기관은 이외에도 많은 일에 대하여 협조하고 있다.218)

---

216) 금융감독위원회는 관료조직으로써 감독정책 수립과정에서 언제나 재정경제부와 늘 함께 움직이는 모습을 보여 왔다. 예를 들어, 금융감독위원회 위원장은 재정경제부가 주도하는 경제정책조정회의, 경제분야장관회의, 경제민생점검회의, 경제장관간담회 등에 고정멤버로 참여해 오고 있다. 또한 신용카드회사에 대해 감독당국이 애초 2002년 5월에 제시했던 미시건전성 감독조치가 1년여 동안이나 미루어져 오다가 재경부장관·금감위원장·집권여당정책위의장이 참석하는 당정협의(2002. 5. 23.)를 거쳐서야 비로소 추진력을 얻게 되었다는 사실도 지나쳐 버릴 수 없다. 이런 점들은 독립적으로 전문성을 발휘해야 할 금융감독당국의 장(長)이 정치적 영향력에 그대로 노출되는 것은 물론이고, 정작 자신도 정치성을 띨 수밖에 없는 구조임을 시사한다. 김홍범, 『금융감독 이대론 안된다』, 두남출판사(2002), 31면.

217) 김홍범, 『금융감독 이대론 안된다』, 두남출판사(2002), 32면.

218) 김홍범, "한국의 관료조직과 금융감독", 『5개학회 2004년 춘계공동학술연구발표회 자료집』, (2004. 5. 21.), 24면.

재정경제부장관과 금융통화위원회 및 금융감독위원회는 정책수행에 필요하다고 인정하는 경우에는 상호간에 자료를 요청할 수 있다. 이 경우 요청을 받은 기관은 특별한 이유가 없는 한 요청에 응하여야 한다.

금융감독위원회와 예금보험공사의 관계는 조금 다르다. 과거 금융기관의 구조조정 당시 두 기관은 매우 역동적이고 긴밀한 모습을 보여주었는데 이후 효과적이고 능률적인 협조체제를 구축하는 데에는 미흡했던 것으로 보인다. 현행 법제를 보면, 예금보험공사 사장은 업무수행을 위하여 필요하다고 인정하는 경우 금융감독위원회 또는 금융감독원에 대하여 「예금자보호법」 제2조 제1호의 부보금융기관에 대한 검사를 요청하거나, 예금보험공사 소속직원이 검사에 공동으로 참여할 수 있도록 요청할 수 있으며 금융감독원은 특별한 사유가 없는 한 이에 응하여야 한다(제66조)는 규정을 두고 있고, 또한 부보금융기관에 대한 업무 및 재산상황관련 자료제출요구권·조사권을 갖는다고 규정하고 있다. 이처럼 금융감독에 있어서 예금보험공사가 업무필요에 의해 참여할 수 있는 가능성을 열어 놓고 있지만 금융감독당국의 미온적인 협조로 인하여 효과적인 예금보호업무가 수행되고 있지 않다.

第5節 金融監督機構 改編에 대한 論議

Ⅰ. 基本的 論議

1. 金融監督의 統合과 獨立性

1997년 금융감독이 통합된 이후부터 지금까지 금융감독기구의 전반적인 개편에 대한 논의가 계속되어 왔다. 이런 논의의 중심에는 지금의 감독체제처럼 금융감독기구를 정부의 직접적인 통제하에 둘 경우에는 규제실패로 인해 금융시장의 효율성을 떨어뜨릴 수밖에 없을 것이라는 지적이 있었다. 즉 금융감독당국이 시장친화적 감독행정을 시행하는 것이 아니라 규제친화적 감독행정을 시행하다 보면, 규제법제의 갱신(up-date)없이 행정편의적으로 장기간 감독행정을 시행할 것이고 결과적으로 새로운 금융환경변화에 효과적으로 대처하지 못하여 정보부족이나 관료주의로 인해 시장원리에 반하는 규제를 할 수밖에 없을 것이고 시장경제주체들은 이러한 관치적 감독을 회피하려고 시도하여 규제실효성이 저하될 수밖에 없을 것이다.

금융시장의 자율성을 확보하기 위해서는 우선적으로 금융감독기구가 독립성이 보장될 수 있는 방식으로 구성되어야 한다. 금융감독기구가 정부조직에 속할 경우에는 비정부조직보다는 감독행정의 독립성을 실현할 수 있는 가능성이 적다. 따라서 감독행정의 독립성을 실현할 수 있는 감독기구를 만들기 위해서 조직을 정부로부터 독립된 공적 기구로 통합·전환하는 문제를 검토해 보아야 할 것이다.[219)]

한편, 정부를 포함한 일각에서는 현 금융감독원이 비정부기구이기 때문에 현 금융감독체제는 사실상 민영화되어 이미 감독행정의 독립성을 실현시키고 있다고 주장하고 있다. 그러나 현재의 금융감독 법제를 살펴보면 금융감독과 관련된 최종적 결정권한은 정부조직인 금융감독위원회가 전적으로 담당하고 있고, 다만 구체적인 업무집행은 하부 공적 조직인 금융감독원이 위임받아 시행하고 있으므로 이를 두고 금융감독이 정부로부터 독립성을 확보하였다고 말할 수는 없다. 오히려 1997년 금융감독 통합 이후, 금감위의 사무국조직을 확대개편하는 등 금융감독기구가 좀 더 관료조직화되어 가고 있다고 볼 수 있다.

---

219) 민영화는 경제적 자원과 각종 정치적 권한이 공공부문에서 민간부문으로 이전되는 것을 말한다. 단적으로 말하면 공기업 혹은 정부소유 기업이 민간기업으로 변화하는 것을 말한다. 현재 정부가 소유하고 있는 정치경제적 자원배분권이 민간으로 이전되고 있고, 이 권력과 자원을 운용하던 정부의 기존 방식에 대하여 투명성과 민주성이 요구되고 있다. 더불어 독점적 시장구조가 경쟁적 시장구조로 변화되고 있다. 민영화를 통해 공공부문이 축소되고 정부의 역할도 일상적인 관리와 개입으로부터 전략과 비전 제시 등 기획기능으로 전환되고 있다. 류상영, "한국의 민영화정책과 민영화 방식", 『민영화와 한국경제』, 삼성경제연구소(1997), 17면.

2. 監督業務의 特性과 私人에게로의 委任

감독행정의 독립성에 대한 관심이 높았던 1997년 당시에, 완전히 독립적인 조직모형이 아니라 금감위-금감원의 이원적인 금융감독의 조직모형을 선택했던 것은 금융감독업무가 국가사무이므로 행정조직이 담당해야 한다는 논리를 상당부분 존중했기 때문이다.[220] 즉 감독행정을 순수한 민간기구에 맡기는 것은 책임성이나 효과성 면에서 검증되지 못하여 시기상조라고 판단했기 때문이었다.[221] 또한 민간기구에게 금융감독을 전적으로 맡길 경우, 법체계상의 문제가 있다고 주장한다. 즉 금융감독기능이 정부의 고유권한이므로 이를 비정부기구인 금융감독원이 집행과 의결기능을 전적으로 맡아서 수행하는 것은 적절치 않으며 금융감독행정이 일반행정과 구별되는 측면이 뚜렷하다고 볼 수 없으므로 이러한 업무를 행정권의 수반인 대통령과 그 직속기관이 직접 관장하지 않는다면 헌법상의 권력분립이나 헌법 제66조 제4항에 위반여부가 문제될 수 있다는 점이다.[222]

---

220) 「정부조직법」은 제27조에서 장관은 경제정책의 수립, 화폐, 금융, 국고에 관한 사무를 관장한다고 규정하고 있다.

221) 김대식·윤석헌, "통합금융감독기구의 변천과 향후의 개편방향", 『금융학회지』 제10권 제1호(2004), 230면.

222) 금융감독기구의 통합 이후 최대 금융사건이라고 할 수 있는 LG카드의 유동성위기에 대한 감사원의 특감은 현행 금융감독체제의 개혁필요성을 제기하였다. 이에 감사원이 그간 감독당국의 정책실패와 도덕적 해이의 문제를 철저히 감사하여 탈관치적 금융감독체제 개편안을

물론, 금융시장의 건전성 감독을 통하여 금융질서를 안정시키는 일은 본래 국가사무의 영역이라고 말할 수 있다. 그러나 이러한 국가사무를 공무원으로 구성된 행정조직에게 전적으로 맡기는 것이 적법하고 가장 효과적이라고 주장하는 것은 잘못된 주장이다. 오히려 민간조직에 금융감독이라는 공적기능을 전담케 한다면 정부조직으로부터 독립성과 자율성을 보장받고 금융감독의 효율성은 증가시킬 수 있을 것이다.

그리고 오늘날 국가는 자신의 임무를 모두 직접 수행하는 방식을 취하지 않는다. 국가활동의 범위가 너무 방대하고 사회가 복잡·전문화되어 국가가 보유하고 있는 인적·물적 능력으로는 이를 모두 처리하기가 불가능하다. 그러므로 국가는 다양한 방식으로 그 본래의 임무를 민간에게 위탁하고 자신은 배후에 감독기능만을 수행하는 형식을 선호하게 되었다. 이러한 행정경향을 '협력에 의한 행정(kooperative Verwaltung)이라는 표어하에 민영화(privatisierung), 자기규제(Selbstregulierung), 민관협력체제(Public－Private－Partnership) 등의 확대 속에 점차 강화되고 있다.[223]

발표할 것으로 예상하였으나 오히려 금융감독위원회의 위상을 강화하는 방향으로 감사결과가 보고되었다. "금융기관 감독실태감사결과, 감사원 보도자료(2004. 7. 17.).

223) 이원우, "변화하는 금융환경 하에서 금융감독체계 개선을 위한 법적과제", 『공법연구』 제33집 제2호(2005. 2.), 56면. 이 문제는 종래 공법상 '사인(Beliehe)에 의한 공행정'이라는 주제로 다루어진다. 김성수, 『개별행정법 — 협조적 법치주의와 행정법이론 —』, 법문사(2004), 131면.

3. 行政主體로서의 私人

　사인은 국가 등의 행정주체에 대하여 그 상대방의 지위에 있는 것이 보통이나 특정 행정의 수행을 위하여 관계법규상 사인에게 일정한 공권력이 부여되는 경우가 있다. 왜냐하면 국가의 감독과 감시의 전문성이 현저히 감소되고 적절한 대응이 이루어지지 못하는 행정영역에서 일정한 분야의 전문적인 감시와 감독은 일정한 자격과 전문적 지식을 구비한 개인이나 법인에게 위탁하여 행하는 것이 보다 효율적인 경우가 있기 때문이다.[224] 이럴 경우, 사기업 또는 사인은 자신의 명의로 공법상의 권한을 행사하는 것이므로, 그 한도 내에서 행정주체의 지위에 서게 된다고 본다. 그러나 이 경우에도 사기업이나 사인은 행정주체가 아니라 그들에게 공권력을 부여한 국가 또는 공공단체가 행정주체라는 견해도 있다.[225]

　독일의 경우, 기본법 제20조 제2항 "모든 국가권력은 국민에 의한 선거와 투표를 통해 그리고 입법, 사법, 행정의 특별기관에 의하여 수행된다"고 규정하고 있고 기본법 제33조 제4항 "고권적 임무는 원칙적으로 공무원에 의하여 담당되어야 한다"고 되어 있기 때문에 행정업무를 사인에게 위탁하는 것이 위헌이라는 논의가 있으나, 공적 임무의 궁극적 책임이 행정기관에게 귀속되는 이상, 그 임

---

224) 토지수용법에 따라 사업시행자인 사기업이 개인의 토지를 수용하거나, 상선의 선장이 일정한 경찰사무 또는 호적사무를 수행하는 경우 (사법경찰관리의직무를행할자와그직무범위에관한법률, 호적법).

225) 김도창, 『행정법론(상)』, 청운사(1993), 220면.

무의 직접적 수행이 민간기구에게 위탁되더라도 위헌이 아니라는
것이 통설이다.226)

Ⅱ. 政府統制의 必要性 與否

1. 意 義

　민간조직에게 금융감독을 맡겼을 경우, 민간조직의 금융감독 업무
수행에 대한 정부의 관리·감독(통제)의 필요성 여부가 법적 쟁점이
될 수 있다. 이 논제에 대해서 경제학계와 법학계의 입장이 다르다.
일반적으로, 법학계에서는 국가행정권의 위임임을 강조하면서 정부
의 통제가 필요함을 역설하고 있다(정부통제필요설). 반면에 경제학
계에서는 정부통제의 비효율성을 강조하면서 감독기구의 독립성을
강조(정부통제불요설)하고 있다.
　우선 정부통제필요성의 입장은 금융감독은 국가가 직접 관장해야
하는 국가사무이지만 만일 이를 민간기구에게 위임했을 경우에는
국가행정사무의 통일성과 능률성을 기하기 위하여 정부의 감독·통
제가 필요하다고 주장한다.227) 이에 반하여, 정부통제불요설의 입

---

226) 이원우, "변화하는 금융환경 하에서 금융감독체계 개선을 위한 법적
　　과제", 『공법연구』 제33집 제2호(2005. 2.), 57면.
227) 먼저 권영성 교수는 국가행정사무의 통일성과 능률성을 기하기 위하
　　여 정부의 감독·통제가 있어야 하는 것이 원칙이나 이때의 정부는

장228)은 공권력적 행정작용인 금융감독권을 누가 행사할 것인지는 각 나라 고유의 금융문화, 현실적인 필요성, 그리고 금융감독의 효율성 등을 감안하여 입법권자인 국회가 정책적으로 결정할 문제임을 지적한다. 이런 관점에서 보자면, 현행 감독행정은 과거의 관치금융 관행을 반복하고 있고 여전히 감독기능이 거시경제 및 금융정책의 수행 수단이 되고 있어 감독기구의 본연의 업무에 충실하지 못하고 있다. 또한 감독 효율성 역시 비판의 대상이 되고 있다. 이러한 현상의 주된 원인으로 지적되는 것은 금감위-금감원의 인적 구성, 금감위 사무국과 금감원의 기능중복 등의 감독기구 지배구조

대통령을 의미하는 것으로 대통령의 인사권과 감사권의 감사가 확보되는 정도면 정부의 감독과 통제가 이루어지는 것으로 보았다. 김남진 교수는 금융감독권은 행정권으로써 정부가 직접 관장해야 할 사항이지만 법률로써 금융감독권을 금융감독원에 부여하였다면 당해 기관의 자주성을 인정하여야 하며 정부가 감독권을 행사하는 경우에도 그 범위는 합법성의 감독에 그쳐야 한다고 설명하고 있다. 김동희 교수는 영조물법인에 의한 공행정작용도 국가행정작용 수행의 한 형태라고 할 것이므로 일정 정도의 정부의 감독과 통제가 필요하다고 하고 그러나 그 정도는 금융감독원이 수행하는 행정작용의 성질과 그 설치목적에 따라 구체적으로 판단되어야 한다고 설명한다. 양승두 교수는 금감법이 정한 정부의 관리·감독을 받아야 하나 그 이외의 행정감독권이나 통제권을 정부로부터 받는 것은 본 법의 입법취지에 반한다는 의견을 피력하였다.
<http://www.fsslu.or.kr/new/bbs/zboard.php?id=fsslu01>.

228) 독립한 법인에 금융감독권을 부여하는 것의 위헌성 여부 관련 질의, 『광장법』 제03C-11호(2003. 1. 7.). 김대식·윤석헌, "통합금융감독기구의 변천과 향후의 개편방향", 『금융학회지』 제10권 제1호(2004), 230면.

의 결합이다.229) 이처럼 금융감독기구의 지배구조 개선을 위해 가장 중요한 사항은 무엇보다도 조직의 독립성을 확보하는 것이다. 따라서 민간조직에 대한 정부의 통제는 필요 없고 단지 책임성 강화를 위하여 조직 내에 중립적 인사로 구성된 감사위원회를 두는 것이 필요하다고 주장한다.230) 또한 현행 행정조직만이 금융감독을 담당할 수 있다는 정부통제필요설의 주장은 급부행정과 같이 국민에게 혜택을 가져올 수 있는 영역을 국가만이 할 수 있다고 제한하는 결과를 가져오는 좁고도 자의적인 해석으로 이해되므로 새로운 금융감독 패러다임으로써 '금융서비스로써의 금융감독'의 의미를 찾기 어렵다고 주장한다.231) 따라서 향후 금융감독기구의 개편은 영국의 경우와 같이 정부의 통제가 배제된 민간조직 형태로 가야 한다고 한다.232)

---

229) 김대식·윤석헌, "통합금융감독기구의 변천과 향후의 개편방향", 『금융학회지』 제10권 제1호(2004), 235면.

230) 김대식·윤석헌, "통합금융감독기구의 변천과 향후의 개편방향", 『금융학회지』 제10권 제1호(2004), 218면.

231) 김대식·윤석헌, "통합금융감독기구의 변천과 향후의 개편방향", 『금융학회지』 제10권 제1호(2004), 230면.

232) 영국의 통합금융감독기구인 FSA는 독립된 비정부기관이다. 따라서 형식적으로 사법인이며 금융기관으로부터 징수된 수수료로 운영된다. FSA의 직원은 공무원이 아니다. FSA는 실질적으로 기존의 금융감독기구를 통합하여 설립한 금융산업에 대한 통합기구로서 감독대상기관의 범위가 매우 넓다.

2. 英國 FSA의 事例와 示唆點

1997년 금융위기를 극복하고자 IMF구제금융의 지원을 받게 된 한국은 IMF의 권고안에 따라서 대대적인 금융개혁을 실시하게 되었고[233] 당시 금융개혁을 성공적으로 실시하고 있던 영국의 개혁모델을 참조하게 되었다. 영국 금융개혁의 핵심은 금융시장의 안정성과 자율성을 최대한 보장할 수 있는 감독기구의 창설이었다. 따라서 감독기구의 독립성에 대해 활발한 논의가 있었다.[234] 이러한 논의

233) 1997. 5. 토니 블레어가 수상 취임 후 금융규제·감독에 관한 근본적 개혁방안을 발표하였는데 그 주요내용은 기존의 9개 금융감독당국을 통합하여 금융감독원(Financial Services Authority)을 설립하는 것이었다. 1997. 10. 법률적으로 증권투자위원회(SIB)의 명의변경 법인으로써 금융감독원(Financial Services Authority; FSA)을 출범시키고 먼저 영란은행법을 개정하여 1998. 6.부터 은행, 도매금융기관 및 어음교환소(clearing houses)에 대한 감독권을 영란은행으로부터 FSA로 이관하였고 이후 2001년까지 여타 감독기관들의 감독권을 모두 FSA로 이관하여 동 기구가 통합감독업무를 수행토록 하였다. 이를 위해 영국 정부는 1999년 여름 「금융서비스·시장법(Financial Services and Markets Act)」을 국회에 제출하였으며 동 법안은 2000. 6. 상하 양원을 통과하였다. 동 법안은 영국의 금융빅뱅을 가져온 「1986년 금융서비스법」을 대체하여 금융감독에 관한 기본법으로 성립되었다. 동 법의 시행으로 FSA는 기존 감독기관의 감독기능을 인수하여 은행, 증권 및 보험의 전 분야에 걸치는 통합감독기능을 수행하게 되었다. 심영·정순섭, "금융산업의 환경 변화와 법적대응", 『서울대학교 법학』 제44권 제1호, 27면.

234) 금융감독 담당기관의 법적 성격은 국가마다 다르다. 통합 금융감독기구를 출범시킨 영국(FSA), 호주(APRA)는 독립적인 비정부기구가 금융감독을 담당하고 있는 반면에, 일본, 캐나다, 독일은 정부행정조직

의 결과로 만들어진 영국의 개혁입법 「금융서비스및시장에관한법률
(Financial Service and Markets Bill)」은 금융시장의 통합이라는 금
융환경의 변화에 부응하고 금융시장의 국제경쟁력을 확보하기 위한
것으로 평가된다.235) 이 법에 의거하여, 과거 영국의 금융감독기구
들을 통합하여 설립된 FSA(Financial Services Authority)는 정부로
부터 독립된 비정부조직이고 형식적으로 사법인이며 금융기관으로
부터 징수된 수수료로 운영된다. 현재 영국의 FSA는 광범위한 감
독권한을 행사하고 있지만 의회에 최종적으로 책임을 지며 감독 전
과정에서 소비자의 통제를 받는다. FSA의 설립목적은 ① 금융시스
템에 대한 신뢰성 유지, ② 금융시스템에 대한 국민들의 이해 고양,
③ 소비자 보호, ④ 금융부정사건을 감시·적발·예방하는 것이다.
또한 그 기능을 보면 ① 금융기관 및 증권거래소, 선물중개업자, 투
자자를 포함한 모든 시장참가자를 감독하고 ② 금융기관에 대해서
는 설립에 관한 인·허가 및 임원선임, 건전성 감독, 검사, 지시 및
조치요구, 영업정지 등 광범위한 감독 권한을 보유하며, ③ 내부자
거래 등 부정행위에 대하여 무제한 제재금을 부과하는 등 행정처분
권을 갖고, ④ 공개매수와 관련하여 시장남용행위 여부의 결정권을
보유한다. FSA는 이와 같이 업무의 기능적 성격에 맞추어 조직을

이 금융감독을 담당하고 있다. 그러나 미국의 경우는 정부행정조직
(OCC, 주은행국 등)과 독립적인 전문공적기구(FRB, FDIC, SEC)로
이원화되어 있다.

235) 영국은 1997. 5. 금융감독체계를 9개로 분산된 감독기구에서 1개의
단일감독원(FSA)으로 통합하겠다고 발표하였고 1998년 7월 재무부
가 FSMB를 입안하고 2000년 6월 하원을 통과하였다.

분화하고 있는데 금융감독업무 중 인가·법규집행업무(Authorization
& Enforcement)를 분화하여 '인가국(Dept of Authorization)'에 맡
기고 있는 특색이 있다. 영국 금융감독기구(FSA)의 조직 구성의 특
징을 들자면, 인·허가 업무는 한 부서에서 전담토록 하여 정보의
공유 및 업무의 일관성을 유지하고 있고, 감독정책을 수립하는 주요
정책부서는 인가·감독·집행담당부서와 긴밀한 협조하에 업무를 수
행한다. 또한 금융수요자 보호업무담당 부서를 별도로 설치하여 금
융분쟁처리와 보상절차, 금융수요자교육 및 기타 금융수요자 관련사
항을 전담한다. 그리고 최고경영진을 보좌하고 자문하는 종합정책기
획부서를 설치하여 여러 부서가 연관된 정책수립업무의 조정 및 이
사회에서 요구하는 정책분석업무 등을 담당한다.

　우리의 경우는 비정부조직인 금감원중심으로 통합할 경우 영국과
마찬가지로 업무의 성격에 맞추어 조직을 개편할 필요가 있다. 현재
의 조직과 이에 따른 업무분장은 금융시장의 통합에 대비하기 위해
서 통합금융감독기구를 출범시킨 취지에도 반한다. 그리고 인·허가
업무를 담당할 합의제 조직을 구성해야 한다. 과거 1995년 금융감
독원 설치에 대한 논의가 진행될 때에 합의제 의결기구를 금융감독
원 내에 설치하여 감독 및 검사상의 주요사항을 심의하고 금융분쟁
에 관한 사항을 심의 의결하도록 하자는 안이 있었다.236)

　한편, 영국의 금융개혁은 규제의 틀에 관하여 세분화된 기존의
금융감독기구들을 통합하여 단일화된 금융감독기구를 정부로부터

---

236) "금융감독법안", 국회사무처 법제예산실, 제95-4호 통권 제4호
　　　(1995. 4. 13.).

완전히 독립시켜 설립함으로써 금융감독기구의 일원화에서 더 나아가 은행·증권·보험 등 대부분의 금융상품을 건전성규제와 업무행위규제의 양 측면에서 모두 단일한 규제기준에 속하게 하는 것을 금융감독의 원칙으로 제시하였다. 이런 개혁방향은 21세기 금융감독이 나아가야 할 감독시스템의 새로운 모델을 제시한 것으로 평가되고 있다.

그러나 영국의 경우에도 문제가 없었던 것은 아닌데 FSA 설립 후 FSA의 조직 비대화에 대한 우려와 비판이 심각하게 전개되었는데 이에 대한 대안으로 FSA의 책임성과 투명성을 대폭 강화하는 입법을 하게 되었다. 그 내용을 살펴보면 첫째, 규제목적을 명확히 규정해서 정치적·법률적 책임성을 강화한 것과 규제목적에 합당하지 못한 감독행정을 한 경우 엄격하게 책임을 물을 수 있도록 하였다.[237] 둘째, 명확한 감독지배구조를 구축하였다. 감독위원회 위원장과 위원은 재무부가 임명하되 비상임 이사가 상임이사보다 많도록 한다. 또 비상임 위원으로만 이루어진 별도의 위원회를 두어 자신들의 책임을 명확히 하고 FSA의 감독자원을 경제적이고 효과적으로 사용하도록 하며 FSA의 위원들 급여를 결정하도록 한다. 셋째, 공개적 보고제도를 구축하였다. 연차보고서를 작성해서 연간 이룬 감독실적과 규제목적의 달성 정도를 재무부에 제출하고 보고한다. 또한 동일한 보고서를 국회에 제출한다. 그리고 연차 공개회의를 개최하여 연차보고서에 대해 공개적으로 토의한다. 넷째, 금융감

---

[237] 우리의 경우 「금감법」에 규정되어 있는 규제목적이 명확하지 못하여 이에 대한 책임을 묻는 것이 어려운 구조로 되어 있다.

독당국과 시장주체들 간의 직접적인 대화를 통하여 감독서비스의 향방을 결정하도록 하였다.238) 이를 위하여 우선 소비자 및 업계전 문가 패널을 구성해서 감독관련 법령과 일반적인 지도사항에 대해 공개적으로 협의한다. 이처럼 감독규정의 제·개정에 소비자가 참여 한다는 점이 특징적이다. 이 제도는 금융감독규정의 입법과정에서부 터 독단적 의사를 배제하고 합리적이고 다양한 의사를 수렴하려는 것을 목적으로 한다. 결국 금융감독의 전 과정이 소비자를 위한 서 비스라는 혁신적인 사고에 근거한 것이다. 이런 사고가 전제하는 가 장 중요한 전제요건은 바로 소비자의 협력과 참여라고 볼 수 있 다.239) 한편, FSA는 소비자에게 권한행사 결과를 공표하고 중요감 독정보를 공시하여야 하며 감독투명성을 확보하여야 할 법적 의무 를 부담한다. 그리고 소비자보호를 위해 옴브즈맨(Ombudsman)제도 를 운용할 의무가 있다.240)

---

238) 이 제도는 정부가 금융감독을 담당할 경우에는 거의 불가능하다고 볼 수 있는데 금융감독이 감독수요자에게는 금융상품과 마찬가지로 하나의 가치 있는 서비스상품이기 때문에 소비자의 입장과 의견을 감독서비스에 적극 반영해야 한다는 사고를 담고 있다.

239) 소비자의 협력과 참여는 제도로 구현되어서 비대화된 FSA의 권력에 대한 통제장치로서의 역할을 한다.

240) 결국 우리가 영국의 예를 본받아 금융감독을 통합하였으나 영국 금 융감독법제를 효율적으로 작동하게 하는 감독의 독립성·투명성·책임 성에 대한 철저한 이해 없이 기구의 형식적 조직모형만을 받아들인 격이 되었다. 안상욱·최흥식, 『금융감독체제의 개선방향』, 한국금융 연구원(2001. 5.). 70면.

Ⅲ. 小 結

1. 改編의 方向

현행 금융감독체제를 개편하는 문제는 우리의 금융감독이 급변하는 금융환경에 신속하게 적응하여 금융시장의 건전성을 효과적으로 구현해야 한다는 절대적 당위성에 입각하여 결정되어야 한다. 이런 관점에서 금융감독을 정부조직이 담당하는 것이 적합한지 아니면 비정부조직이 적합한지에 대해서 평가를 해 보아야 할 것이다. 우선 금융감독기구를 정부조직으로 일원화해야 한다고 주장하는 자들은 논거로, ① 금융감독은 국가사무 중에도 국민의 생활관계에 미치는 영향이 중대하기 때문에 사인에게 위탁할 사무가 아니고 국가가 직접 수행해야 할 책임업무라는 점, ② 금융감독을 비정부조직에 맡긴다면 피규제기관과 규제기관의 유착이 심화되어 도덕적 해이가 발생하기 쉽다는 점을 든다. 그러나 일본 금융개혁의 실패는 이런 논거를 무색게 한다. 우리와 유사한 관치금융의 역사를 가진 일본의 경우를 보면, 1990년대 일본의 장기간 경제불황과 금융위기로 인하여 많은 금융기관이 파산하게 되자 전반적인 금융개혁의 필요성이 대두되었다. 특히, 대장성에 속해 있던 금융청을 민간조직으로 분리시켜야 한다는 주장이 강하게 제기되었는데, 개혁논의 중 타협을 거듭한 결과 일본의 금융청은 재무성(구대장성)으로부터 분리는 되었으나 또 다른 정부조직인 내각부 산하로 이관되는 데 그치게 된다.[241] 금융개혁 이후에도 여전히 금융시장의 불안은 계속되어 금융기관과 금융관료가 유착한 금융사고가 빈번해짐으로 인하여 학계는 일본의 금융개혁이 실패하였다고 평가하고 있다. 일본의 금융개혁 실패의 원인은 금융청의 독립성·전문성을 확보하는 데 실패하였기 때문이다.[242] 즉 일본처럼 금융정책·감독기구를 정부 내에 구성할 경우 전통적인 관료우월주의와 경직성으로 인해 금융기관의 건전성을 사전진단하여 지도하는 자문적 성격의 업무를 수행하기 부적합하며 시장주체들도 관료조직의 높은 문턱으로 인해 감독수요를 전달하기 용이하지 않다.

2. 金融環境에 適合한 人事에 대한 要求

우리의 경우, 관치금융의 오랜 관행으로부터 벗어나고 금융환경의 급속한 변화에 적응하기 위해서는 감독업무의 중립성·독립성·전문성을 강화해야 한다. 그러기 위해서는 우선적으로 감독정책의 입법자와 감독정책 수립·집행자들이 역동적으로 변화하는 금융환경에 따라가기보다는 깊은 통찰력과 시장친화적 사고로 무장하여 시장의 미래를 예측할 수 있는 능력을 갖추어야 한다. 그러나 미시경제를 중시하고 관료적 행태를 보이는 공무원 조직이 이런 통찰력과 시장친화적 사고를 지닐 가능성은 매우 희박할 수밖에 없다. 특히 우리

---

241) 재무성은 재정부분을 그리고 금융청은 금융부분을 책임진다.

242) 김대식·윤석헌, "통합금융감독기구의 변천과 향후의 개편방향", 『금융학회지』 제10권 제1호(2004), 228면 각주 24번 재인용.

의 경우 재경부와 감독기구 사이를 순환보직하면서 궁극적으로는 공무원조직 안에서의 직위 상승을 목표로 하는 공무원들에게 상급 기관의 잘못된 정책기조에 반발할 것을 기대하거나 또는 급속한 발전을 보이고 있는 위험관리기법의 지속적인 숙지를 요구한다는 것은 무리일 것이다. 우리의 관료들은 비록 유능한 행정가이기는 하지만 유능한 위험관리자라고 말하기는 어렵기 때문이다.[243]

3. 金監院으로의 統合과 法的 課題

현행 금융감독체제하에서는 금융감독의 최종적 심의·의결기관인 금감위가 합의제 행정기관이기 때문에 집행기관인 금감원의 정부로부터 독립성이 약화될 수밖에 없다. 만일 향후 금융감독 조직의 개편방향을 조직의 독립성을 확보하는 것을 우선 과제로 삼는다면 지금의 금감위-금감원 이원체제를 폐지하고 감독기구를 전부 민간조직화해야 할 것이다.

따라서 위의 내용을 종합적으로 검토해서 개혁안을 제시하자면 우선 비정부조직인 금융감독원에 금감위의 업무를 포함한 금융감독 업무 전반을 통합하는 방법이 최선책이라고 생각한다.[244] 관치금융

---

243) 김대식·윤석헌, "통합금융감독기구의 변천과 향후의 개편방향", 『금융학회지』 제10권 제1호(2004), 231면.

244) 금융감독원과 금융감독위원회의 권한다툼을 해결하기 위해서 금감위를 금감원의 내부의결기구로 하고 금융감독의 중립성확보를 위해 정부조직인 금감위를 독립기구로 하자는 견해는 시민사회에서 계속적으로 나오는 안이다. 고동원, "금융관련법제 정비의 현황과 전망", 『법제연구』 제16호.

재발의 방지와 시장친화적인 금융감독이라는 금융감독의 당면과제와 금융감독의 서비스화라는 세계적 추세에 비추어 볼 때에도 역시 행정부로부터 독립된 금융감독원이 담당하는 것이 적격이다. 따라서 지금처럼 혼란만 가중시키는 반민반관(半官半民)의 통합시스템을 전면개편하여 합의제 행정기관인 금융감독위원회는 폐지시키고 금융감독원 내부에 금융기관의 인·허가 업무를 담당하는 합의제기구를 신설해야 한다. 정부는 단지 금융감독원의 업무를 감시하는 공공감사기구에 참여하는 것이 좋을 것이다.245) 다만, 금융감독업무는 공공성이 크고 직권남용 또는 피감독기관과의 유착우려가 큰 만큼 금융감독원 임·직원에 대해서도 공무원에 준하거나 엄중한 책임과 의무를 부과하는 것이 필요할 것이다. 그러나 금융감독기구를 비정부조직화한다고 해서 모든 문제가 해결되는 것은 아닐 것이다. 비정부조직으로 통합된 단일조직은 지금보다 더 비대화되고 권력이 집중되어 또 다른 관료형 거대집단의 탄생이 우려될 수 있다. 따라서 이 경우 감독기구의 책임성 제고를 위한 효과적인 수단을 모색하는

---

245) 2004. 11. 정부혁신지방분권위원회는 「공공감사에관한법률안」을 입법예고하였는데 이는 공공기관의 독립적·체계적·효율적인 감사활동을 위하여 감사기구의 구성, 감사활동, 감사중복의 조정 등에 관하여 필요한 사항을 규정하고 있다. 이 법률안에 따르면 금융감독원 역시 감사대상기관이다. 공공기관의 감사는 종합감사, 특정감사, 재무감사, 성과감사, 공직기강점검 등으로 구분되며 중복감사를 회피하기 위해 다른 감사기구(감사원을 포함한다)에서 감사한 업무 또는 사항 등에 대하여는 새로운 사실이 발견되거나 중요한 사항이 누락된 경우 등 특별한 사유가 없는 한 당해 감사대상에서 제외하고 이미 행한 감사결과보고서를 활용하여야 한다(법률안 26조).

등 적절한 견제장치를 마련하는 일이 중요한 과제일 것이다.246)

---

246) 공법인으로 통합된 감독기구 내의 최고의사결정기관이 됨으로써 금융
감독체제의 핵심이 되는 합의제 행정기관으로써 금감위의 지배구조
개선방향에 대해서 경제학계의 기본적 논의는 다음과 같다. 1) 우선
국회가 특별법을 제정하여 금감위와 금감원을 공적민간기구로 통합하
고, 금감위는 금감원 내부의 최고 의사결정기구가 되며, 금감원장이
금감위 의장을 겸임한다. 2) 금감원장은 국회의 동의를 받아 대통령이
임명하고, 부원장들은 원장의 제청으로 대통령이 임명한다. 비상임위
원들은 감독유관기관(재경부, 한국은행, 예금보험공사) 추천 3인 및
관련부처(은행연합회, 증권업협회, 보험협회, 상공회의소)가 추천한 민
간금융전문가 4인으로 하되 대통령이 임명한다. 3) 금감위원은 총 11
인으로 하고, 이들 중 원장과 부원장(3인)을 제외한 위원들은 비상임
으로 하며, 비상임위원들의 금융감독업무는 금감원 전직원이 보좌하
게 하고 행정업무는 임원부속실을 설치하여 보좌한다. 4) 금감위와 산
하에 시장업무를 독자적으로 의결하는 합의제 행정기관으로 증권선물
위원회(증선위)를 두되, 위원장, 1인의 상임위원 및 3인의 비상임위원
등 총 5인으로 구성한다. 금감원 수석부원장이 위원장을 겸임하고 상
임위원은 부원장 중 1인이 겸임한다. 5) 금감원장의 임기는 5년 단임
으로 하고, 부원장과 비상임위원들의 임기는 3년으로 하되 연임가능
토록 한다. 6) 금감위(2인)와 증선위(1인)의 비상임위원들 그리고 증선
위 상임위원으로 감사위원회를 구성하되 위원장은 비상임위원 중에서
재경부장관이 선임한다. 7) 금감원은 연 1회 감사원 감사를 받고, 연
1회 이상 국회에 보고서를 제출하며, 요청 시 원장이 국회에 출석 및
답변하도록 한다. 그리고 감독규정의 제·개정과 관련하여 재경부의
재심요구에 응하도록 한다. 8) 일반인 및 감독유관기관의 요청 시 특
별한 사유가 없는 한 감독정보를 공개하도록 의무화한다. 9) 금감원
예산과 관련하여 분담금의 법정한도는 대통령령으로 정하고, 법정한
도 내에서 분담요율과 납부에 관한 사항들은 금감위가 정하도록 한다.
김대식·윤석헌, "통합금융감독기구의 변천과 향후의 개편방향", 『금
융학회지』 제10권 제1호(2004), 223~232면 이하.

第 4 章

金融監督의 作用·手段의 法的 課題

第1節 金融監督과 預金者保護

Ⅰ. 預金者保護의 意味

1. 意 義

금융감독의 주요 목적 중 하나는 예금자를 보호하는 일이다(「금감법」제1조). 예금자가 자신이 가진 돈을 직접 보유하지 않고 금융기관에 예치하는 것은 금융기관의 안정성을 예금자가 신뢰하기 때문이다. 만일 예금자가 금융위기, 예치 금융기관의 부실경영 등의 원인으로 인해 예금을 예치한 금융기관이 파산하여 자신의 예금을 회수하지 못하게 된다면 이는 예금자 개인의 피해로 끝나는 것이 아니라 금융질서 전체의 위기로 이어질 것이다. 왜냐하면 예금자들은 더 이상 금융기관을 신뢰하지 않을 것이며 자신의 돈을 금융기관에 예치하지 않을 것이기 때문이다. 또한 예금자보호의 문제는 금융위기가 없는 평상시에도 중요한데, 예를 들면, 은행의 과다한 수수료 인상은 예금자 보호에 대한 정책적 논쟁을 불러일으킨다. 은행들이 예대마진 이외에 수익성 확보 차원에서 경쟁적으로 은행 수수료를 인상하려고 할 때에, 이에 대해 감독당국이 제재할 적당한 수단이 없다. 미국의 경우에도 몇 년 전에 현금자동입출금기(ATM)이나 카드수수료가 지나치게 비싸서 州정부가 이를 규제하려는 움직임을 보인 적이 있으나 영업권을 침해할 소지가 있다는 이유로 실패한 사례가 있다.[247] 그러나 수수료 인상담합은 단순히 금융감독의 제재가능성여부와 상관없이 금융기관 스스로 자제할 문제이다. 과도한 수수료인상은 예금자의 이익을 해치는 결과를 초래함과 더불어서 금융기관의 신뢰도를 떨어뜨리는 결과를 야기하기 때문에 금융기관 역시 피해를 받게 된다. 따라서 전체 금융질서를 지탱하는 근본적인 가치이자 이념이라고 할 수 있는 예금자보호의 의미는 금융시장의 자율성의 의미와 조화롭게 이해되어야 한다. 수수료의 예에서 보듯이 금융기관의 자율성이 수수료 담합으로 이어진다면 예금자보호의 의미는 퇴색될 수밖에 없다. 그러므로 금융시장의 자율성을 보장하는 우리 헌법의 정신이 궁극적으로 금융수요자의 보호, 즉 예금자보호에 있다는 점을 인식하고 엄격한 자율규제가 이루어져야 할 것이다. 결국 예금자보호는 금융시장과 금융감독의 자율과 통제의 조화가 지혜롭게 이루어져야 도달될 수 있다. 따라서 예금자보호를 담당하는 정책자나 금융감독당국은 예금자보호라는 궁극적 정책이념을 정책성립과 집행과정에서 실현시켜 나아가야 한다.

2. 預金者保護制度의 沿革

예금자보호제도는 예금보험기구가 퇴출금융기관의 예금자를 위해

---

247) Ginger Ann Bagley, Can't get money for nothing - An analysis of ATM surcharge ban demand -, North Carolina Banking Institute (April, 2002).

예금대지급하도록 하는 제도로서 예금자의 예금손실에 대한 불안감을 제거시킴으로써 금융질서를 안정시키는 역할을 수행한다.

이처럼 금융질서의 안정판 역할을 하는 예금자보호제도의 효시는 미국이다. 대공황(Great Depression)을 겪은 미국은 1933년에 금융제도의 안정과 예금자보호를 위한 은행법을 통과시켜 연방예금보험공사(FDIC: Federal Deposit Insurance Corporation)를 설립하였다.[248] 이후 1980년대 저축대부조합(S&L: Savings & Loans association)의 대규모 도산으로 연방저축대부보험공사(FSLIC: Federal Savings & Loan Insurance Corporation)가 지급불능상태에 이르자 1989년 관련법 개정으로 연방예금보험공사에서 저축대부조합의 예금보험업무까지 담당하게 되었고 1991년 연방예금보험공사개선법(FDICIA: Federal Deposit Insurance Corporation Improvement)을 제정하여 적기시정조치제도, 최소비용원칙이 도입되면서 연방예금공사의 권한이 대폭 강화되었다.[249] 그런데 연방예금공사는 복잡한 은행체계를

---

248) 20세기 초기 예금보험제도는 8개 주만이 채택하였다. 초기 미국의 예금보험제도의 성립을 설명한 논문으로, Intaek Han, The Origins of Deposit Insurance, Korean Political Science Review Vol.40 No.4(2006. 12), 85~105면.

249) 1980년대 미국의 저축대부조합(S&L)의 경우, 감독기관인 연방주택대출은행이사회(FHLBB)는 적절한 조치를 취하지 못하고 연명정책을 지속하여 S&L의 도산을 초래했고, S&L의 예금보호기관이던 연방저축대부조합보험공사(FSLIC)는 S&L의 도산에 따른 예금대지급으로 1986년 기금잔액이 46억 달러에서 63억 달러 적자로 돌아섰고, 1987년에는 지원받은 금융공사(FICO)채권 75억 달러를 소진하여 결국 1989. 8.에 폐쇄되었다.

갖춘 미국 금융시장의 안정성관리를 효과적으로 하고 있다. 한편,
미국의 예를 본받아서 많은 나라들이 건전경영규제의 한 형태로서
예금보호제도 또는 예금보호기구를 운영하고 있는데, 예금보호기구
의 기본목적은 예금환불신청의 쇄도를 방지하여 은행제도의 안정성
을 보호하는 것으로써 이러한 기구에의 가입은 강제적으로 이루어
지는 경우가 보통이다. 예금보호기구는 소액 예금자를 보호하는 데
에도 이바지함으로써 소형은행들 간의 경쟁을 촉진시키고 건전경영
규제체계를 개선하고 감독의 효율성을 제고시키며 금융개편계획을
보다 원활하게 운영할 수 있도록 하는 역할을 한다. 그러나 예금보
호제도가 긍정적인 면만 있는 것은 아니다. 금융기관과 예금자의 도
덕적 해이를 촉발시킬 소지도 있다. 부적절하고 비효율적인 금융감
독체계를 갖고 있는 나라에서는 예금보호제도가 제공하는 안정성을
불건전하고 위험도가 큰 금융거래를 취급하도록 유도하는 결과를
초래한다. 따라서 예금보험기구의 설립은 각 나라의 관리능력, 금융
제도, 예금자의 수준 등을 고려하여 결정해야 한다.[250]

Ⅱ. 預金保險制度

금융기관은 예금자로부터 유동성 자금을 예치받아서 비유동성 자
산에 투자하기 때문에 기본적으로 내재적인 불안전성을 갖고 있다.
또한 '선착순 지급의 원칙'에 따라서 예금자는 예금을 즉시 인출할

---

250) 금융감독원, "21세기 금융환경과 금융감독"(2004. 4.), 175면.

권리를 갖기 때문에 금융불안이나 예금은행의 파산위험 등으로 예금인출의 동기가 발생하면 대량인출사태(bank run)가 발생하고 이는 건전한 금융기관까지도 유동성 부족에 빠뜨릴 위험이 있다. 만일 금융시장의 유동성 위기가 닥치면 금융산업의 경우 외부효과가 크기 때문에 급속도로 국가경제 전체의 위기로 진행된다.[251] 이러한 위기상황을 미연에 방지하기 위해서는 예금자보호제도와 금융감독제도가 상호보완적 법체계를 이루고 있어야 하며 이들 법제의 집행기관인 예금자보호기구와 금융감독당국의 협력이 필수적이다. 즉금융감독의 목적 중의 하나인 금융질서의 안정을 위해서는 금융질서를 구성하고 있는 금융기관에 대한 예금자의 신뢰가 무엇보다도 중요한데 예금자보호제도는 이런 신뢰를 담보하는 기능을 하는 것이다. 따라서 금융감독, 예금자보호의 양 제도가 시너지 효과(synergy effect)를 발휘하여 효율적으로 운용된다면 금융시스템을 보다 안정시킬 수 있다.

또한 예금자보호를 위한 효과적인 법체제의 구축은 금융감독과 공동의 목적을 실현시켜 간다는 의미가 있다. 예금자보호와 관련한 「금감법」의 규정을 검토해 보면, 금융감독의 목적으로써 금융감독위원회와 금융감독원은 예금자를 보호해야 한다고 명시하고 있어서 (「금감법」 제1조) 금융감독제도와 예금자보호제도의 목적이 동일함을 규정하고 있다. 따라서 금융감독당국과 예금자보호제도를 전담하

---

251) 외부효과는 파산은행의 채권을 가지고 있는 은행(또는 거래기업)의 연속된 파산으로 예금자들이 은행을 기피하거나 은행이 대출을 기피하는 형태로 나타난다.

고 있는 예금보험공사는 동일한 목적을 지향하는 기관이다. 그러므로 이 동일한 목적조항은 예금보험공사가 금융감독기구와 함께 동일 목적을 달성하기 위한 효과적인 협력관계를 구축할 정당성을 부여한다. 또한 「금감법」에서 예금보험공사 사장은 금융감독위원회의 당연직 위원이 됨으로 인하여(「금감법」 제2조), 금융감독의 의사결정에 예금보험공사가 참여할 수 있도록 하였다. 이와 더불어서 금융감독당국도 예금자보호와 관련하여 일정한 권한을 갖는데, 금융감독위원회는 금융기관의 파산 또는 예금지급불능의 우려 등 예금자의 이익을 크게 해칠 우려가 있다고 인정되는 때에는 예금수입 및 여신의 제한, 예금의 전부 또는 일부의 지급정지 기타 필요한 조치를 명할 수 있다(「은행법」 제44조). 이를 위하여 금융감독원장은 금융기관의 업무와 재산상황을 검사한다(「은행법」 제48조).

1. 韓國의 預金保險

한국은 금융위기를 예정하고 예금자보호제도를 운영되고 있으며 은행의 불안전성과 외부효과 등으로 인한 예금자의 피해를 보전하기 위해 1995년 「예금자보호법」(법률 제7615호)을 제정하여 예금보험공사를 설립하였다. 예금보험제도는 금융산업에 있어서 규제의 역할 및 금융시스템의 구조와 긴밀한 관련성을 갖는다.[252]

---

252) 「예금자보호법」에 의하여 설립된 예금보험공사는 외환위기 이후 실시된 금융구조조정과정에서 은행을 비롯한 금융기관의 퇴출에 따른 정리금융기관의 설립 등 부실금융기관의 정리에 큰 역할을 하였다.

예금보험은 동일한 종류의 위험을 가진 사람들이 평소 기금을 모아 위기에 대비하는 보험원리를 이용하여 예금자를 보호하는 제도이다. 예금보험에 가입한 금융기관이 예금의 지급 정지, 영업 인·허가의 취소, 해산 또는 파산 등으로 고객의 예금을 지급할 수 없게되는 경우를 '예금보험사고'라고 하며, 이러한 예금보험사고가 발생한 경우에 예금보험공사가 해당 금융기관을 대신하여 예금자의 피해를 최소화하기 위해 지급하게 된다.[253] 「예금자보호법」에 의해설립된 예금보험공사는 평소 금융기관으로부터 예금보험료를 받아예금보험기금을 적립한 후, 금융기관이 예금을 지급할 수 없게 되면금융기관을 대신하여 예금을 지급하게 된다. 예금보험은 예금자를보호하기 위한 목적으로 예금자보호법에 의해 운영되는 공적보험이기 때문에 예금을 대신할 재원이 금융기관이 납부한 예금보험료만으로 부족할 경우에는 예금보험공사가 직접 채권을 발행하는 등의방법으로 재원을 조성한다. 예금보험제도는 예금자의 신뢰도를 제고해서 은행제도의 안정성을 높이는 반면에 예금자의 감시유인을 낮추고 은행의 위험추구 유인을 증대하는 도덕적 해이를 초래할 수있으므로 이를 방지할 적절한 방안을 마련해야 한다.[254]

예금보험제도에 관한 실증연구의 주요한 결론은 예금보험제도를

---

253) 고동원, "금융관련법제 정비의 현황과 전망", 『법제연구』 제16호.

254) 논의되는 방안으로는 예금보험의 보호한도, 공동책임제도의 도입, 예금보험기금, 리스크연동 예금보험요율도입, 예금보험제도의 의무가입 등이 있다. 금융감독원, "21세기 금융환경과 금융감독"(2004. 4.), 372면.

도입하고 있는 국가가 그렇지 않은 국가에 비해 금융위기를 극복하는 비용이 낮다는 것과 금융위기의 발생 가능성을 낮춘다는 것이다.[255] 그러나 우리의 경우, 예금보험공사가 금융위기를 방지하는 안정화 기능에서 차지하는 비중이 다른 기관에 비하여 높지 못하다.

2. 預金保險公社의 機能强化

(1) 必要性

금융감독당국이 독립성, 전문성, 책임성을 바탕으로 효과적인 감독업무를 시행하기 위해서는 금융시장의 자율성을 존중하고 예금자보호를 우선시하는 정책을 일관되게 유지해야 한다. 특히, 예금보험제도는 금융산업에 있어서 규제의 역할 및 금융시스템의 구조와 밀접하게 연결되어 있으므로 예금보험제도를 담당하고 있는 예금보험공사에게 금융감독당국의 일부 권한을 이전하는 문제에 대하여 논의가 있다. 이런 논의의 배경에는 IMF 외환위기를 극복하는 과정에서 예금보험공사의 역할과 기능이 축소되었다는 사실에 근거한다. 당시, 금융감독위원회가 대규모 구조조정을 지휘하며 부실금융기관의 판단 및 처리방법 결정의 절대적 권한을 갖는 반면에 예금보험공사는 구조조정자금을 지원하는 역할만을 수행하였다. 이 때문에 구조조정의 실질적인 이해당사자이자 후원자라고 볼 수 있는 예금보험공사는 부실금융기관의 판정 및 정리방식 결정에 있어서는 제

---

255) 금융감독원, "21세기 금융환경과 금융감독"(2004. 4.), 372면.

한된 권한만을 가짐으로써 부실금융기관의 처리과정에 비효율이 발생하였다는 비판이 있었다.

사실 예금보험공사는 건전한 기금유지를 위하여 부실금융기관 처리에 있어서의 비용을 최소화하려는 충분한 동기가 있으므로 금융기관의 부실화를 조기에 발견해야 하는 가장 큰 필요성을 가진 조직이기 때문에 예금보험공사는 금융기관이 정상적으로 운영되는 단계부터 부실처리 단계까지 지속적으로 개입해야 할 필요가 있다. 그러기 때문에 현재 예금보험공사가 갖는 금융감독기능을 보다 강화해야 한다는 논리는 설득력이 있다. 금융감독당국와 예금보험공사 간의 의견 불일치로 인해 부실금융기관의 정리에 차질이 발생하고 정리절차에 있어서 비능률적인 장애요인이 발생할 소지가 언제든지 있기 때문에 금융기관 구조조정과 관련된 금융기관감독권한을 예금보험공사에 부여하고 감독유관기관과의 긴밀한 업무협력체제를 강화하는 것이 필요할 것이다.256)

이에 따라서 금융감독당국과 감독관련 정보를 공유하는 것을 포함하여 감독기능을 균점하여 예금보험공사가 부실금융기관의 발생을 사전에 예방하고 신속한 조치를 취할 수 있도록 해야 한다. 또한 필요한 경우에는 영업정지권한 등 독립적인 감독권한을 예금보험공사가 수행할 수 있도록 해서 보험기금의 보호를 위해 공사가 적극적으로 개입할 수 있어야 한다. 그리고 최소비용원칙 적용의 구체적인 기준을 마련하여 부실금융기관의 정리가 효율적으로 수행되

---

256) 박경서, "금융위기 관리와 예금보험공사의 성과 및 향후 과제", 『금융연구』, KDIC 제3권 제1호 (2002. 3.), 27면.

도록 하여야 할 것이다. 특히 보험가입 승인 및 종료 결정권을 부여해서 예금보험공사가 부보금융기관만을 보호하는 방안도 고려할 수 있다. 보험가입의 종료 결정은 사실상 퇴출을 의미하는 것과 같으므로 금융시장의 불안을 야기할 수 있으나 각 금융기관이 보험가입을 유지하기 위해 경영의 효율성과 재무건전성에 보다 많은 주의를 기울임으로써 도덕적 해이 문제를 감소시킬 수 있을 것이다.

(2) 美國의 例

예금보험제도와 금융감독의 연계시스템이 잘 갖추어진 미국의 예를 검토해 보면, 미국의 예금보험제도는 연방예금보험공사(FDIC)가 일정한 영역에서 금융감독기능을 예금자보호기능과 함께 수행함으로 인하여 부실금융기관의 적정하고 신속한 처리가 가능하다.

또한 우리의 경우, 강제적으로 모든 금융기관이 예금보험에 가입하도록 되어 있는 반면에, 미국의 경우, 연방준비제도에 가입되어 있지 않은 주법은행과 저축은행은 보험가입을 위해 연방예금보험공사(FDIC) 이사회의 승인을 받아야 하고 ① 부보금융기관의 임원이 불건전 영업행위에 관여하였거나 관여하고 있는 경우, ② 부보금융기관이 예금기관으로써 영업을 계속하기에 불안전한 상태에 있는 경우, ③ 부보금융기관이나 임원이 법률·규정·명령 또는 공사가 부과한 조건이나 협약을 위반한 경우에는 연방예금보험공사(FDIC)가 보험의 지위를 강제로 종결할 수 있도록 하고 있다.[257] 그리고

---

257) 전성인, "예금보험과 금융감독 — FDIC의 감독관련 제권한을 중심으

연방예금보험공사(FDIC)는 리스크관리에서 부실기관정리까지의 모든 정보가 일관되게 처리되는 시스템이 구축되어 있어서 최소비용 분석에 필요한 모든 정보를 제공받을 수 있다.

또한 연방예금보험공사(FDIC)는 적기시정조치제도를 운용하면서 가입금융기관을 자기자본 충실도에 따라 분류하여 부실이 우려되는 금융기관에 대해서는 조기에 개입할 수 있는 광범위한 권한을 가지고 있다. 그리고 연방예금보험공사(FDIC)가 소요비용, 금융시스템의 안정, 시장규율의 확립, 공평성과 일관성 등을 고려하여 지원비용을 최소화하는 정리방식을 선택할 수 있다.[258]

이처럼 연방예금보험공사(FDIC)에게 일정한 권한을 주면서 이 권한을 행사하는 데 비용을 최소화할 수 있는 방안을 선택할 수 있도록 한다는 것은 금융감독의 분담금을 대부분 금융기관이 부담하고 있는 우리의 경우에 시사하는 바가 크다. 만일 금융감독비용이 최소화되도록 감독행정이 이루어진다면 그만큼 분담금비용도 줄어들 수밖에 없고 동시에 금융기관의 부담도 줄어들 것이다.

(3) 向後 課題

예금보험공사가 독립적으로 금융기관을 감독하여 효과적이고 필요한 조치를 취할 수 있게 된다면 금융기관 부실화를 예방할 수 있

로 —", 『금융연구』 제2권 제2호, KDI(2001), 35면 이하.

258) 전성인, "예금보험공사의 향후 진로와 과제", 『경제연구』 제17집, 홍익대학교 경제연구소(2003), 89면.

음은 물론이고, 이미 부실화된 금융기관을 처리하는 데 있어서도 실효적일 것이며, 종국적으로는 금융기관의 부실화로 인한 피해가 국민경제에 미치는 영향을 최소화할 수 있을 것이다. 이는 '예금자보호'를 금융감독의 목적으로 삼는 「금감법」의 취지에도 부합하는 것이다. 따라서 예금보호기능에 충실한 기관이 전반적인 금융정책과 감독시스템에서 강화된 권한을 행사할 필요가 있다.

그러나 현행 법제에서는 예금보험공사가 부실금융기관 예방과 처리업무를 수행함에 있어서 필요한 금융감독기능을 독자적으로 수행할 수 없다. 일부 금융정책기능과 금융감독 전반을 독점하고 있는 통합금융감독체제 때문이다. 다시 말해서, 현 법제하에서 예금보험공사가 관련정보를 독자적으로 확보하고 조사하는 것은 불가능하다. 예금보험공사가 부실금융기관에 대해 신속한 처리를 원한다고 하더라도 금융감독원 등 감독유관기관의 긴밀한 협조관계가 없이는 일의 진행이 불가능하다.[259)]

따라서 앞으로는 금융감독당국이 예금자보호업무에 있어서 예금보험공사와 긴밀한 협조체제를 구축해야 한다. 이를 위해서 금융감독당국은 예금자보험제도를 전담하고 있는 예금보험공사의 역할과 위상을 존중해야 할 의무가 있다. 또한 예금보험공사 역시도 예금보험공사의 기능, 사업의 목적, 조직구조, 인력확보 등 공사의 사업전반에 걸쳐 조직 재정비를 해야 할 것이다. 이제까지 예금보험공사는 금융위기상황에 대처하기 위한 잠정적이고 보조적인 조직으로써 인

---

259) 박경서, "금융위기 관리와 예금보험공사의 성과 및 향후 과제", 『금융연구』제3권 제1호, KDIC (2002. 3), 27면.

식되어 왔었다. 특히, 예금보험공사가 설립된 지 얼마 지나지 않아 IMF 외환위기를 맞음으로써 예금보험공사가 자체의 내부역량을 키우기는 쉽지 않았다. 더군다나 부보금융기관의 건전성을 판단하는 데 기초가 되는 위험관리체계도 미흡하고 평가기준도 제대로 마련되지 못하였다. 그러나 이후, IMF의 권고를 받아들여서 BIS 자기자본기준이나 '신자산건전성분류기준'을 도입하여 부보금융기관의 재무 건전성 등을 합리적으로 평가할 수 있게 됨으로 인하여 금융기관의 리스크 측정 능력이 향상되어 예금보험공사의 역할 역시 증대될 수 있었다. 즉 위에서 말한 금융기관의 리스크 평가를 기초로 해서, 예금보험공사가 금융시장에 해당 금융기관의 부실에 대한 정보를 제공하고 금융기관을 예금보험의 대상에서 제외시킨다면 그 자체만으로도 해당 금융기관이 금융시장에서 퇴출되는 강력한 요인으로 작용하기 때문에 예금보험기구의 역할 강화는 금융기관의 도덕적 해이를 사전 방지하는 데 효과가 있다. 물론 가입여부를 예금보험공사가 승인하는 시스템으로 전환할 경우 부실금융기관을 사전에 보험대상기관에서 제외해서 예금보호기금을 보호하는 효과는 더욱 커진다. 다만 이러한 조치가 당해금융기관의 자금인출사태로 이어져 부실화를 가속화시키는 불안정 요인으로 작용한다는 문제점을 갖는다. 따라서 예금보험기구가 특정기관에게 부과되는 요율을 포함하여 시장에 제공하는 정보의 양의 선택문제는 금융시장의 안정여부, 금융감독원 등에 의해 부과되는 적기시정조치와의 조화 등을 고려하여 결정되어야 할 것이다.[260]

第2節 金融市場의 少數者 保護

I. 意 義

금융감독 진정한 목적은 금융시장의 안정성 확보와 예금자보호라고 말할 수 있다. 이와 관련하여, 특히 금융시장의 약자라고 할 수 있는 서민과 중소기업의 보호 문제가 최근 금융감독의 중요한 정책적 과제가 되었다. 일반적으로 금융시장에서 그들이 차지하는 위치는 매우 열악하므로 사회적 약자 또는 소수자 보호와 배려 차원에서 이 문제를 접근해야 할 것이다.[261] 왜냐하면 오늘날 민주주의가 제대로 기능하기 위해서는 소수자나 사회적 약자의 보호가 중요한 전제조건이며 이에 대한 엄밀한 인식이 없이는 민주주의가 구성원 간의 동질성을 상실하고 부분사회의 질서로서 기능할 수 있을 뿐이며, 극단적으로 국가공동체가 해체되는 결과를 가져올 것이기 때문이다.[262]

---

260) 박경서, "금융위기 관리와 예금보험공사의 성과 및 향후 과제", 『금융연구』 제3권 제1호, KDIC (2002. 3.), 27면.
261) 헌법상 소수자보호의 문제는 민주주의 원리, 사회국가원리의 실현 등을 기초로 한다.
262) 전광석, 『한국헌법론』, 법문사(2006), 64면.

II. 庶民金融의 保護

오늘날 경제위기의 최대 피해자는 대부분 서민과 중소기업이라는 사실을 볼 때, 사회안전망의 구축 차원에서 개인의 재무관리의 미숙으로 돌릴 수 있는 문제를 포함하여 국가의 잘못된 정책판단으로 인해 발생한 이들의 피해에 대해서 국가는 헌법 제10조, 제34조 제2항, 제5항, 제6항, 제69조, 제123조 제3항 등에 의거해서 적극적인 구제입법과 구제행정을 통하여 이들을 보호해야 할 헌법적 의무를 부담한다고 볼 수 있다.[263]

이에 대한 대표적인 입법으로 「대부업의등록및금융이용자보호에관한법률」(이하 「대부업법」)이 있다. 과거 서민금융의 중요한 축을 담당했던 대부업(貸付業)은 고리(高利)로 인해 초고금리, 불법자금모집, 신체포기각서 등으로 대표되는 불법적인 채권대체이행계약 등 각종 사회문제를 일으키는 원인이었으며 서민들의 생활고를 가중시키는 이유이기도 하였다.

---

263) 헌법 제10조 "모든 국민은 인간으로서의 존엄과 가치를 가지며, 행복을 추구할 권리를 가진다. 국가는 개인이 가지는 불가침의 기본적 인권을 확인하고 이를 보장할 의무를 진다", 제34조 제2항 "국가는 사회보장·사회복지의 증진에 노력할 의무를 진다", 제5항 "신체장애자 및 질병·노령 기타의 사유로 생활능력이 없는 국민은 법률이 정하는 바에 의하여 국가의 보호를 받는다", 제6항 "국가는 재해를 예방하고 그 위험으로부터 국민을 보호하기 위하여 노력하여야 한다", 제69조 "대통령은 국민의 자유와 복리의 증진을 위하여 대통령으로서의 직책을 성실히 수행할 의무가 있다", 제123조 제3항 "국가는 중소기업을 보호·육성하여야 한다."

그럼에도 불구하고, 1997. 금융위기 당시, 경제 활성화의 일환으로 「이자제한법」264)을 폐지함으로써 대부업자들의 불법행위가 우려되었다. 이에 대부업자들로 인한 피해를 예방하기 위해서 규모를 갖춘 대부업자들의 등록을 의무화하였고 그들을 규제하기 위한 법제로 「대부업법」을 제정·공포하였다.265)

대부업에 대한 감독당국의 규제내용을 검토해 보면, ① 대부업을 영위하려는 자는 시·도지사에게 등록해야 한다. 따라서 일정한 요건을 갖추지 않은 자는 대부업을 영위하지 못하게 하였다(「대부업법」 제3조, 제4조). ② 대부계약을 체결하는 경우 서면으로 계약의 구체적 내용을 작성하여 거래상대방에게 교부해야 한다(「대부업법」

---

264) 이 법에 의하여 금전대차에 관한 계약상의 최고이자율은 연 4할을 초과하지 아니하는 범위 안에서 대통령령으로 정하도록 되어 있었다. 그러나 대차원금이 5,000원 미만의 이자에 관하여는 이 법이 적용되지 아니하고(1조), 계약상의 이자로서 이 제한을 초과하는 부분은 무효로 하는 조항(2조), 예금(預金)·할인금·수수료·공제금·체당금(替當金) 기타 여하한 명칭에도 불구하고 금전의 대차에 관하여 채권자가 받는 것은 이를 이자로 간주하는 조항(3조), 그리고 법원은 당사자가 금전을 목적으로 한 채무불이행에 관하여 예정한 배상액을 부당하다고 인정한 때에는 상당한 액까지 이를 감소할 수 있게 하는 조항(4조) 등이 주요한 법의 주요한 내용을 이룬다. 1911년의 제령(制令) 제13호 「이식제한령」에 대체된 법률이며 전문 4조와 부칙으로 되어 있다. 1998. 1. 13. 「이자제한법폐지법률」에 의하여 폐지되었다.

265) 이 법은 대부업의 등록 및 감독에 관하여 필요한 사항을 규정하고 대부업자와 여신금융기관의 불법적 채권추심행위 등을 규제함으로써 대부업의 건전한 발전을 도모하는 한편, 대부업자 및 여신금융기관의 거래상대방을 보호하는 것을 목적으로 하고 있다(제1조).

제6조). 특히, "거래부대비용"과 "거래상대방보호에 필요한 사항"을 계약서에 명시하도록 했다. 과거, 구두로 계약을 하여 거래부대비용을 대부업자가 임의로 계산하거나 계약조건을 임의로 변경하는 일이 많았기 때문에 이를 방지하고자 한 것이다. ③ 과잉대부를 금지한다. 대부업자는 대부계약을 체결하고자 하는 자의 재력·신용·부채상황 및 변제계획 등을 감안하여 변제능력을 초과하는 대부계약을 체결하여서는 아니 된다(「대부업법」 제7조). 만일 거래상대방의 변제능력을 초래한 경우, 강행규범의 위반으로 민법상 계약 취소나 무효의 법리가 적용될 것이다. ④ 대부업규제에서 가장 핵심이 되는 부분으로 이자율의 제한이 있다. 이자제한법을 폐지했지만 고금리의 폐해를 방지하고자 대부업자가 개인 또는 소규모 법인에게 대부를 하는 경우, 이자율은 연 100분의 70의 범위 이내에서 대통령령이 정하는 율을 초과할 수 없도록 하였다(「대부업법」 제8조 제1항). 이자율을 산정함에 있어 사례금·할인금·수수료·공제금·연체이자·선이자 등 그 명칭에 불구하고 대부와 관련하여 대부업자가 받는 것은 이를 이자로 본다(제2항). 이는 계약 이자율 이외의 명목으로 이익을 취하는 행위를 방지하도록 한 것이다.

위의 이자제한규정을 위반했을 때에는 이자계약은 이를 무효로 하며 채무자가 그 초과부분에 대한 이자를 변제하였을 경우에는 그 반환을 청구할 수 있다(제3항). 이 조항은 이자제한규정에 강력한 사법적 효력을 부여함으로써 서민금융의 보호라는 본 법의 취지를 뒷받침하고 있다. 또한 ⑤ 대부업체의 거래상대방에게 각종 불법적인 채권추심행위를 금지하고 있다(「대부업법」 제10조). 만일 이를 위반했을 경우에는 5년 이하의 징역 또는 5천만 원 이하의 벌금에 처한다(「대부업법」 제19조 제1항). 그리고 ⑥ 시·도지사는 대부업자에 대하여 그 업무 및 업무와 관련된 재산에 관하여 보고하게 하거나 자료의 제출 그 밖에 필요한 명령을 할 수 있으며 소속공무원으로 하여금 그 영업소에 출입하여 그 업무 및 업무와 관련된 재산에 관하여 검사하게 할 수 있다(「대부업법」 제12조).

그러나 이 법 시행 이후에도 여전히 고금리 대부와 불법채권추심이 계속되고 있어서266) 「대부업법」에 의거한 강력한 규제에도 불구

---

266) 금융감독원의 설문조사에 따르면, 장기화된 경기침체로 서민생활이 어려워지면서 2004년 한 해 동안 대부업체나 이른바 '카드깡' 등 사금융을 이용한 사람 10명 중 7명이 생계유지를 위해 사금융을 찾은 것으로 조사되었다. 카드깡이란 신용 카드 매출전표를 불법으로 할인해 탈세와 폭리를 취하는 행위를 말한다. 급전이 필요한 일반인의 카드를 이용해 유령 카드가맹점을 통해 마치 물건을 할부구매한 것처럼 가짜 전표를 만들어 신용카드사에서 돈을 받아 고율의 수수료를 챙긴 뒤 나머지 금액을 꿔주는 행위를 뜻한다. 조사결과를 검토해 보면 2004년 사금융 이용자 중 과소비나 유흥비 때문에 사금융을 찾은 사람은 10%에 지나지 않았다. 구체적으로 보면 과도한 쇼핑 6%, 술과 오락 등 유흥비 3%, 경마 등 도박 1%였다. 이는 지난 2002년의 조사결과 25%와 2003년의 19%와 비교해서 크게 줄어든 것이다. 반면 부도 등 사업실패 28%, 병원비나 교육비 등 급전 필요 22%, 실직 16% 등의 이유 때문에 사금융을 찾은 사람은 무려 66%나 됐다. 이처럼 생계유지를 위해 사금융을 이용한 사람의 비중은 2002년 46%, 2003년 59%, 2004년 66%로 해마다 증가하고 있다. 또 자영업자의 사금융 이용 비중은 줄어든 반면, 회사원과 주부, 서비스업 종사자의 비율은 2002년 54%에서 2004년 71%로 급증해, 경기침체에 따른 경제적 어려움이 여러 계층으로 확산되고 있는 것으로 나타났다. 어려워진 경제 여건 탓에 과소비나 유흥비 마련을 위해 사금융을

하고 급전이 필요한 서민 보호의 규제목적을 제대로 달성하지 못하고 있다.[267)

대부업 규제와 관련하여 문제점을 지적하자면, 대부업체에 대해 지나치게 엄격한 규제를 법에 예정하고 있어서 탈법적 행위를 조장하는 면이 있다는 것이다. 또한 현재 대부업체에 대한 금융감독권한은 시·도지사가 갖고 있는데 감독인력의 부족으로 인해 고금리·불법적 추심 등의 대부업체들의 불법행위에 대해 대처하는 능력이 크게 떨어진다는 점을 지적할 수 있겠다. 따라서 서민금융시장의 자율성을 보장하고 금융수요자인 서민을 궁극적으로 보호하기 위해서는 전문감독인력을 보충하여 상시적 검사체제를 갖추어야 하며 일정한 규모 이상의 대부업체는 금융감독권한을 현행 시·도지사에서 전문적 감독능력을 보유한 금융감독위원회와 금융감독원으로 이전해야 한다. 또한 제도권 금융기관들은 신용평가기법 등 인프라를 바탕으로 사금융 이용자들이 제도권 금융기관을 이용할 수 있는 대출상품들을 개발해야 하고, 신용회복지원제도도 확충해야 할 것이다. 그리

이용하는 사람은 크게 줄어든 대신에 사업 실패나 실직 등에 따른 '생계유지형' 사금융 이용자가 늘고 있는 것으로 판단된다. 사금융을 통해 마련한 돈으로 상당부분을 신용카드 연체나 은행 대출금 정리 등 기존 부채 상환에 쓴 것으로 조사됐다. "사금융 이용실태 분석을 위한 설문조사 실시결과 및 시사점", 금융감독원(2005. 1.).

267) 가계부실이 이어지면서 대부업체의 대여금의 연체율이 크게 올라가고 있다. 이는 곧 대부업체의 경영부실로 이어지고 이들에게 자금을 대준 상호저축은행 등 제도권 금융기관의 동반 부실로 이어질 가능성이 높다. 중앙일보 경제 1면(2003. 10. 13.).

고 개인 및 개인사업자 중 협약 등에서 규정하는 일정 요건을 갖춘
채무자를 대상으로 상환기간의 연장, 분할상환, 이자율 조정, 변제
기 유예, 채무감면 등의 채무조정 수단을 통해 경제적으로 재기할
수 있도록 지원하는 방안을 강구해야 한다.[268] 그리고 대부업자들
도 자율적인 정화기능을 담당하여야 하고 회계기준도 투명하게 하
는 것이 필요할 것이다.

Ⅲ. 中小企業金融의 保護

금융시장의 소수자보호문제로서 중소기업금융의 보호가 있다. 60,
70년대 경제개발의 초기에는 대규모 기업집단 중심으로 경제성장을
계획·시행하였기 때문에 중소기업은 정책적 고려의 중요대상이 아
니었다.[269] 그러나 1980년대에 들어서면서, 정부는 중소기업보호의
중요성을 인식하게 되었고 비록 선언적이기는 하지만, 헌법에 국가
의 중소기업의 보호·육성의 의무조항을 두었다.[270] 그래서 이후,
일부 산업에 대해 중소기업의 고유 영역을 지정하기도 하였고 세제

---

268) "서민금융·내실화대책", 금융감독위원회 감독정책과·재정경제부 금융
    정책과(2004. 3. 24.).
269) 프랜시스 후쿠야마, 구승회 譯, 『트러스트 ─ 사회도덕과 번영의 창
    조(Trust: The Social Virtue and the Creation of Prosperity)』, 한국
    경제신문사(1996), 193면 이하.
270) 1980. 헌법개정 시 제124조 제2항 "국가는 중소기업의 사업활동을
    보호·육성하여야 한다"는 규정을 두었다.

혜택이나 은행여신의 상당부분을 중소기업에 부여하도록 하였다.[271] 그러나 정부나 시중은행에 의한 중소기업지원은 일정한 한계가 있을 수밖에 없었고 중소기업은 자금부족을 타개하기 위해 대출이 상대적으로 용이한 상호저축은행으로부터 돈을 차입해야 했다. 결국 상호저축은행이 중소기업금융의 많은 부분을 책임지게 된 것이다.

그러나 경제사정이 악화될 때마다 자금력이 약한 중소기업들의 부도율이 증가하였고 결과적으로 대출상환이 어려워지자 상호저축은행이 급속도로 부실화되었다.[272] 부실여신의 급증으로 상당수 상호저축은행은 자본금이 떨어져서 정상영업이 불가능해졌고 종국에는 금융감독위원회에 의해 금융시장에서 퇴출되는 경우도 있었다.

이에 대하여 상호저축은행업감독에 중요한 규제방안은 부실화된 상호저축은행에 대해 금융감독당국이 재무건전성기준과 보고의무를 엄격하게 하는 것이었다.[273] 그러나 금융감독당국은 상호저축은행에

---

271) 타릭 후세인, 이세민 譯, 『다이아몬드 딜레마(Diamond Dilemma)』, 랜덤하우스 중앙(2006), 149면.

272) 전체 연체율 2002년 말 19.34%, 2003년 말 20.76%로 오른 데 이어 2004년 4월 말 현재 23.5%(연체액 6조5백억 원)로 높아졌다.

273) '상호저축은행업감독규정' 제44조(건전성비율) ① 법 제22조의2제1항 및 시행령 제11조의3제1항에서 '금융감독위원회가 정하는 재무건전성 기준'이라 함은 다음 각 호에서 정하는 기준을 말하며, 상호저축은행은 동 기준을 유지하여야 한다.
1. 위험가중자산에 대한 자기자본비율: 100분의 5 이상
2. 대손충당금비율: 100분의 100 이상
3. 퇴직급여충당금비율: 100분의 100 이상
③ 상호저축은행은 매 회계연도 말에는 결산을, 매 분기 말에는 가

대한 엄격한 규제행정을 시행함에 있어서 반드시 고려해야 할 점이 있다. 그것은 바로 중소기업에 대한 대출심사조건을 합리적으로 정해야 한다는 점이다. 상호저축은행의 건전성확보를 위해 대출심사조건을 지나치게 까다롭게 한다면, 곧바로 중소기업은 자금부족으로 인해 신규사업진출 등 기업활동에 대한 투자를 포기할 수밖에 없을 것이다. 결국 상호저축은행의 건전성확보를 위한 감독조치가 중소기업의 경제활동을 위축시켜 국민경제에 악영향을 미친다. 따라서 상호저축은행에서 중소기업에 대한 부실대출이 발생하더라도 부정대출의 혐의가 확실하고 대출규모가 일정한 한도를 넘은 경우에 대해서만 금융감독 당국이 직접 제재해야 한다. 또 제재대상자도 은행규모에 따라 거액여신을 취급한 임원이 되어야 하며 일선 점포의 지점장 전결대출사항이나 소액여신의 부실에 대한 제재는 금융기관 자율에 맡겨야 한다. 그러나 감독기관이 직접 제재해야 하는 사항에 대해서는 엄격하게 제재해야 한다. 감독당국이 직접 제재하는 위반행위는 출자자 대출금지 위반, 동일인여신한도초과대출, 용도외 유용대출, 여신부적격자 대출, 여신한도 초과대출, 자의적인 신용평가등급 상향조정, 대출서류 허위작성 등이다. 그러나 이런 형식적 기준으로는 상호저축은행의 건전성감독이 제대로 이루어지기 힘들다. 감독당국은 지금까지 부실금액을 제재기준으로 삼던 기존 원칙에서 탈피해서 위반동기 및 직무소홀 여부를 제재의 기준으로 삼아야 한

결산을 실시하고, 결산일 및 가결산일 기준으로 제1항 및 제2항의 규정에 의한 건전성비율을 산정하여 결산일 및 가결산일로부터 15일 이내에 감독원장에게 보고하여야 한다.

다. 그리고 금융감독원은 금융관련 법규에 의한 허가나 신고, 적기시정조치 등의 규제나 여신금지, 자금운용한도 등의 규정을 회피할 목적으로 허위보고를 하거나 변칙적으로 업무를 처리한 경우에는 최고 해임권고조치를 취하는 등 제재의 수위를 차등화할 필요가 있다. 또한 적기시정조치 시 절차적 정당성을 강화하여 적기시정조치에 앞서서 상호저축은행에 조치의 이유와 내용을 통지하고 이를 시정할 수 있는 시간적 여유를 두어야 한다. 이를 위하여 2005년 말 '상호저축은행업감독규정' 개정을 통하여, 「상호저축은행업법」 제23조의 규정에 의한 검사, 이 규정 제44조 제3항에 의한 보고 및 제45조에 의한 경영실태평가 결과, 상호저축은행이 제46조 제1항, 제47조 제1항 및 제48조 제1항의 규정에 의한 경영개선권고, 경영개선요구 및 경영개선명령 등 적기시정조치 대상에 각각 해당된다고 판단되는 경우, 당해 조치권자는 그 사실을 해당 상호저축은행에게 서면으로 통지하고 사전 의견제출 기회를 부여하여야 한다고 규정하고 있다. 이 경우 해당 상호저축은행은 적기시정조치에 대한 의견제출 시, 자본확충 등 단기간 내에 경영을 정상화할 수 있는 계획(경영개선계획)을 제출할 수 있다. 또한 경영개선명령 대상에 해당되는 상호저축은행에게 사전의견제출 기회를 부여할 때에는 경영개선계획의 제출을 요구하여야 하며, 동 계획에 대하여는 외부전문가로 구성된 경영평가위원회의 사전심의를 거치도록 하였고 다만, 긴급을 요하거나 심의의 실익이 크지 아니하다고 인정하는 경우에는 경영평가위원회의 사전심의를 생략할 수 있도록 하였다.[274] 이와 별도로 업무의 적법성을 유지하라는 행정지도도 같이 발하는 것이 좋을 것이다.275) 그런 다음에도 문제해결이 안 된다면 적기시정조치를 단계적으로 발할 수 있다.

　보다 근본적으로 금융감독당국은 부실 징후가 있는 상호저축은행에 대한 상시감독시스템을 강화해야 한다. 또한 경영개선 노력이 부족하거나 불투명한 소유·지배구조를 가진 상호저축은행에 대해서는 금융감독당국이 적극적으로 적기시정조치를 통하여 개선을 권고하여야 하며 설립허가단계에서부터 철저히 심사하여 소유·지배구조의 투명성을 증가시켜야 한다.276) 또한 상호저축은행의 공신력을 높이기 위해서 금융감독당국은 부실 저축은행에 대한 정보를 실시간으로 공시해서 선의의 피해자가 발생하지 않도록 해야 한다.

---

274) '상호저축은행업감독규정' 제49조(사전 의견청취).

275) 선진국의 금융감독제도는 금융위기, 경제적 사건, 정치적 현상에 대처하면서 발전되어 왔다. 금융감독의 형태는 정부의 역할과 사회구조에 있어서 각 나라의 차이점을 반영하는 경우가 많은데 사교적인 분위기가 강했던 19세기 영국에서는 영란은행이 유화적인 방법으로 도덕적인 권위와 통솔력을 발휘했던 반면 소송만능이라는 미국의 경우는 금융감독이 경기규칙과 같은 자세한 규정에 근거하고 있어 이러한 기준의 준수를 확고히 하기 위해서는 보다 정교한 절차를 필요로 했다. 이러한 차이점에 근거하여 각기 다른 두 가지의 금융감독형태가 나타나는데 하나는 상담과 도덕적 권고에 의존하는 비공식적인 접근방법이고 다른 하나는 현장점검을 통해 적극적으로 확인하는 공식적 접근방법이다. "21세기 금융환경과 금융감독", 금융감독원(2004. 4.), 182면 이하.

276) 조선일보 사설(2005. 1. 31.).

第3節 合理的 規制手段과 規制時點의 選擇

과거 LG카드 유동성위기와 이에 따른 가계부채의 폭증은 가계의 소비심리를 진작시켜서 경제를 활성화하려는 정부의 경제정책이 가장 큰 원인이었다.277) 경기부양을 추진하려는 정부의 경제정책에 대해 시장의 건전성을 책임지는 감독당국이 적기에 적절한 통제를 가하지 않고 오히려 경기부양책에 동조해서 위험을 증폭시킨 결과이다. 또한 부실화된 LG카드사의 처리에 있어서도 채권단에게 자산유동화증권 조기상환청구권(ABS Trigger option)을 행사하지 못하도록 해서 시장에 적극 개입하여 부실기관에 대한 시장의 자율적 처리를 방해하였다. 이 개입이 국민경제에 어떤 이익이 되었는지 검증되지는 않았지만 시장의 자정능력을 훼손하는 결과를 초래한 것은 분명하다.

이처럼 경기부양을 위한 수단과 그 규제시점에 대한 당국의 성급

---

277) 카드사태의 본질은 IMF체제 이후 긴축된 소비심리를 되살리기 위해 재경부, 금융감독위원회, 금융감독원 3자가 경기부양정책의 일환으로 카드의 현금서비스 이용한도를 폐지하는 등 국민들의 카드사용을 독려했던 일로부터 시작되었다. 결국 사태의 주된 원인은 신용카드 발급을 남발하도록 카드사를 부추긴 정부의 금융정책에 있다고 볼 수 있다. LG카드 유동성 위기사태와 관련한 금융감독당국의 최근 감사원 보도자료를 보면 LG카드 유동성 위기사태의 총체적인 책임은 금융감독당국과 카드사 그리고 카드사용자, 이렇게 3자 모두에게 있다고 분석하고 있다. "금융기관 감독실태조사 감사결과보고서", 감사원 (2004. 7. 16.).

한 정책결정과 재량남용이 금융시장을 교란시키고 결국 금융기관과 국민경제에 큰 부담이 되었다.278) 금융감독이 경제 목표를 달성하기 위해서는 충격적인 경제정책을 시행하여 금융시장을 왜곡시키기보다는 침체된 금융시장의 자율성을 확보하기 위한 보조적 행정수단을 사용해야 한다. 위에 언급한 LG카드사건을 검토해 보자면 가계소비가 위축되어 있고 경기가 안 좋아서 정책자들이 소비를 직접 자극하는 정책수단을 사용하여 소비를 다소 진작시켰지만 가계부채가 늘어남으로 인하여 국민경제의 건전성을 해친다는 점을 경제정책당국이 간과하였다.

그러므로 금융감독당국은 금융규제수단의 선택에 대해서 신중하게 생각해야 한다. 물론, 금융감독의 규제수단이 다른 일반행정수단과 특별히 다르거나 새롭다고 볼 수는 없다. 그러나 구별되는 특성이 있다. 즉 금융시장은 규제수단의 특성에 따라서 그 반응이 다른 규제대상보다 훨씬 민감하다는 점이다. 이는 규제수단의 선택에 대한 감독당국의 판단과 결정은 규제수단이 발효되기 이전부터 금융시장에 충격을 주는 정보요인으로 고려된다는 것을 말한다. 따라서 감독당국은 규제수단의 행사이전부터 시장에 미치는 파급력을 신중

---

278) 2000년 이후 김대중정부는 내수 진작의 일환으로 무분별한 카드 발급을 방임하다가 사태가 심각해지자 금융감독원이 과당경쟁을 일삼은 LG카드, 삼성카드, 외환카드에 대해 2002. 2. 27.부터 3. 15.까지 영업정지조치를 하였다. 그러나 영업정지기간 동안에도 3개 카드사는 카드를 중복발급하기도 하고 카드 회원을 과다하게 모집하여 금감원의 영업정지조치를 위반하였다. 나경원, "국내 금융산업의 현황과 과제", 『국회국정감사보고서』(2004. 10.).

하게 예측하여 상황에 맞는 실효적인 규제수단을 선택해야 한다. 결국 감독당국의 절제되고 합리적인 규제수단의 모색은 금융시장의 안정성을 확보할 수 있는 전제요건이 된다.

규제수단의 문제는 단순히 규제수단의 형식을 선택하고 결정하는 문제뿐만 아니라 규제수단의 행사시점에 대한 문제도 중요하다. 위에도 언급했듯이 규제수단의 문제는 시장의 매우 중요한 정보요인이므로 그 행사시점과 행사기간에 따라서 시장에 미치는 파급력은 완전히 다른 형태로 진행될 수 있기 때문이다.

규제시점에 대해서는 금융기관의 진입시점과 진입제한시점을 결정하는 것이 중요한 문제 중에 하나이다. 우리의 경우, 1999. 건설산업에 대한 진입규제를 완화했으나 건설업의 총체적 위기를 초래하여 다시 건설업진입규제를 강화한 사례가 있다.[279] 시장진입과 관련하여 현행법제에서는 금융시장의 진입을 일반적으로 금지한 후, 허가·인가·특허·면허·승인·지정·인정·시험·검사검정 확인·증명 등 일정한 요건과 기준을 정하고 금융기관으로부터 신청을 받아 이를 검토하여 개별적으로 진입을 허용하고 있는데 좀 더 구체적으로 설립요건을 세부적으로 차등화하여 금융기관의 자산, 인력, 영업노하우 그리고 국민경제에 미칠 파급력 등을 세밀히 고려하여 진입여부를 결정해야 한다.

규제수단은 규제시점이 피규제행위의 개시 이전 또는 이후인가에 따라 사전규제와 사후규제로 구별되며, 사전규제의 대표적인 예로

---

279) 이원우, "경제규제와 공익",『서울대학교 법학』제47권 제3호, 107면.

는, 진입규제로서 인·허가제와 약관의 인가 등을 들 수 있고 사후 규제로는 규제단계, 규제영역과 대상에 따라 다양한 규제방식들이 있다. 현행법상 관계법령준수여부에 대한 일반적인 감독권(「은행법」 제44조, 「증권거래법」 제206조의6 등), 피규제자의 신고 및 보고의 무(「은행법」 제10조, 「증권거래법」 제36조, 「선물거래법」 제41조의 2 등), 규제기관의 검사권(「은행법」 제48조, 「증권거래법」 제53조, 「선물거래법」 제81조 등), 위법의 혐의가 있는 경우 진위를 밝히고 증거를 수집하기 위한 조사(「증권거래법」 제206조의3, 「선물거래법」 제81조의 2), 금지행위위반에 대한 시정명령 등(「은행법」 제53조, 「증권거래법」 제55조, 「선물거래법」 제84조, 「보험업법」 제134조 등) 및 과징금부과(「증권거래법」 제206조의11내지 제206조의16, 「은행법」 제65조의4 내지 65조의8등), 그 밖에 법률상의 의무위반에 대한 제재로서 행정질서벌(과태료) 및 행정형벌 등이 포함된다.280)

금융시장에서 감독자가 선택할 수 있는 가장 강력한 형태의 규제수단은 금융기관을 퇴출시키는 것이지만 그 외에는 대체적으로 단속에서 위법사항이 적발된 금융시장 참여자 및 감독조치에 불응하는 참여자에 대하여 제재한다. 즉 과태료 및 과징금 등의 부과, 고발조치에 의한 행정형벌소추절차의 진행 등이 그 예에 해당된다. 금융관련법령에 대한 위반행위가 발생한 경우에는 감독당국은 그로 인하여 발생한 위험을 즉시 제거하고, 위반행위 또는 장래 금융규제 질서 위반에 대한 유인을 제거하여야 한다.281)

---

280) 이원우, "변화하는 금융환경 하에서 금융감독체계 개선을 위한 법적 과제", 『공법연구』 제33집 제2호(2005. 2.), 40면.

또한 감독당국은 금융활동의 주체에 대하여 각종 지급의무를 부과한다(부과행정). 특히 금융감독과 관련하여 분담금의무를 피감독기관에 부과하는데 금융감독이 결국 금융기관의 건전성을 고양시키는 것이므로 금융기관이 감독행정의 수혜자이기 때문에 감독비용을 지급해야 한다는 논리이다. 그러나 역으로 말하자면 감독비용을 금융기관이 대부분을 지급하기 때문에 금융기관은 감독당국으로부터 양질의 감독서비스를 받을 권리가 있는 것이다.

한편, 기간에 관한 규제행정은 일단 진입을 한 경제활동 참여자에 대하여 법령에 의하여 일정한 작위 또는 부작위의무를 부과하는 행정형태이다. 또한 규제행정은 인·허가 등의 단계에서는 인·허가 등의 기준에 해당되는 사항의 유지여부, 부과된 의무에 대한 준수여부 등에 관하여 조사와 각종 감독수단을 유보하는 형태이다. 즉 보고의무의 부과, 각종 행정조사·감사 및 검사 등 단속기능의 행사, 영업정지, 개선명령, 허가 등의 취소 등이 그 예이다.

금융기관의 진입시점에 대한 심사권의 재량이 합리성을 확보하기 위해서는 감독당국이 금융시장과 금융기관이 현재 처한 상황에 대한 객관적 분석을 통하여 적절한 시점을 선택할 수 있는 행정통제가 이루어져야 한다.

---

281) 이원우, "금융행정의 새로운 패러다임의 가능성과 타당성", 『새로운 금융법체제의 모색』, 서울대학교 금융법센터, 소화(2006), 275면.

第 5 章

새로운 金融環境下에서의 金融監督

第1節 金融世界化와 金融監督의 國際化

I. 金融의 世界化

오늘날 금융의 세계화란 각국 간 통화나 증권의 매입·보유에 있어서 국내시장이라는 공간적 제약을 받지 않는다는 것을 의미한다. 금융영역이 다른 분야에 비하여 세계화(Globalization)조류에 쉽게 편승한 원인은 ① 금융부문이 다른 부문에 비하여 자본거래규모가 가장 크고 자본이동이 가장 자유롭기 때문이며, ② 폐쇄적인 국가이익에 비하여 사적 이익이 우선할 수 있는 금융의 개방적 특성 때문이다. 또한 ③ 미국과 영국을 위시한 주요 선진국들이 금융자유화 및 탈규제 조치를 시행한 결과 때문이기도 하다.[282]

한편, 우리의 금융세계화의 현황을 보면, 1992년 외국인이 실명으로 국내주식을 살 수 있는 주식시장개방이 이루어진 이후, 외국인소유주식의 보유비중이 2004년까지 20배 정도 증가하였고 외국인보유

---

[282] 프랑수아 셰네/서익진 譯,『금융의 세계화 ─ 기원, 비용 및 노림 ─』, 한울(2002), 17면. 특히, 미국은 다른 나라들에 비해 금융과 서비스부문에서 상대적 우위에 있다. 미국의 국내화폐에 불과한 달러가 세계의 기축통화로 유통하는 한, 미국은 국제금융시장에서 엄청난 이익을 누릴 수 있다고 굳게 믿고 있다. 따라서 미국은 금융세계화에 매우 적극적인 입장이다. 심상정, "외국자본규제 어떻게 할 것인가", 민주노동당·투기자본감시센터주최 ─ 외국자본 정책토론회 발표문(2005. 4. 11.), 2면.

상장주식 시가총액은 약 300배 정도 증가하였다.[283] 특히, 1997년 IMF 외환위기 이후, 이를 극복하기 위한 방편으로 순수투자자본, 정크펀드(Junk bond)를 막론하고 외국자본이 금융시장으로 대규모 유입되어 왔다. 이러한 외국자본의 대량유입은 금융시장에 활력을 부여하고 금융수요자·공급자의 선택의 폭을 넓혔다. 또한 외국투자자들은 금융시장에 떠도는 루머 등에 의존하는 비합리적인 투기거래보다는 상장회사의 수익성, 배당 등 기본적인 변수에 의존하는 선진투자기법을 사용하기 때문에 국내 투자자들이 이들의 투자수법을 배울 수 있는 기회를 가졌고 이로 인하여 국내 금융시장이 질적으로 성장하는 데 기여를 하기도 하였다.

그러나 외국자본 유입의 부정적인 면 또한 간과할 수 없다. 시세차익을 노린 단기투자를 통하여 국내 금융시장의 건전성을 저해시켜 왔다. 이 때문에 금융기관, 주주, 예금자들에게 심각한 피해를 준 것도 사실이다. 이처럼 투기적 외국자본이 시장을 교란하여 국민경제에 큰 부담을 주었지만 감독당국은 이에 대해서 엄격한 제재를 가하지 못하였다. 그 이유는 첫째, 처음부터 감독당국이 외국자본도입이 가져올 편익분석만 고려하고 비용에 대한 분석을 소홀히 한 채로 정책을 입안하였기 때문이다. 이런 결과로 외국자본에 의해 금융시장이 교란되어도 감독당국은 이에 따른 비용을 낮게 평가하였

---

283) 외국인보유비중과 시가총액은 금융시장의 현재환경에 따라 시시각각 변동폭이 크다는 점을 고려하더라도 엄청난 폭의 증가추세가 있었음은 분명하다. 나경원, "국내 금융산업의 현황과 과제", 『국회국정감사보고서』(2004. 10.), 61면.

다. 하지만 과거 외국자본이 국내 금융시장에 준 편익이 우리 금융
시장이 치른 사회·경제적 비용을 능가한다고 단언하기는 어렵
다.284) 둘째, 과거 금융규제법제의 수준이 외국자본의 투기적 행태
를 규제하는 데 미흡하였기 때문이다. 즉 외국자본이 편법적인 방법
을 이용하여 금융시장을 교란했지만 감독당국은 이들의 금융거래과
정을 추적하여 위법성을 적발하기 어려웠고 설령 적발이 되어도 적
절한 제재방법을 찾지 못했다.285)

---

284) 외환위기 이후 외국자본유입이 우리 경제의 성장이나 효율성 증대에
기여했는지 의문이다. 위기 이후 외국인투자 증가는 대부분 기업과
금융기관의 자산매각에 한정되었지 신설투자에 대한 사례는 미미할
뿐이다. 심상정, "외국자본규제 어떻게 할 것인가", 민주노동당·투기
자본감시센터주최 ― 외국자본 정책토론회 발표문(2005. 4. 11.). 6면.

285) 일례로, 대표적인 국제금융자본이라고 할 수 있는 골드만삭스가 국내
굴지의 대기업인 진로가 파산되는 시점에 한 행위는 이런 점에서 시
사하는 바가 크다. 진로가 방만한 경영으로 계열사의 상호보증으로
인한 부채를 감당하지 못하자 워크아웃에 몰렸고 경영정상화를 위해
진로의 자문역을 담당했던 골드만삭스가 협약을 무시하고 내부정보
를 이용하여 진로의 채권을 싼값에 사들여 시세차익을 크게 남기는
수법은 국내 금융규제의 흠을 노린 부정한 행위라는 혐의가 짙었다.
2005. 3. 진로인수의 우선협상대상자로 하이트 컨소시엄이 선정되었
는데 인수가격이 너무 높다는 평가다. 진로의 총채권액은 2조 7809
억 원. 70% 이상을 골드만삭스 JP모건 도이체방크 모건스탠리 등 외
국계 투자회사들이 보유하는 것으로 알려졌다. 외국계 채권자들 대부
분이 과거 진로 회생이 불확실할 때 액면가의 10~50% 헐값에 진로
채권을 자산관리공사로부터 매입했다. 그중 최대채권자로서 1조
4600억 원 상당의 채권을 갖고 있는 것으로 알려진 골드만삭스는 1
조 이상의 수익을 얻을 것으로 보고 있다. 그러나 감독당국이 이에
대해서 적절한 제재방법을 강구하지 못하였다. 이코노미21 커버스토

Ⅱ. 金融監督의 國際化

1. 意 義

IMF의 자료를 보면, 1975년부터 1997년간 세계적으로 54개의 금융위기가 있었는데 이러한 위기는 주기적·반복적으로 일어났으며 최근의 세계화·정보화추세로 인해 그 규모가 커지고 주기 또한 빨라지고 있다고 한다.286) 그리고 금융위기는 더 이상 한 지역이나 국가의 문제가 아니라 세계가 고민해야 하는 국제문제가 되었다. 이러한 금융위기의 상시화라는 국제문제에 대해서 과거 국가별로 나누어진 감독체제로 대응한다면, 국제지급결제제도의 위험증대 등 금융위기에 대해 효과적으로 대응하기가 불가능하다.287) 따라서 금융위기에 대응하기 위해서 새로운 금융감독의 국제화 전략이 필요하게 되었고 이에 대해서 가능한 범위 내에 각국 금융감독법제를 통

리(2005. 1. 17.).

286) IMF발간자료, "Globalization of Finance and Financial Risks", International Monetary Fund Publication Services, <http://www.imf.org/external/pubs/ft/icm/icm98/pdf/file11.pdf>; 박세일, "국가시장,시민사회", 업코리아넷 <http://www.upkorea.net/news/read.php?idxno=106&section=S1N1>.

287) 금융감독당국들이 국가별로 분할된 감독체제에 안주한다면 일부 금융업무는 불충분한 감독을 받게 될 우려가 있고 이는 곧바로 금융위기의 국제적 파급, 국제지급결제제도의 위험증대, 규제회피적 재정거래의 발생, 경쟁기반의 왜곡 등의 문제점이 발생한다.

일해야 한다는 주장이 있다. 즉 각국의 금융시장에서 판매되는 금융 상품이나 금융기관이 사용하는 금융기법이 유사하거나 동일하므로 각 나라별 규제법제의 차이로 인한 혼동을 방지해야 할 필요가 있기 때문이다. 그러나 현실적으로 각국이 처한 금융현실이 상이하기 때문에 국내법인 금융감독법제를 동일하게 한다는 것은 매우 어려운 일이다. 차라리 각국의 금융감독기구 간에 국제적 협력을 강화하여 국제금융시장을 잠식하고 있는 헤지펀드나 다국적 금융기관에 대한 통제를 강화하는 것이 보다 효과적일 것이다. 이를 위해서 각국의 금융감독정보 및 기법의 교환, 감독관할권의 조정, 위기관리제도의 도입에 대한 협력을 강화하는 것이 필요할 것이다.[288]

2. 金融去來의 不確實性 除去

금융감독의 국제화는 각국의 경쟁적 규제를 예방하고 국제거래에서 법률적 불확실성을 제거한다는 점에 의의가 있다.

특히, 오늘날 다국적 금융기관의 국내 진출이 활발해지면서 금융서비스의 수준은 향상되었으나 금융거래의 법률적 불확실성은 오히려 증가되었다고 말할 수 있다. 이것은 외국에 있는 예금자나 투자

---

[288] 금융감독원이 최근 영국계 펀드운용사인 헤르메스(Hermes)의 삼성물산 주식 불공정거래 여부를 조사하기 위해서 헤르메스의 본사가 있는 영국에 직원을 파견하여 FSA의 협조를 얻어 현지조사까지 벌인 것이 예가 될 수 있다. 조선일보 사설, A31면(2005. 7. 25); 채희율, "금융감독의 국제화 ─EU의 경험과 시사점─", 『EU학 연구』(1997), 81면.

자의 금융자산의 리스크에 대해서 적절한 대응책을 강구하기 어렵다는 것을 의미한다. 그러므로 감독당국이 금융기관의 해외 영업망에 대해 연결감독을 수행하여 내국예금자·투자자를 보호할 필요성이 증가하고 있다. 이를 위해서 관련국 감독당국과 협력을 강화하여 그 나라에서 우리 예금자·투자자의 금융자산 보호를 위해서 감독수행이 제대로 되는지 점검해야 한다. 또한 외국자본이 부실자산을 국내법인으로 이전할 수 있으므로 모회사 의 책임소재를 밝히기 위해 모회사에 대한 감독을 강화해야 할 필요가 있다. 현지 법인들은 부채에 대해 유한책임만 지기 때문에 전체 그룹이 부실화되면 모회사 경영층이 자매회사 등의 부실자산을 특정 현지법인으로 이전하려고 하기 때문이다.

이를 위해서 국내에 진출한 외국금융기관 현지법인에 대한 감독뿐만 아니라 외국금융기관의 본점에 대한 감독을 위해 영국의 금융감독원(FSA), 미국의 연방준비제도이사회(FRB)등과 같은 주요국 감독기관과의 MOU체결 등을 통해 협력과 정보공유체계를 구축해야한다.

3. 問題點

이러한 금융감독의 국제화에 대해서 무조건 긍정적인 시각만이 있는 것은 아니다. 규제의 국제화가 오히려 국내의 경제적 후생을 감소시킬 수 있다는 부정적인 시각이 그것이다. 이런 시각은 선진국 주도의 세계화에 반대하는 제3세계의 입장으로 볼 수 있다. 이 입장에서는 개별 국가별로 규제가 시행되는 경우에 각국의 정책당국은 규제가 자국 금융기관에게 미치게 될 효과를 보다 잘 파악할 수 있고 정책대안에 대한 민간의 선호체계에 대한 접근이 보다 용이하게 운용될 수 있다고 본다. 따라서 금융규제의 국제적 조화는 경우에 따라 불필요할 수도 있으며 부정적 효과를 발생시키는 가능성도 배제할 수 없다. 그러므로 금융규제의 국제적 조화를 추진함에 있어서 그 한계를 명확하게 인식할 필요가 있다고 주장한다.

결론적으로, 금융의 세계화 물결에 급속도로 편입되고 있는 우리의 경우, 금융규제 및 금융감독의 국제화 기준에 맞추려는 노력은 정당하다. 만일 이런 노력을 등한히 한다면 국내뿐만 아니라 외국에 진출한 국내 금융기관은 매우 높은 감독비용을 지불하게 될 것이다. 유효한 금융감독을 확립하는 것은 건전한 금융제도의 유지를 위해서뿐만 아니라 금융기관의 국제경쟁력을 위해서도 필요한 일인 것이다. 그러나 이와 더불어서 금융감독의 국제화에 대한 신중하고도 비판적 시각을 견지할 필요가 있다. 왜냐하면 금융시장이 세계적으로 통합되는 것은 사실이지만 금융선진국과의 격차로 인해 한국이 세계시장에 내놓을 금융상품은 많지 않기 때문에 금융의 국제화가 자칫 국내 금융시장의 식민지화로 이어질 수 있기 때문이다. 따라서 감독당국은 외국자본에 의한 국내 금융시장의 잠식을 예방하고 예금자·투자자를 보호하기 위한 입법적 노력을 등한히 해서는 안 된다.

Ⅲ. 投機的 外國資本에 대한 規制法制

1. 意 義

외국금융자본에 대한 정책방향은 국내 금융시장에서 내부 역량을 키우는 한편, 외국자본이 국내 시장을 완전히 독점하거나 투기적 행태를 보이는 것을 적절히 억제하는 것으로 요약된다.

금융정책당국은 우선 국내자본 육성과 역량 강화를 위해 다양한 방안을 내놓고 있는데 연기금 등 국내 자본으로 기업 등에 투자하는 사모투자펀드(PEF)도입과 국내 투자은행(IB)이나 기관투자가를 우대하여 외국자본과 힘의 균형을 맞추는 것이 대표적인 계획안이라고 할 수 있다. 투자은행이란 주로 기업들의 인수·합병(M&A)작업을 맡아 일을 성사시키고 수수료를 챙기는 금융기관으로, 국내 M&A시장은 사실상 외국 투자은행이 독점하고 있다. 국내 투자은행업은 외환위기 이후 몇몇 증권사가 투자은행 부문을 만든 정도여서 역사와 경험이 아직은 짧은 탓이다. 따라서 국내 투자은행업의 성장을 위해서는 국내 증권사의 규모와 역할이 커져야 한다. 현재 국내 증권사는 증권거래로 인한 수수료로 대부분의 영업이익을 내고 있는데 기업인수·합병이나 사채발생 등 영업영역을 다변화할 필요가 있다. 감독당국 역시 이를 위하여 공적 자금이 투입된 금융기관이나 기업을 매각할 때 매각 주간사 선정과정에서 국내 증권사를 보다 우대하는 정책을 시행할 필요가 있을 것이다.289)

이와 더불어서 투기적 형태를 보이는 외국자본에 대한 공적 규제의 강화는 금융시장의 건전성을 확보하기 위해서 반드시 필요하다. 외국자본의 국내금융시장의 침탈은 대개 주식인수를 통한 경영권 탈취 등을 통해서 이루어지는데 시장자체적 대응은 자본력의 열세로 인하여 적절한 대응이 어렵다. 따라서 외국의 투기적 단기자본에 대한 공적 규제가 좀 더 강화될 필요가 있다.

2. 「證券去來法」의 株式大量保有狀況報告制

외국인투자자의 증시교란행위를 규제하기 위한 대표적인 법제로서 「증권거래법」 제200조의2 제1항에 의거하여 주식대량보유상황보고제도(소위 「증권거래법」의 5% Rule제)를 두고 있다. 주식대량보유상황보고제도란, 주권상장법인 또는 협회등록법인의 주식 등을 5% 이상 새로 취득하거나 이미 5% 이상 보유한 주주가 1% 이상의 지분 변동이 생길 때 보유상황 또는 변동내용을 그날로부터 5일 이내에 금융감독위원회와 증권거래소(협회등록법인의 경우에는 협회)에 보고하도록 한 규정이다.290) 이 제도는 일정비율 이상의 주식

---

289) 이를 위하여 '국내 증권산업 기여도'를 주요한 선정 기준으로 삼아서 컨소시엄 형성 과정에서 국내 증권사가 반드시 참여할 수 있게 길을 열어 주는 방안이 거론되고 있다. '금융 토종 — 외국인 균형발전 추진', 인터넷한겨레 금융/재정면(2004. 12. 5.).

290) 「증권거래법」 제200조의2 제1항(주식의 대량보유 등의 보고) 주식대량보유상황보고제도는 미국의 Securities Exchange Act of 1934 Section 13(d)(1)을 참고하였다.

취득과 변동을 신속하게 공시해서 증권시장의 투명성과 공정성을 확보하고, 한편으로는 적대적 M&A를 목적으로 하는 음성적인 주식매집을 방지해서 경영권에 대한 불공정한 침탈을 방지하기 위한 제도이다.291) 특히 외국자본이 단기간의 집중적인 주식매집을 통해서 주식지분구조가 취약한 국내기업의 경영권을 침탈하는 것을 방지하는 제도이다.292)

현 주식대량보유상황보고제도의 내용을 살펴보면, 주식보유목적이 발행인의 경영권에 영향을 주기 위한 것(임원의 선임·해임 또는 직무의 정지, 이사회 등 회사의 기관과 관련된 정관변경 등)에는 단순투자목적인 경우와 달리 대량보유자 및 그 특별관계인에 관한 사항, 보유주식 등의 발생인에 관한 사항, 보유목적, 변동사항, 보유 또는 변동주식 등의 종류 및 수, 취득 또는 처분 일자·가격 및 방법, 보유형태, 취득에 필요한 자금 또는 교환대상물건의 조성내역, 보유주식 등에 관한 신탁계약·담보계약 기타 주요 계약내용, 기타 금감위가 정한 사항을 보고서형식으로 제출해야 한다(「증권거래법시행령」 제86조의 4 제1호). 이처럼 자금의 출처와 투자이유를 명확히 밝히도록 되어 있는 제도는 단순투자목적으로 가장하여 주식을 매집하다가 나중에 기업의 경영권을 침탈의도를 밝히는 경우를 방지하기

---

291) 임재연, 『증권거래법』, 박영사(2002), 737면.

292) 외국투자회사인 소버린자산운용은 최근 에스케이의 주식을 대량 매집하면서 처음에는 보유 목적을 '수익 창출'로 기재해 놓고, 나중에는 정관과 임원 변경 등 경영권 변동을 시도한 바 있는데 경영권 획득에는 실패하였지만 이를 통해 엄청난 이득을 챙긴 것으로 보도되고 있다. 조선일보 종합A4면(2006. 6. 29.).

위해서이지만 오히려 이를 악용해 부당이득을 챙기는 경우가 많았
다.293)

이 제도는 내·외국인 구분 없이 시장질서를 바로잡는 것은 금융
감독의 흔들릴 수 없는 원칙이지만 국내자본이나 기업가에게 유리
하게 운용된다면 국내자본이나 기업가를 위한 제도가 될 것이다. 따
라서 주식대량보유상황보고제도에 대한 외국 투자자들의 의혹을 해
소하기 위해선 금융감독당국이 국내 투자자들과의 형평성을 우선적
으로 고려해야 한다.294) 이런 형평성을 고려함이 없이 외국자본에

---

293) 금융감독원은 2004년 8월까지 접수된 4029건의 5% 공시 가운데
19.7%에 이르는 793건에 대해 정정공시가 이뤄졌으며, 상반기 중
5% 공시를 위반한 사례 242건을 적발해 검찰고발·통보 39건, 주의·
경고 202건 등의 조처를 취했다고 밝혔다. 인터넷 한겨레 금융/재정
면(2004. 10. 5.). 국내금융계 일각에서는 영국 파이낸셜타임스의 연
이은 한국 금융감독정책 흔들기가 되레 자국 이익을 위한 '역 국수주
의' 때문이라는 의문을 제기하고 있다. 최근 영국계인 스탠다드차타
드은행(SCB)이 제일은행을 인수하고, 헤르메스 등 영국계 펀드의 국
내 투자가 크게 늘고 있는 상황이기 때문에 자국기업의 이익추구에
용이하게 한국의 금융감독정책을 완화하려 한다는 것이다. 인터넷 한
겨레 금융/재정면(2005. 4. 4.).

294) 재벌 2세들이 수천억 원 규모의 보유주식을 개정 5%룰에 따라 보고
하면서 주식을 산 자금의 출처를 근로소득(월급 등 일해서 번 돈) 등
으로 허위, 부실 신고해도 금융감독당국이 실제 자금출처를 일일이
파악하기 어렵다는 이유로 사실상 손을 놓고 있다. 이데일리(edaily.co.kr)
'재벌2세들 5%룰은 남의 얘기', 뉴스, 기업/산업면(2005. 4. 6.). 에스
케이 경영권 쟁탈을 벌였던 외국 투자기업 소버린은 개정 5%룰에
따라 주식매입자금 출처를 상세히 보고했으나 경영권 분쟁의 상대방
이었던 최태원 회장이 보유주식의 매입자금 출처에 대해 '근로·자본
소득 및 자산매각 자금 등'이라고 불명확하게 신고하였다. 조선일보

게만 엄격하게 5%를 적용한다면, 주식대량보유상황보고제도가 외국계 투자자들에게만 엄격한, 편파적 규정이 될 수밖에 없다.

3. 「外國換去來法」의 資本去來許可制, 可變預置義務制

1990년대 헤지펀드들이 환차익을 얻기 위해 선물환거래를 통해 외환시장을 교란하는 행위가 종종 있어 왔는데 특히 경직적인 환율제도를 운용하는 국가를 대상으로 발생하였다. 우리의 금융위기 역시 그 원인이 외환시장의 불안정성에 있다고 볼 수 있다. 한국은 과거 외환시장의 형성기에는 시장안정을 위하여 실질적으로 고정환율제도를 채택하다가 1997. 12. 일중 환율변동폭 제한을 완전히 폐지하고 현행 자유변동환율제도로 이행하였다. 따라서 오늘날 환율의 결정은 원칙적으로 정책당국의 조작(manipulation) 없이 외환시장의 수요·공급에 의해서 결정된다. 물론 원화의 급격한 강세나 약세와 같이 외환위기가 발생될 우려가 있는 경우에는 중앙은행이 개입할 수 있는 법적 근거를 마련하고 있다. 이는 「외국환거래법」에 규정하고 있는 자본거래허가제와 가변예치의무제를 말한다.

우선 자본거래허가제는 외환시장 자유화 조치 이후 단기 투기성 자금(핫머니)의 급격한 유출입으로 외환시장이 불안해질 경우에 대비한 안정장치라고 말할 수 있다. 외환시장이 혼란에 처하거나 외환위기에 빠질 경우 단기자본 흐름을 통제하는 수단인 외환시장 세이

_____

경제B1면(2005. 7. 18.).

프 가드(Safeguard)의 일종이다. 한국은 지난 1999. 4. 1단계 외환자유화를 시행하며 자본거래에 있어서 네거티브 시스템(Negative System)으로 전환하며 자본거래허가제와 같은 세이프 가드(safe guard)를 도입했다. 그러나 외환위기가 극복되고 외환보유액이 상당해짐에 따라서 자본거래허가제는 일부 폐지되고 원칙적으로 자본거래신고제로 전환되었다. 따라서 원칙적으로 자본거래를 하고자 하는 자는 「외국환거래법」 제18조 제1항에 의거하여 대통령령이 정하는 바에 의하여 재정경제부장관에게 신고하여야 한다. 그렇지만, ① 거주자와 비거주자 간의 금전의 대차계약 또는 채무의 보증계약 ② 파생금융거래 또는 증권의 발행이나 모집 ③ 거주자에 의한 비거주자로부터의 증권 또는 이에 관한 권리의 취득 ④ ①~③까지와 유사한 자본거래로서 대통령령이 정하는 자본거래를 하고자 하는 자는 예외적으로 재정경제부장관의 허가를 받아야 한다.295) 또한 「외

---

295) 「외국환거래법」 제18조 제3항 다음 각 호의 1에 해당하는 자본거래의 경우에는 대통령령이 정하는 구분에 의하여 신고대상으로 하거나 허가 및 신고대상에서 제외할 수 있다.
1. 외국환업무취급기관등이 그 업무로서 행하는 거래로서 재정경제부장관이 정하는 거래
2. 외국환중개회사 또는 선물거래법에 의한 선물업자가 중개하는 파생금융거래
3. 해외직접투자
4. 거주자에 의한 비거주자로부터의 증권 또는 이에 관한 권리의 취득으로서 증권거래법에 의한 증권회사 또는 증권투자신탁업법에 의한 위탁회사가 위탁매매·중개·판매대행하는 거래
5. 기타 당해 자본거래가 허가를 받지 아니하고 이루어지더라도 이법의 실효성을 확보하는 데 지장이 없다고 인정하여 재정경제부장관

국환거래법」 제6조 제2항에 의거하여 재정경제부장관은 ① 국제수지 및 국제금융상 심각한 어려움에 처하거나 처할 우려가 있는 경우와 ② 대한민국 국내와 국외 간의 자본이동으로 인하여 통화정책·환율정책 기타 거시경제정책을 수행하는 데 있어서 심각한 지장을 초래하거나 초래할 우려가 있는 경우에 대통령령이 정하는 바에 의하여 자본거래를 하고자 하는 자로 하여금 허가를 받도록 하는 의무를 부과할 수 있다. 만일, 신고사항이나 허가사항임에도 신고하지 않거나 허가받지 않고 자본거래를 하는 경우에는 「외국환거래법」에 정한 벌칙을 가한다.

그리고 가변예치의무제(variable deposit requirement)는 국내로 유입되는 외화자금의 일부를 중앙은행에 의무적으로 일정기간 예치하는 제도이다. 「외국환거래법」 제6조 제2항은 법이 정한 특별한 사정이 있는 경우에 한해서 자본거래를 하는 자로 하여금 당해 거래와 관련하여 취득하는 지급수단의 일부를 한국은행·외국환평형기금 또는 금융기관에 예치하도록 하는 의무를 부과하는 조치를 할 수 있다고 규정하고 있다. 위 조치는 특별한 사유가 없는 한 6월의 범위에 한해서 행할 수 있다. 본 제도는 국내 금융시장의 안정을 위해 국내거주자가 해외로부터 외화자산을 유입하는 경우 자산의 일부를 한국은행에 일정기간 무이자 또는 낮은 이자로 예치하도록 의무화한 제도이다. 국내외 금리차에 따라 예치율과 예치기간을 신축적으로 적용하여 외화자금의 일시적 과다 유출입을 조절할 수 있으

이 지정한 거래.

나, 외화자금을 들여온 기업의 경우 예치율과 예치기간만큼 자금운용에 부담을 안게 되므로 국내 금융시장의 안정성이 크게 위협받는 상황에서만 사용하도록 하고 있다.

이 제도는 국내에 유입되는 투기성 자본은 물론 투자자본과 기업의 외자유치자금 중 일부를 은행이 보관해둘 수 있게 되어 시중의 외화공급 과잉에 따른 환율불안 등을 막을 수 있다. 또 단기성 국제투기자본이 국경을 넘나들면서 외환시장을 교란하는 상황을 차단하는데도 효과가 크다.

그러나 자본거래허가제든지 아니면 가변예치의무제든지 평상시에 행사될 수 있는 법제가 아니라 금융위기 등 법이 정한 특수한 시기에만 행사될 수 있기 때문에 금융위기의 상시화에 대비하는 충분한 대비책이라고 말할 수는 없다.

4. 導入이 論議되는 法制度

(1) 토빈稅(Tobin Tax)

금융시장을 교란하는 외국자본을 엄격하게 규제하는데 가장 먼저 논의되는 방안이 토빈세(Tobin Tax)인데 이는 투기적 단기자본에 대해서 중과세하는 것을 말한다.296) 아직 법제도로 실현되지는 않

---

296) 토빈세는 노벨 경제학상(1981) 수상자인 제임스 토빈(James Tobin)이 처음 제안한 것으로써 '과도하게 활성화된 국제금융이라는 수레바퀴에 한 줌의 모래를 던져 넣자'라는 문구로 유명하다. 1998년 프랑스 저널리스트 이그나시오 라모네(Ignacio Ramonet)의 제안에 의해

았지만 과세가 실현된다면 외환규제에 가장 효과적인 제도 중에 하나가 될 것이다.

토빈세는 외환거래에 세를 부과하여 투기적 목적으로 외환시장에 접근하는 이들로 하여금 외환거래가 거래비용이 높고 접근하기 어려운 것임을 인식하게 하여 이들의 투기적 행태를 막는 것을 목적으로 한다. 다른 말로 외환거래세(Currency Transaction Tax)라고도 불린다.[297]

외환거래마다 과세하게 되면 장기직접투자의 경우, 거래비용에 미치는 영향이 크지 않지만 단기투기거래의 경우에는 거래비용의 급격한 증가로 인해서 이를 억제할 수 있을 것이다. 예를 들면, 국내 투자 수익률이 10%, 토빈세가 1%, 투자기간이 1년이라고 가정한다면 해외투자 수익률은 최소한 연이율 11%가 되어야 한다. 그러나 투자기간이 1개월이면 해외투자 수익률은 연이율 22%가 되어야 하고, 투자기간이 1주일이면 해외투자수익률은 무려 62%가 되어야 한다. 1주일 단기투자를 할 경우에 1년에 토빈세로 무려 52%를 내

설립된 '금융과세시민연합'은 토빈세를 대안세계화운동의 맥락에서 제안하여 신자유주의적 금융세계화에 반대하는 초민족적 정치운동의 핵심적 이슈 중 하나로 자리매김하는 데 주도적인 역할을 하였다. 심상정, "외국자본규제 어떻게 할 것인가", 민주노동당·투기자본감시센터주최 — 외국자본 정책토론회 발표문(2005. 4. 11.).

297) 토빈세는 1972년 토빈에 의해 제안되었으나 1997년 동아시아 외환위기 이전까지는 관심을 끌지 못하였다. 그러나 1997년 동아시아 외환위기를 계기로 토빈세는 새로운 글로벌 금융질서 모색의 유용한 대안으로 각광받게 되었다. 김영철, "토빈세 도입으로 투기자본 공격 막을 수 있다.", 월간 『말』紙(2005. 6.), 77면.

고 10%만 가져간다는 계산인데 이런 방식의 투자를 할 외국투자자
는 없을 것이다.[298]

　토빈세의 부과목적은 첫째 투기적 목적으로 외환거래에 임하는
세력들의 잦은 거래에 의해 발생하는 외환시장의 급격한 변동을 막
고, 둘째 일국의 화폐당국으로 하여금 환율방어에 정부 재정을 지출
하기보다는 국민경제의 실업과 물가조정에 사용할 수 있게 해서 국
민들의 이해와 요구가 반영되는 국가 정책의 실행을 가능하게 하는
것을 말한다. 셋째 결과로서 걷히는 막대한 양의 세수를 저개발국가
의 빈곤과 기아를 줄이는 데 사용할 수 있도록 지원하는 것도 포함
한다.

　토빈세는 세계적으로 많은 지지를 얻고 있지만 찬반의 입장을 떠
나서 실행가능성에 대해 의문이 있다. 실행가능성은 크게 기술적 실
행가능성과 정치적 실행가능성으로 나눌 수 있다. 기술적 실행가능
성이란 토빈세의 부과목적을 실현시켜 내기 위해서는 토빈세의 실
행에 있어서 특정의 기술적 조건과 환경이 충족되어야 한다는 점이
다. 토빈세의 실행은 이 조건들이 충족되지 않는 한, 현실화시켜 낼
수 없다. 예를 들어, 국내 이자율과 해외 이자율의 차이와 환율의
변동 등 외환시장의 환경을 고려하지 못한 채 단일 세율이 부과되
었을 경우, 투기적 외환거래를 막아 낼 수 없게 된다. 따라서 세율
의 결정은 국내 이자율과 해외 이자율의 차이를 고려하고 이에 더
해 환율변동을 따라잡을 수 있는 신축적인 변동폭을 극복할 수 있

---

298) 김영철, "토빈세 도입으로 투기자본 공격 막을 수 있다.", 월간 『말』
　　紙(2005. 6.), 77면.

는 수준에서 정해져야 한다. 이 조건이 충족될 경우에만 투기적 의
도에서 이루어지는 외환거래를 막아 낼 수 있다. 이처럼 조건과 환
경이 충족된다면 토빈세는 현실 가능한 정책이 될 수 있다. 그러나
미국을 위시한 금융선진국들이 토빈세와 같은 대안적 정책들을 받
아들일 수 있을지에 대해서 현재로서는 회의적이기 때문에 글로벌
과세의 정치적 실행가능성을 낮게 평가하고 있다.[299] 외환거래가
국제 금융허브인 몇몇 도시에 한정되어 있어서 세수의 국가 간 배
분이 어렵고 세금관리를 위한 기구의 설립, 세율의 결정, 세수활용
등의 문제에 대해서 참여국 간의 합의가 쉽지 않다는 이유를 들고
있다.[300]

(2) 美國의 엑슨 - 플로리오 法(Exon - Florio Act)

한- 미 FTA 협상과정에서 미국이 우리의 기간통신사업자에 대한
외국인지분제한을 철폐할 것을 강력하게 요구하였는데 이를 받아들

---

299) 그러나 토빈세는 캐나다, 핀란드, 프랑스 그리고 지난 해 벨기에에서
이미 의회비준을 거쳤고 유엔, 프랑스, 스페인, 브라질, 칠레의 대통
령들이 토빈세 실행에 적극적인 입장을 여러 차례 그리고 공식적인
도입 약속을 하였다. 이러한 과정에서 가장 중요한 역할을 한 것은
역시 '다른 세계는 가능하다'고 주장하는 세계 시민사회의 초민족적
정치운동(Trans National Political Movement)이었다.『― 외국자본규
제 어떻게 할 것인가 ― 자료집』, 민주노동당·투기자본감시센터주최
― 외국자본 정책토론회 ―(2005. 4. 11.), 39면.

300) 강영현, "금융위기하의 국제단기자본통제에 관한 연구 ― 칠레의 유
입통제와 말레이시아의 유출통제 사례를 중심으로 ―", 한양대 석사
학위논문(2000), 30면.

일 경우 그 대책으로 논의되었던 것이 미국의 엑슨-플로리오 법이다.[301] 약칭 'Exon-Florio Act'로 불리는 이 규정은 1988년 제정된 포괄통상법(Omnibus Trade and Competitiveness Act: Public Law 100-418)의 제5021조를 가리킨다.[302] 이 규정의 취지는 미국의 전통적인 통상원칙인 외국인 직접투자(FDI)를 억제하지 않으면서, 대통령이 필요하다고 판단하는 경우, 국가안보를 위협하는 FDI를 재검토 및 제한하는 데 있다.

이 법의 저촉여부에 대한 조사는 CFIUS(Committee on Foreign Investment in the United States[303])라는 기관에 의해서 이루어지며

---

301) 한국판 엑슨-플로리오 법의 제정을 주장하는 자들의 논거는 ① 경영권방어비용이 너무 크다는 점, ② 국가기간산업을 보호해야 할 필요성이 있다는 점, ③ 외국자본을 직접규제하는 입법례가 선진국에도 있기 때문에 국수주의라는 비난에 신경 쓰지 않아도 된다는 점, ④ 국부유출을 방어하고 국내투자자를 보호해야 할 필요성이 있다는 점을 들고 있다. 왕상한, "미국의 엑슨-플로리어 법과 국가안보", 국회의원 심상정·이상경 주최 — 외국투기자본으로부터 국내 기간산업 보호방안 모색 세미나 발표문(2004. 4. 11.), 14면.

302) 엑슨-플로리오 법이 만들어진 배경은 1980년대 미국과 일본이 통상마찰로 갈등이 심각할 때, 일본 후지쓰사가 미국의 반도체회사인 페어차일드를 인수하려고 하자, 1988년 미 의회가 미국기업을 인수하거나 경영권을 취득하려는 외국인의 시도가 국가안보에 양향을 미친다고 판단될 경우에는 대통령이 인수를 금지할 수 있다는 내용의 본법을 제정하였다. 여혁종, "한국판 Exon-Florio 법의 도입 문제",『정보통신정책』(2006. 8. 16.), 48면.

303) CFIUS는 국무부, 재무부, 상무부, 국방부, 국토안보부 장관과 미국무역대표부 대표, 경제자문위원회 의장, 검찰총장, 행정관리 예산국 국장, 과학기술정책국 국장, 대통령 안보수석보좌관, 경제수석보좌관으

해당사안이 미국의 국가안보를 위협한다고 판단되는 경우에는 대통령이 외국자본에 대해 직접규제하는 결정을 내릴 수 있다. 즉 엑슨 플로리오 법은 대통령에게 미국의 국가안보를 위협할 우려가 있는 것으로 판단되는 외국의 미국 내 기업 인수 및 합병을 보류시키거나 금지시킬 수 있는 권한을 부여하고 있다. 대통령의 결정에 대해서는 사법심사도 면제하고 있어서 외국인이 대통령의 결정에 대해서 사법적 구제를 받을 방법도 없다.

이 법은 외국의 개인 또는 법인이 미국 내 기업을 인수 또는 합병하는 경우, 이를 CFIUS에 서면으로 신고하도록 하고 있다. CFIUS는 신고서를 접수한 후, 철저한 검토를 시작한다. 경우에 따라 검토기간이 연장되거나 조사작업이 요구되기도 하는데, 조사의 경우 신고서를 접수한 후 30일 이내에 시작해야 하며, 45일 이내에 종료해야 한다.[304] 미국은 이 규정을 통하여 대통령이 외국자본의 인수작업에 제동을 걸었던 사례는 많지 않다. 대부분 CFIUS가 조사개시 결정을 내리기 이전에 자진 철회하였다. 그 대표적인 예로는 ① 1991년에 있었던 대만의 타이완 에어로스페이스사가 미국의 항공기 제조사인 맥도널 더글러스사의 주식을 인수하려다 자진철회한 사건, ② 같은 해, 일본의 파눅사가 미국의 핵무기 납품업체인 모어 스페셜티툴사의 주식을 인수하려는 계획을 자진철회한 사건을 들 수 있다. 이에 비하여 1990년 중국 항공산업부 수출입병과가 미국

로 구성된다. 의장은 재무부 장관이 맡는다.

304) 『— 외국자본규제 어떻게 할 것인가 — 자료집』, 민주노동당·투기자본감시센터주최 — 외국자본 정책토론회 —(2005. 4. 11.), 14면.

내 민항기 금속부문 제작 전문업체인 맘코사의 주식을 인수하려다가 당시 부시 대통령에 의해 구입절차가 다 끝난 상황에서 인수지분에 대해 '박탈명령'을 받은 바 있다.305)

그러나 이 법의 문제로 지적되어 온 것은 외국자본을 직접규제하는 논리로 제시된 '국가안보'라는 개념의 불명확성으로 인해 정부의 자의가 개입할 가능성이 매우 크다는 문제점과 이미 부실화되어 인수합병 대상이 된 기업들에게도 적대적인 인수합병으로부터 도망칠 수 있는 '피난처'를 제공해서 시장의 작동원리를 근본적으로 부정하고 있다는 비난을 받고 있다.306) 그러나 미국의 의회나 대외무역 정책자들은 '국가안보'에 대해 명확하게 정의하기를 주저하고 있다. 그 이유는 국가안보 개념의 모호성으로 인해 정부의 개입여지를 넓히고 외국자본의 직접규제를 정치적 쟁점으로 끌고 가기를 원하기 때문이다.

미국의 이 법을 도입하자는 논의가 최근에 있어왔는데 주로 야당과 학계를 중심으로 도입을 지지하고 있고 정책당국은 반대입장을 표명하고 있는 것으로 보인다. 반대입장의 논리는 외환위기 이후 외자유치를 외치면서 엑스-플로리어 법을 만들자는 것은 모순이라는

---

305) 왕상한, "미국의 엑슨-플로리어 법과 국가안보", 국회의원 심상정·이상경 주최 — 외국투기자본으로부터 국내 기간산업 보호방안 모색 세미나 발표문(2004. 4. 11.), 9면.

306) 여혁종, "한국판 Exon-Florio 법의 도입 문제", 『정보통신정책』(2006. 8. 16.), 51면. 왕상한, "미국의 엑슨-플로리어 법과 국가안보", 국회의원 심상정·이상경 주최 — 외국투기자본으로부터 국내 기간산업 보호방안 모색 세미나 발표문(2004. 4. 11.), 12면.

것이다. 그러나 외국자본에 대한 적절한 대응책이 마련되어 있지 않은 우리가 외자유치에만 치중하고 투기성 자본으로부터 국가 기간산업을 보호하는 방안을 강구하지 않는다면 결국 국가경제의 위기를 초래할 수 있다. 그러므로 엑슨－플로리어 법이 갖는 형평성과 모호성의 문제에도 불구하고 도입을 적극 검토해 볼 필요가 있다.

Ⅳ. 國際協約과 金融리스크 管理

1. 金融리스크 管理의 意味

외국자본에 대한 형평성 논란을 없애기 위해서는 감독기관이 금융리스크(Financial Risk)를 철저히 관리하는 것이 필요하다. 금융리스크는 자산가치의 감소나 부채가치의 증가 등을 통해 금융기관의 이익이나 가치가 감소하는 예상치 못한 결과가 나타날 가능성 또는 그 변동성을 말한다. 금융리스크에는 일반적으로 재무리스크와 비재무리스크로 나눌 수 있다.[307] 시장의 자율성 확보라는 금융감독의 중립 입장에서 볼 때 금융리스크관리의 문제는 시장의 건전성과 안정성을 확보하여 금융위기를 예방하고 자율규제가 철저히 진행될

---

307) 재무리스크는 신용리스크, 시장리스크, 유동성리스크, 금리리스크를 말하며 비재무리스크는 운영리스크, 규제리스크, 평판리스크, 법적리스크를 말한다. 금융안정분석국, "알기쉬운 금융리스크의 이해", 한국은행(2006), 4면.

수 있는 환경을 조성해서 감독기관의 규제비용부담을 경감시킬 수 있다. 문제는 금융리스크관리방법에 대한 것인데 현재는 BIS협약에 따른 기준을 적용하고 있다.

2. BIS協約

은행감독업무의 국가 간 협력과 국제적 기준(Global standards)을 마련하기 위해 구성된 국제결제은행 산하위원회인 바젤위원회[308]는 은행이 직면한 금융리스크를 합리적으로 측정하고 이를 충당할 수 있는 자본을 보유하도록 하고자, 우선 은행이 직면한 리스크 중 가장 비중이 큰 신용리스크에 대응한 적정자기자본보유(위험가중자산 대비 최소 8%)를 의무화하는 협약을 1988년 도입하고, 1996년 시장리스크를 추가 반영하는 등 제도적 개선이 이루어졌다. 한국도 가

---

308) 선진 10개 나라(G-10)의 중앙은행총재회의 결과 1975년 설치되었다. 바젤은행감독위원회(BCBS; The Basel Committee on Banking Supervision and Supervisory Practices)는 미국, 영국, 캐나다, 벨기에, 프랑스, 독일, 이탈리아, 일본, 네덜란드, 스웨덴 등 G-10 외에 스위스, 룩셈부르크, 스페인을 포함하여 모두 13개 나라의 중앙은행 대표로 위원회가 구성되었다. 단, 중앙은행이 금융기관에 대한 감독권을 갖지 못하였을 경우에는 은행감독기관이 회원이 된다. 위원회를 구성하는 13개 나라를 바젤회원국이라고 부른다. 위원회는 국제금융시장에서 금융거래의 안전성을 유지하기 위하여 BIS자기자본규제제도를 작성하였다. BIS규제 또는 바젤 Ⅰ이라고도 부르는 이 제도는 1988. 7. 합의되었으며 1992년부터 바젤회원국들 사이에서 적용되고 있다.

입되어 있는 현행 BIS협약은 전 세계 100여 개 국가에서 채택되어 왔으나 1990년대 후반 이후 금융환경의 급격한 변화로 그 유효성이 크게 저하되었다.[309] 현행 협약은 차주의 다양한 리스크를 정교하게 반영하지 못하고 은행별 리스크량에 관계없이 획일적인 기준으로 소요자기자본을 부과하고 있으며, 그간의 발전된 리스크관리기법 등을 수용하지 못해 자산유동화증권 발행 등 규제자본회피거래(capital arbitrage)가 증가하는 결과를 초래한다는 비판을 받아왔다.[310] 이러한 점을 감안하여 바젤위원회는 은행이 현행 신용리스크 측정방법을 정교화하고, 신용리스크 이외 운영리스크를 추가 감안토록 하는 한편, 은행의 자본적정성을 상시 확보하기 위하여 감독당국과 시장의 점검·감시를 강화하는 내용을 주요 골자로 하는 신 BIS 협약을 발효하였다.

3. 新BIS協約

국제결제은행(Bank for International Settlements)의 바젤은행감독위원회(The Basle Committee on Banking Regulations and

---

309) Friedemann Loch/Hiltrud Thelen–Pischke, Basel Ⅱ: Finales Rahmenwerk veröffentlicht–start für den fortgeschrittenen IRB–Ansatz erst Ende 2007, Zeitschrift für das gesamte Kreditwesen, 15(Juli 2004), 732면.

310) Eberhard Zinn, Basel Ⅱ und Mak: der direkte Weg zur normierten Einheitsbank, Zeitschrift für das gesamte Kreditwesen, 1.(Feb 2004), 127면.

Supervisory Practices)는 2004. 6. 현행 BIS 자기자본규제제도(이하 현행 협약)를 개선한 신BIS 협약(일명 바젤 Ⅱ)을 발효하였다.311) 이에 따라서 바젤위원회 회원국 소속은행은 2006년 말부터 신BIS 협약을 도입하여야 한다.312) 우리의 금융감독당국도 2008년부터 도입할 계획이다. 신BIS 협약은 급속히 변화하는 금융환경에 대응하려는 각국 금융감독당국에게 새로운 금융리스크관리의 세부적인 기준을 제시하고 있다.

기존의 BIS협약보다 은행의 자율성을 보다 광범위하게 보장한 신BIS 협약의 구조를 세부적으로 보면, 현행 협약을 개선한 최저자기자본규제과 감독당국의 점검 및 시장규율 등 3개 부문으로 구분되어 있다. 먼저 최저자기자본규제는 기존의 신용, 시장리스크에 운영리스크를 추가로 감안하여 산정한 위험가중자산의 8% 이상을 자기자본으로 적립하도록 규정하고 있다.

특히, 신용리스크는 은행의 리스크 관리수준에 따라 표준방식 또는 내부등급방식을 선택적으로 적용할 수 있는데 현행 협약에 비해 차주의 신용도를 훨씬 더 세분화하고 있다. 은행이 보다 엄격하게 대출조건을 검토해야 한다는 것을 요구하고 있는 것이다. 다음으로 금융감독당국은 은행에게 리스크 특성을 고려하여 적정 자기자본을

---

311) 소속 13개 회원국 중앙은행 총재가 협약의 내용에 대해 최종 합의한 것이다.

312) 한국은 이 협약의 회원국은 아니지만 리스크관리선진화와 금융시스템의 안정화라는 신BIS 협약의 취지를 감안하여 적극 도입할 계획으로 있다.

확보하도록 요구하고 이를 제대로 지키고 있는지 적절성 여부를 검사·평가하도록 하는 한편, 은행이 이를 계속적으로 위반할 경우에는 적기시정조치를 포함한 필요한 조치를 취하도록 하고 있다.

그러나 위 협약을 도입하는 데 몇 가지 문제점이 있다. 즉 ① 정교한 리스크측정 방법론을 도입할 대형은행의 경우, 이에 필요한 장기 데이터 축적 및 리스크관리시스템 구축에 문제점이 있으며, ② 리스크관리에 대한 인식 및 경험부족으로 인해 리스크 중심으로의 경영혁신이 쉽지 않고, ③ 은행의 경우 신BIS 협약 도입 시 자기자본비율이 하락할 것으로 예상하고 있기 때문에 자본확충의 문제가 제기된다. 또한 ④ 신BIS 협약은 차주별 리스크를 주기적으로 평가하여 위험가중치를 적용함에 따라 경기순응성(pro-cyclicality)을 확대시킨다는 지적이 있다. 예를 들면 경기수축기에는 리스크를 과대평가하게 되고 이는 신용공여 축소로 이어져 결국 경기 추가 축소의 과정을 거치게 된다는 것이다.313)

---

313) 이렇듯 국가 간 정도의 차이는 있겠지만 신BIS 협약이 경제나 금융시장까지 광범위한 충격을 가져올 것으로 예상됨에 따라 선진국조차 신BIS 협약 도입에 대해 신중한 자세를 견지하고 있으며, 일부 국가는 이 과정에서 자국이익을 확보하려는 움직임을 보였다. 이는 시행시기가 3차례 조정되고, 최종기준안 결정 때까지 일부 국가는 자국산업에 유리한 방향으로 결정될 수 있도록 영향력을 행사한 데서도 잘 나타난다. 바젤위원회 회원국의 양대 축은 미국과 EU인데, 우선 미국을 살펴보자면 2003년 초 미국의 감독당국(FRB)은 국제 영업을 하는 초대형은행만을 대상으로 2007년부터 가장 정교한 방법론만 적용토록 잠정결정하였다. 그러나 아직 미국 은행들은 신BIS 협약 시행으로 인해 카드사업 등 고위험-고수익 사업이 위축될 것을 우려

결론적으로 신BIS 협약이 선진국의 대형금융기관의 리스크관리 모범규준(Best Practice)을 반영한 것이라고 알려져 있지만 선진국 은행들도 신BIS 협약 요건을 충실하게 이행하기가 어려울 것으로 예상된다. 우리의 경우에도 바젤위원회 회원국들에 비해 리스크중심의 감독체제 구축, 신용평가시장 활성화 및 자산유동화시장 안정화 등 도입 전에 마련되어야 할 감독제도와 금융시장 여건이 부족하기 때문에 제도 도입에 따른 장애요소가 더 많을 수밖에 없기 때문에 이에 대한 만반의 대책 없이 도입을 서두른다면 부작용이 클 것이다.

하고 있으며, 미 의회도 중소기업의 자금조달난이 심화될 것으로 우려하면서 신BIS 협약에 대한 지지를 유보하고 있는 상태인 것으로 파악되고 있다. 따라서 신BIS 협약의 시행에 관련한 최종적인 결정은 추가적인 계량적 영향평가 이후에 발표할 것으로 전망되고 있는 실정이다. 유럽의 경우 금년 7월에 유럽 위원회(European Commission)는 유럽 은행 및 투자회사를 대상으로 한 신BIS협약 적용기준 최종안을 발표하고 이를 유럽 의회에 제출하였는데, 도입시기는 2006년 말~2007년 말 중에는 은행이 선택할 수 있도록 하고 2007년 말부터 의무적용토록 하는 등 바젤위원회 최종협약내용을 다소 수정·적용하였다. 이는 EU 내에서 도입시기를 2007년 말로 미루기를 희망하는 영국과 2006년 말부터 도입하기를 희망하는 독일 등 국가 간의 타협의 산물인 것으로 알려져 있다. 그리고 유럽 위원회는 EU의 경제부흥을 위한 벤처산업의 중요성을 감안하여 은행이 벤처산업 투자시 적용되는 위험가중치를 신BIS 협약 최종안에 비해 완화하기로 결정하였다.

Ⅴ. 小 結

건전한 투자목적의 외국자본 유입을 반대할 이유는 없다. 그러나
금융시장을 교란할 수 있는 투기적 외국자본에 대해서는 엄격한 법
적수단과 집행이 뒤따라야 한다. 따라서 투기적 외국자본이 부정·
불법적 방법으로 단기간에 이익을 실현해도 외국인직접투자에 대한
규제수단이 없는 현행 법제도를 개선해야 한다. 예를 들자면 여러
나라의 경우, 투기적 외국자본에 대항하고자 외국인 투자자에 대해
서 사전 심사제 또는 철수 명령제와 같은 직접규제제도를 두고 있
는데(미국의 Exon-Florio Act) 우리의 경우도 '외국인투자촉진법'
에 금융질서를 교란하는 외국인 투자를 제한하거나 철수를 명령하
는 포괄적인 조항을 마련하는 것이 필요하다는 논의가 진행되고 있
다.[314] 만일 이 조항이 입법화되면 그 효과는 매우 클 것으로 예상
되는데 불법·편법·탈법적인 외국자본을 사전차단하는 데 효과를
발휘할 수 있을 것이다. 또한 민주노동당, 시민단체 등에서는 외국
자본 전반에 대해 엄격한 기준을 적용해야 한다면서 외국인투자지
원제도의 전면 재검토와 단계적 축소를 주장하고 있다(자본유출을
규제하는 대책으로 외국부동산투자 등 비생산적인 부문에 대한 외
국투자 역시 제한되어야 한다고 주장한다). 더 나아가서 외국인 투

---

314) 최승재, "한국판 엑슨 플로리어법 제정에 대한 연구 — 입법론을 중
   심으로 —", 『증권법연구』 제7권 2호(2006), 334~338면. 심상정,
   "외국자본규제 어떻게 할 것인가", 민주노동당·투기자본감시센터주최
   — 외국자본 정책토론회 발표문(2005. 4. 11.), 10면.

자자에 대한 투명한 관리를 위하여 외국인 투자자 등록 시 기입하는 항목을 대폭적으로 추가하고 체계화해야 한다는 주장도 있다.[315] 그러나 외국자본에 대한 엄격한 규제강화가 금융국제화의 조류에 역행하는 지나친 보호주의로 흐른다면 국내 금융산업 후퇴와 시장 자율성 붕괴만을 가져올 수밖에 없다. 그러므로 외국자본 전반에 대한 규제강화보다는 투기적 외국자본의 차단과 대응에 중점을 둔 리스크관리중심의 예방적 감독체계를 수립하는 것이 바람직할 것이다.

또한 과거 BIS 협약 기준보다 좀 더 포괄적이고 리스크평가에 민감한 구조를 갖춘 새로운 BIS 협약이 도입된다면 은행경영뿐만 아니라 전체 금융시장에 광범위한 영향을 미칠 것이다. 도입을 주도하고 있는 감독당국은 신BIS 협약의 시행으로 인해서 국내 은행산업의 리스크 관리수준을 한 단계 높일 뿐만 아니라 금융시스템의 안정성도 증대시킬 것이라고 주장하고 있다. 그러나 협약의 조속한 도입이 신용경색을 가져와서 은행의 수익구조를 악화시킬 것이라고 전망하고 있다. 이 주장은 과거 외환위기 이후 감독당국이 은행의 건전성을 점검하는 핵심지표로 BIS 자기자본비율을 활용하여 왔는데 금융구조조정 과정에서 감독당국의 BIS 자기자본비율 준수압력이 신용경색을 가중시키고 은행들의 수익성을 악화시킨 측면이 있다는 점을 지적한 것이다. 만일 신BIS 협약이 도입되면 한국과 같은 바젤위원회 비회원국 은행들은 BIS 자기자본비율이 현재수준보다 하락할 가능성이 큰 것으로 예측된다. 그리고 신BIS 협약에서는

---

315) 심상정, "외국자본규제 어떻게 할 것인가", 민주노동당·투기자본감시센터주최 — 외국자본 정책토론회 발표문(2005. 4. 11.), 11면.

소매여신과 우량기업여신에 대한 위험가중치는 낮아지는 반면, 비우량기업 여신의 위험가중치는 높아지도록 설계되어 있어서 신용등급이 낮은 중소기업금융의 위축으로 인해 경제성장동력 약화로 이어질 것이라는 예측이 있다.[316] 특히, 한국의 차세대 경제성장동력으로 정보통신, 생명공학 등 첨단기술을 기반으로 하는 벤처기업은 자본력보다는 아이디어와 기술력을 중심으로 창업되기 때문에 위험가중치가 높게 책정되어 은행대출이 더욱 엄격해 질 것이다. 이 산업에 대한 지원대책이 아울러서 강구되어야 한다.

第2節 사이버金融(cyber‑finance)에 대한 감독

Ⅰ. 사이버 金融의 時代

정보통신의 혁명이 현대인의 생활에 있어서 중대한 의미를 지니게 된 것은 금융업이 정보산업이기 때문이다. 금융업은 정보통신기기의 집약산업이다. 정보통신기기의 발전은 금융기관들이 업무개선을 통하여 고객에게 보다 다양한 금융상품과 서비스를 제공하는 데 광범위한 기회를 포착할 수 있게 하였다.[317] 고객 측면에도 과거,

---

316) 나경원, "국내 금융산업의 현황과 과제", 『국회국정감사보고서』(2004. 10.), 56면.

고객이 입·출금 위주의 간단한 금융서비스를 받기 위해서도 일일이 금융기관 영업점에 가야만 했는 데 비해서 이제는 고객이 영업점을 방문하지 않고도 집이나 직장 심지어 차안에서도 인터넷을 통하여 다양한 금융거래(Home Financial Trade)를 할 수 있게 하였다.

시간과 공간의 제약을 극복할 수 있게 된 은행은 금융상품매매계약과 관련한 영업점의 역할과 기능을 인터넷뱅킹(Internet Banking)으로 급속히 대체하였다. 과거, 은행이 영업을 하기 위해서는 무조건 영업직원이 고객을 직접 대면접촉하여 금융상품을 설명하고 판매하였기 때문에 동네마다 영업점이 반드시 필요했다. 하지만 사이버금융시대에는 영업점이나 영업직원의 역할을 인터넷이 담당하고 있기 때문에 고객은 인터넷상에서 금융상품에 대한 세부적인 내용을 보고 역시 인터넷상 약관을 통해서 매매계약을 체결할 수 있으며 결제 역시 인터넷 자동이체를 통해서 할 수 있다.[318]

또한 이러한 금융계의 사이버 혁명은 금융기관 간의 연계서비스망을 편리하게 구축하여 금융시장의 통합을 촉진하게 하였다. 당해 금융기관이 직접 만들지 않은 금융상품을 고객에게 제공할 수 있게 된 것이다. 예를 들자면 금융수요자가 은행 홈페이지를 통해서 보험사의 보험 상품을 구매한다든지 은행에서 증권사의 펀드상품을 구입할 수 있게 된 것이다. 또한 최근에는 무선노트북, 핸드폰, PDA 등을 통한 모바일뱅킹(Mobile Banking)까지 시행되고 있어서 그 편

---

317) 김경원·최희갑, 『디지털 금융 대혁명』, 삼성경제연구소(2002), 17면.
318) 국찬표, "사이버금융의 확산과 금융감독정책 방향", 『서강경영논총』 제11－2집, 13면.

리성과 기능성이 한층 강화되었다. 그리고 금융기관은 지점, 영업점 등의 운영으로 인한 고정비용의 절감효과를 얻을 수 있게 되었다. 더 나아가서 사이버금융의 확산으로 기존의 금융권역별 핵심업무의 비중이 급격히 축소되는 추세이다. 증권의 경우를 보면 주 수익원인 위탁매매 수수료 수입이 사이버 거래 비중이 증가하면서 축소되었다. 1998년 사이버거래 비중은 불과 4%였으나 2000년에는 50%를 넘어섰다, 사이버거래의 비중이 급속히 들어난 이유는 사이버거래의 편리성과 경제성 때문인데 사이버거래의 수수료율은 0.1% 정도로 일반수수료의 5분의 1 수준이다.[319]

이처럼 사이버금융은 금융시장의 대세가 되었지만 이에 대응하는 금융감독당국의 감독수준은 여전히 오프라인규제중심의 감독체계에 머물고 있다. 사이버금융시대에 규제일변의 오프라인규제중심의 감독원칙을 고수하는 것은 기존 감독관행에 익숙한 금융기관의 신뢰를 유지한다는 점에서 장점이 있지만 사이버금융의 발전 속도를 예측하기가 어려운 상황에서 근본적으로 비효율적일 수밖에 없다. 따라서 사이버금융시대에 금융감독당국의 적응성과 유연성이 더욱 요구된다.

정보기술의 발전이 상상외로 급속하게 진행되고 있고 이에 기초하여 새로운 금융상품이 수없이 생산되고 있기 때문에 금융감독이 너무 현행 법제의 틀에 얽매여 시대의 변화를 외면한다면 금융산업의 발전에 가장 큰 장애요인이 될 것이다.

---

319) 김석진, "온라인 금융의 현황과 과제", 『경상논집』 제29집 제1호 (2001), 122면.

Ⅱ. 서비스中心의 金融監督

사이버금융의 발전으로 인해서 금융기관과 소비자 간의 정보 비대칭성(Information asymmetry)현상이 해소됨에 따라 과거의 금융기관 편의 위주의 금융시스템은 더 이상 유지되기 어렵게 되었다.

소비자는 인터넷을 통해 필요한 정보를 저렴한 비용으로 수집할 수 있으므로 자신의 필요를 충족시키는 금융상품을 비교·평가한 후, 가장 낮은 가격으로 매입할 수 있게 되었고 더 나아가서 편리성을 무엇보다도 중시하게 된 소비자는 모든 금융업무의 동시추구를 원하게 되었다.[320] 따라서 금융기관은 소비자중심 경영시스템 구축 압력에 직면하게 되었으며 진입장벽 완화와 글로벌 금융기관의 국내시장 진입으로 경쟁이 심화되어 지속적으로 서비스를 개선하여 고객확보를 해야만 안정적 수익을 창출할 수 있게 되었다. 그러나 금융기관이 소비자의 편리성을 중시하는 금융서비스로 전환하였다고는 하지만 소비자의 피해사례는 오히려 급증하고 있다. 편리성이 안전성을 담보하지 못하는 결과이다. 따라서 소비자보호를 위한 제도적 장치를 시급히 마련해야 한다. 비대면성·즉시성 등의 특성으로 인하여 사이버 금융거래는 그 편익에 비례하여 분쟁의 소지가 커지고 소비자에게 큰 손해를 끼칠 가능성이 높아졌다. 더욱이 개방형 네트워크인 인터넷의 이용증가에 따라 해킹 등에 의한 소비

---

320) 국찬표, "사이버금융의 확산과 금융감독정책 방향", 『서강경영논총』, 제11-2집, 13면.

자피해에 있어서 소비자와 금융기관의 책임한계가 모호하게 되는 경우가 자주 발생하고 있다. 그러나 이처럼 사이버금융의 발전이 금융감독의 기술적 어려움을 증가시키고 있지만 규제일변의 금융감독 시스템을 서비스중심의 감독시스템으로 전환하는 데 중요한 동인으로 작용하고 있는 것도 사실이다.

Ⅲ. 技術中立性 原則

기술중립성(technology neutrality)원칙은 사이버금융의 세계에서 금융감독의 중립성을 유지하는 중요한 개념이며 전자상거래 관련정책에서 가장 빈번하게 제시되는 원칙 중의 하나이다. 일반적으로 기술 중립성은 특정 기술에 대하여 경쟁상의 혜택을 주지 않는 정책 또는 규제를 말한다.[321] 다시 말해서 전달경로별로 상이한 리스크와 통제환경을 감안하여 균형 있는 규제를 부여해서 특정한 기술에 대하여 경쟁상의 혜택을 주지 않는 정책을 말한다.

예를 들자면, 금융기관의 인터넷뱅킹의 전자환경은 마이크로 소프트(Micro Soft)의 윈도우(window) 환경에 웹브라우져(Web browser)는 인터넷 익스플로어(Internet Explore)를 사용하고 있다. 처음부터 리눅스(Linux)나 매킨토시(Machintosch)를 이용하는 소수의 사람들을 인터넷뱅킹의 유저(User)에서 제외시키고 있는 것이다.

---

321) 강임호, 『디지털 금융의 이해』, 한국금융연구원(2003), 365면.

이 경우, 금융감독당국이 현재처럼 아무런 규제 조치를 하지 않는다고 했을 때 감독당국은 윈도우와 익스플로어에 기술우호적 정책을 시행하므로 해서 사이버금융시장의 독과점을 부추기는 결과를 초래한다. 감독당국은 금융기관과 금융수요자가 사이버뱅킹을 함에 있어서 선택권을 자유롭고 합리적으로 행사할 수 있게 하기 위해서는 인터넷환경에 대해 기술중립성 원칙에 입각한 감독을 행해야 한다.

그러나 감독당국이 기술중립성 원칙을 지켜야 한다고 해서 무조건 무차별적인 감독을 하라는 것은 아니다. 감독당국이 인지하고 있는 리스크가 감독차별을 정당화할 수 있다면 전달수단별로 감독의 강도 등을 차별해서 적용할 수도 있을 것이다.[322] 위의 예에서 마이크로소프트사의 인터넷 익스플로어의 성능이 여타 웹브라우저보다 월등이 뛰어나고 편리한데도 금융감독당국이 다른 웹브라우저의 사용을 금융기관에 종용한다면 이는 기술중립성 원칙에 오히려 반한다. 그러므로 감독당국이 특정기술에 우호적인 입장을 보인다고 해서 반드시 기술중립성 원칙에 위반되는 것은 아니다. 감독당국이 금융기관에게 공인인증서 제도를 도입하도록 하는 것도 그 예인데 디지털금융에 있어서 공인인증서의 채택은 사설인증서에 비해 거래의 안정성을 높이는 데 매우 효과적이므로 금융기관에게 공인인증서제도를 도입하도록 하는 것 역시 기술중립성 원칙에 반한다고 할 수 없다.

---

322) 강임호, 『디지털 금융의 이해』, 한국금융연구원(2003), 266면.

Ⅳ. 小 結

오늘날 급변하는 금융환경을 주도하고 있는 것은 다름 아닌 사이버금융이라고 말할 수 있다. 그 편의성으로 인해 금융이용자의 금융거래가 한결 편리해지고 금융기관의 업무가 신속하게 처리되고 있지만 사이버금융으로 인한 법적 문제 또한 적지 않다. 특히, 금융거래의 보안성 문제는 앞으로 금융시장의 화두가 될 전망이다. 금융기관은 금융거래의 안정성을 강화하기 위하여 전자금융업무 및 그 기반이 되는 정보기술부문에 대해 기밀성(confidentiality), 무결성(integrity), 보안성(security) 및 가용성(availability)을 포함한 종합적인 대책을 설정·운용해야 할 것이다. 특히, 제휴 또는 외부 발주와 관련하여 금융정보의 무결성 유지 및 정보유출 방지, 당해 업자의 도산 등에 따른 업무중단 시, 비상대책의 수립, 당해 업자의 업무수행에 대한 내부통제 강화 등을 위하여 적절한 조치를 취해야 한다.

기본적으로 사이버금융에 대한 금융감독의 입장 역시 금융기관의 보완성을 강화하도록 권고하는 것과 사이버뱅킹으로 인한 기술분쟁 시 기술중립적 입장을 견지하는 것을 잊지 말아야 한다.

第 6 章

結　語

第1節 法治金融

1997년 금융감독의 통합이 이루어진 후, 금융감독의 책임성이 약화되었다는 지적이 있어 왔다. 일각에서는 감독책임성 약화의 원인에 대해서 감독업무를 집행하는 금융감독원이 비정부조직으로 구성되었기 때문이라고 지적하였다. 그러나 감독행정의 책임성 약화는 금융감독원이 비정부조직으로 구성되었기 때문이 아니라 금융감독이 여전히 관치금융의 구태에서 벗어나지 못했다는데 그 1차적인 책임소재가 있다. 따라서 감독책임을 강화하기 위해서는 무엇보다도 법치금융을 구현해야 한다. 이를 위한 방안을 검토해 보면, 첫째, 금감법에 감독목적을 명확히 규정해서 감독당국의 법적 책임성을 강화해야 한다. 만일, 감독당국이 목적에 위배하여 고의, 중대한 과실로 금융시장을 교란하거나 금융시장의 참여자에게 치명적인 손해를 주었다면 이는 정치적 책임여부를 떠나서 엄중한 법적 책임을 부담해야 할 것이다. 특히, 감독기관이 국민의 경제적 권리에 대해서 침해행위를 했다면 국가는 국민이 입은 피해에 대하여 배상해야 한다. 이 문제와 관련하여 감독기관이 적시시정조치 등 금융감독을 제대로 행사하지 않아서 금융기관이 도산하였을 경우, (예금자 보험제도를 논외로 하더라도) 예금자가 감독기관을 상대로 한 국가배상청구여부가 법적 쟁점이 될 수 있을 것이다. 이 논제는 공법학에서 행정청의 재량을 축소시켜서 제3자에 대한 개입의무를 발생시키는 행정개입청구권의 문제로 다루어질 수 있는데 만일 감독기관의 개입재량이 축소하여 행정개입청구권이 발생하였음에도 감독기관이 불이행하였을 경우, 예금자가 이로 인해 발생한 피해에 대해 손해배상을 청구한다면 다음의 법률요건을 검토해 보아야 한다. 즉 ① 감독수단이 공익뿐만 아니라 예금자 이익도 보호해야 할 필요가 있어야 하며(사익보호성) ② 금융기관의 경영상태가 극도로 악화되어 감독기관의 재량이 영으로 수축되어야 하며 ③ 감독기관의 감독수단 불이행과 손해발생 사이의 상당한 인과관계가 인정되어야 한다는 요건을 충족되어야 한다.323) 위 요건 중 예금자의 사익보호성과 관련하여 법령에 명시적으로 예금자의 이익을 보호하는 규정의 존재유무에 대해서 논의가 있으나 행정개입청구권의 근거가 되는 당해 법령의 목적론적 해석을 통하여 사익보호성이 있는 것으로 추론할 수 있다는 것이 일반적인 견해이다.

둘째, 시행령, 시행규칙, 금감위 사무규정에 대한 규범통제를 강화해야 한다. 우리 헌법 제107조 제2항은 명령·규칙 또는 처분이 헌법이나 법률에 위반되는지 여부가 재판의 전제가 될 경우, 대법원이 이를 최종적으로 심사한다고 규정하고 있다. 여기서 명령·규칙은 법규명령을 말한다. 따라서 상위법의 위임이 없는 법규명령이나 헌법 제75조에 위반되는 포괄적 위임에 의하여 제정된 법규명령 등은 법원에 의하여 위헌·위법으로 무효이다. 그러나 금융감독의 경우 감독업무의 대부분이 금감위 사무규정에 의해 집행되는데, 금감

---

323) 백윤기, "금융행정에 있어서 법치주의 구현방안", 『저스티스』 제33권 제4호, 41면.

위 스스로 제정한 사무규정에 대해서는 행정청 내부적인 사무처리를 위하여 상위법령의 위임을 받지 아니하고 정립한 자율적 규정이기 때문에 법규명령으로 볼 수 없고 규범통제의 대상이 아니라는 것이 전통적인 이해의 방식이다. 그러나 개별 금감위의 사무규정 중에서 국민의 생활관계에 미치는 영향이 직접적이고 중대한 규정들은 법규명령으로 보아 규범통제의 대상으로 삼아야 한다. 이와 관련하여 판례의 경향을 분석해 보면, 현재까지 행정규칙의 법규성 인정여부에 대하여 대법원 판례의 대부분 부정적인 입장을 취하고 있다. 그러나 대법원 1994. 3. 8. 선고921728 판결에서 생수판매에 관한 보건복지부장관의 고시가 「식품위생법」상의 근거에 의한 것이므로 법규적 효력이 있는 것으로 보아 규범통제를 하여 위헌 판결한 사례도 있다.

그리고 감독 사무규정에 대한 규범통제 문제와 더불어서 금감위의 사무규정의 위법·위헌 가능성을 미연에 방지하기 위하여 금감위의 업무규정과 결정사항에 대해서 독립적 기구가 이를 심사하는 방안을 생각해 볼 필요가 있다. 업무규정은 금감위 스스로 정립하기 때문에 적법성여부보다는 행정효율성에 따라서 제정되고 집행되기 쉽다. 따라서 업무규정의 금융질서 교란여부를 공정거래위원회 등 유관기관의 사전 검토를 받도록 하고 금융기관이 감독원의 제재나 승인내용에 대해 불복할 경우, 대통령 직속으로 운영하는 별도의 심사기관에서 이를 심의케 해야 한다.

第2節 統合機構의 統制와 機能의 分離

Ⅰ. 統合機構의 統制

금융정책의 독립성·전문성·효율성을 가로막는 관치금융의 문제를 조직법적 차원에서 해결하기 위해 마련된 방안이 금융감독의 통합이었다. 금융감독을 통합하는 궁극적인 목적은 금융감독기구를 정부로부터 독립시키기 위함이다. 그러나 본문에서도 검토해 보았듯이 한국의 경우, 정부조직인 금감위가 의결권한을 갖고 금감원을 지시하는 시스템이기 때문에 금융감독 통합의 의미가 제대로 실현되었다고 볼 수 없다.

그러므로 현 통합감독시스템의 정치적 독립성을 확보하고 저비용으로 감독효율성을 강화하기 위해서는 현행 금융감독원으로 감독기구를 일원화하고 금감위폐지와 아울러 금융감독원의 내부 합의제 의결기관을 신설해야 한다는 것이 본 연구의 취지이다. 결론적으로 이러한 형태의 조직개편이 감독업무를 정부의 정치적 압력으로부터 좀 더 벗어날 수 있고 좀 더 자율적이고 독립적인 업무를 가능하게 할 것이다.[324]

그러나 금융감독원으로의 통합이 자칫하면 통제장치가 없는 거대

---

324) Basle Committee on Banking Supervision, Core Principles for Effective Banking Supervision. (September 1997), 13면.

기구로의 권력집중이라는 새로운 문제를 야기할 수 있다. 감독기구가 정부조직으로 통합된다면, 금융감독당국의 일상적인 감독업무수행과 관련하여 행정책임을 물을 수 있는 기관인 재경부와 국무총리, 국회 및 감사원등 계층적 통제장치가 마련되어 있기 때문에 행정책임성을 확보할 수 있다. 반면에 금융감독원으로 통합된다면 거대기구로의 권력집중을 통제할 별다른 통제장치가 없으므로 감독책임성이 약화될 수 있다. 따라서 통합 금융감독원을 통제하기 위한 특별한 방안이 마련되어야 한다. 이를 위하여 우선 금융감독원 자체적으로 내부통제기능을 확고히 구축할 필요가 있고 임·직원 복무규정도 엄격히 운영해야 한다.325) 또한 감독업무의 수행을 상시적으로 감시할 수 있는 독립 외부감사위원회를 설치할 필요가 있다. 그리고 금융감독원장, 부원장, 내부 합의제 의결기관의 임명직 위원들을 임명할 때에는 국회에 인사청문회를 열도록 하여 후보자의 업무능력 그리고 전문성과 도덕성을 검증할 수 있도록 해야 할 것이다.

더불어서 감독조직은 통합하여도 감독권한은 감독효율성을 극대화하기 위한 기능주의적 관점에서 감독유관기관인 한국은행, 예금보험공사 등에 양도하여 감독수단의 독자적 행사보다는 협력적 행사

---

325) 공적 민간기구로서의 금감원은 기업과 같은 순수민간기구가 아니라 공권력적 행정권을 행사하는 공법인이므로 그 임·직원은 공무원과 동일한 책임과 의무를 담당하는 것이 당연하다. 그러나 현재도 금감원 임·직원들에게는 재산등록의무 등 사실상 일반공무원보다 더욱 무거운 책임과 의무가 개별법들에 의해 부과되고 있다. 김대식·윤석헌, "통합금융감독기구의 변천과 향후의 개편방향", 『금융학회지』 제10권 제1호(2004), 232면.

가 이루어지도록 해야 할 것이다. 유관기관과의 협력관계를 강화하기 위해서 이들 기관 간 공동검사를 확대해야 하며 공동검사 시에는 잠정적인 검사기구를 설치하여 의사소통이 원활하게 진행되는 상태에서 업무 수행이 될 수 있도록 해야 할 것이다. 사전적으로는 필요인력을 기관 상호 간에 교차 파견하여 각 기관의 운영 메커니즘을 직접 체험할 수 있도록 해야 한다.

Ⅱ. 政策機能과 監督機能의 分離

현재의 금융감독당국인 금융감독위원회와 금융감독원은 금감법상 분리되어 있으나 실질적으로는 하나의 기관으로써 정책기능과 감독기능을 모두 보유하고 있다. 따라서 감독기관이 정책기능과 감독기능을 모두 보유할 경우에 지나치게 강력한 규제기관이 되어 금융감독이 획일적이고 경직되게 운용되기 마련이다. 이를 개선하기 위해서 견제와 균형의 원리를 효과적으로 적용할 필요가 있다. 따라서 현재의 금융감독원으로 통합·일원화하여 감독기능을 맡기되, 정책기능은 분리하여 다른 주무관청에 맡기는 것이 바람직할 것이다. 그러자면, 금융정책기능은 재정경제부에 두고 금융감독의 집행기능만을 금융감독원에 둠으로써 양 정책 기능을 분리해야 할 것이다.326)

---

326) 김대식·윤석헌, "통합금융감독기구의 변천과 향후의 개편방향", 『금융학회지』 제10권 제1호(2004), 235면.

궁극적으로 금융감독의 효과성은 금융정책기능이 적절히 수행되어야 한다는 전제하에 극대화될 수 있다. 실증분석에 따르더라도 ① 높은 인플레이션, ② 높은 실질이자율, ③ 경기후퇴 등 거시경제환경의 약화는 금융위기의 가능성을 높이는 것으로 나타났기 때문에 금융정책을 담당하는 자들은 과도한 인플레이션, 급격한 금리상승, 경기후퇴 등이 발생하지 않도록 거시경제정책을 적절하게 운용할 책임을 부담한다.[327]

第3節 參與와 協力

금융감독법제의 새로운 흐름 중 하나는 규제의 효과를 높이기 위해 국가가 규제를 직접 담당하는 공적 규제 중심의 감독정책에서 금융기관들 스스로 정립한 규칙에 의해서 규율하는 자율규제 방향으로 규제기조가 변화하고 있다는 점이다. 이러한 규제 패러다임의 변화는 공법의 새로운 경향이라고 할 수 있는 '참여와 협력'의 법치주의 의미와 일치된다고 볼 수 있다. 국가행정에 대한 시민사회의 '참여와 협력'은 공법의 두 가지 핵심원리라고 할 수 있는 법치주의와 민주주의의 현대적 결합이라고도 볼 수 있다.[328]

---

327) "21세기의 금융환경과 금융감독", 금융감독원(2004. 4.), 378면.
328) 독일의 경우 법치주의와 간접 민주주의를 철저히 하나의 맥점으로만

한편, 금융시장에서 자율규제가 강조되는 이유는 금융영역이 다른 영역에 비하여 자율규제기관과 규제대상과의 근접성, 순응성이 강하다는 특성 때문이지만[329] 자율규제가 공적 규제보다 도덕적 해이 문제를 야기할 기능성이 크기 때문에 자율규제의 강화가 감독효율성을 약화시킬 수 있다는 비판도 만만치 않다.

그러나 자율규제를 강화한다는 점이 공적 규제를 전면적으로 부정하자는 것이 아니라 공적 규제가 미치지 않는 금융영역에서 금융시장과 금융기관의 자율성을 믿고 신뢰한다는 취지이므로 자율규제의 의미를 높은 책임성을 바탕으로 하는 '자치'의 개념으로 이해한다면 자율규제 강화를 받아들이는 데 큰 무리는 없을 것이다. 그리고 이러한 이해의 방식이 시장의 자율성을 강조하는 우리 헌법상 경제조항의 의미와 일치한다고 볼 수도 있다.

구체적으로 자율규제를 강화하기 위한 실천적 방안을 고려해 보자면 자율규제기관의 권한 강화를 들 수 있을 것이다. 증권업을 예를 들자면 제1차적으로 증권범죄를 가장 잘 적발할 수 있는 기관은 증권이 거래되는 시장인 증권거래소이다. 시세조종 등 많은 불공정 거래들이 금융감독당국의 모니터링(monitoring)을 통해 적발되기도

연결하고 나머지부분은 모두 제거해 버린 것이 행정법의 전통이었다. 그러나 오늘날 매스미디어(mass media)의 발달로 인해 직접민주적 요소가 강화되면서 국정에 국민의 참여와 협조는 대세가 되었다. 박정훈, "행정법의 구조변화로서의 참여와 협조 — 독일에서의 이론적 논의를 중심으로 —", 『공법연구』 제30집 제5호(2002. 6), 1면 이하.

329) 이원우, "변화하는 금융환경 하에서 금융감독체계 개선을 위한 법적 과제", 『공법연구』 제33집 제2호(2005. 2.), 59면 재인용.

하지만 증권거래소가 증권사의 영업활동현장을 직접 검사해서 적발이 되는 유형들도 많다. 그러나 증권범죄의 적발, 조사, 처리과정은 증권거래소의 감리업무에 의존하는 데 비하여 증권거래소가 증권사에 대한 독자적인 감리, 검사 및 제재조치를 할 수 없도록 하고 있다. 그러므로 증권업에서 자율규제를 강화하기 위해서는 증권거래소 등의 자율규제기관으로 하여금 증권범죄에 대하여 적극적으로 조사하고 더 나아가서 경한 범죄의 경우에는 독자적인 제재 및 조치를 수행할 수 있도록 하여 금융감독원의 검사업무 부담을 줄여야 하며 금감원이 보다 중요한 사건에 감독기능을 집중하여 감독이 효율적으로 이루어질 수 있도록 금융감독정책을 변화시킬 필요가 있는 것이다.330)

---

330) 이천현, "증권범죄의 현황과 대응방안", 『범죄방지포럼』 통권 제12호 (2003. 3.), 90면.

|參考文獻|

Ⅰ. 國內文獻

1. 單行本

강종만·이상제, 『외국인투자자의 주식투자행태와 성과분석』, 한국금융
　　연구원, (2005).

강병호, 『금융제도론』, 박영사(1998).

권영성, 『헌법학원론』, 법문사(2006).

권오승, 『자유경쟁과 공정거래』, 법문사(2002).

김건식·정순섭 編著, 『새로운 금융법 체제의 모색』, 소화(2006).

김경원·최희갑, 『디지털 금융 대혁명』, 삼성경제연구소(2002).

김동희, 『행정법 Ⅰ』, 박영사(2006).

김동희, 『행정법 Ⅱ』, 박영사(2006).

김명식, 『특수법인론』, 한국학술정보(2005).

김문현, 『사회·경제질서와 재산권』, 법원사(2001).

김성수, 『일반행정법 ― 행정법이론의 헌법적 원리 ―』, 법문사(2004).

김성수, 『개별행정법 ― 협조적 법치주의와 행정법이론 ―』, 법문사(2004).

김성수외 2인 共著, 『행정절차법제정연구』, 법문사(1996).

김철수, 『헌법학개론』, 박영사(2006).

김홍범, 『한국 금융감독 개편론』, 서울대학교출판부(2006).

김홍범, 『한국 금융감독의 정치경제학』, 지식산업사(2004).

김홍범, 『금융감독 — 이대론 안된다』, 두남출판사(2002).

고동수, 『기업의 사회적 책임(CSR): 국제논의 동향 및 우리의 대응방안』, 산업연구원(2006).

남효순·김재형, 『금융거래법강의 2』, 법문사(2001).

리차드 포스너, 정영진·주진열 共譯, 『미국독점규제법』(2003).

박균성, 『행정구제법』, 박영사(2000).

박영철외 2인, 『미완의 개혁 — 금융·기업구조조정 —』, 삼성경제연구소(2000).

벤톤 굽, 남두우·장국현·문성주 공역, 『금융권의 뉴패러다임 신바젤협약과 BIS비율』, 한경사(2006).

볼프강 프리드만/박수혁 譯, 『현대경제국가의 법원리』, 법문사(1986).

스티브마빈, 『한국에 제2의 위기가 다가오고 있다』, 사회평론(1998).

윤용로, 『금융개혁 — 미국금융제도에서 배운다 —』, 매일경제신문사(1997).

장하준, 『국가의 역할』, 부키(2006).

전광석, 『한국헌법론』, 법문사(2006).

전국경제인연합회 규제개혁팀, 『사례로 본 이런 규제 저런 규제』, FKI미디어, (2003).

정찬형·도제문 共著, 『은행법』, 박영사(2005).

정하중, 『행정법총론』, 범문사(2004).

최병선, 『정부규제론 — 규제와 규제완화의 정치경제 —』, 법문사(1997).

최송화, 『공익론 — 공법적 탐색 —』, 서울대학교 출판부(2002).

타릭 후세인, 이세민 譯, 『다이아몬드 딜레마(Diamond Dilemma)』, 랜덤하우스 중앙(2006).

프랑수아 셰네, 서익진 譯, 『금융의 세계화 ─ 기원, 비용 및 노림 ─』, 한울(2002).

허 영, 『헌법이론과 헌법』, 박영사(2006).

허 영, 『한국헌법론』, 박영사(2006).

헌법재판소, 『헌법재판소결정해설집』(2002).

헌법재판소, 『헌법재판실무제요』(2002).

홍성방, 『헌법학』, 현암사(2006).

홍준형, 『행정구제법』, 한울아카데미(2001).

2. 論 文

강현호, "공법인과 사법인의 구별에 대한 기초적 논의", 『공법연구』 제 32집 제1호(2003. 11.).

강현호, "금융감독원의 법적 성격", 『공법연구』 제31집 제3호(2003. 3.).

곽순근, "현대민주국가에 있어서의 다원주의에 관한 연구", 연세대학교 대학원 석사학위논문(1987).

고동원, "금융관련법제 정비의 현황과 전망", 『법제연구』 제16호.

국찬표, "사이버금융의 확산과 금융감독정책 방향", 『서강경영논총』 제 11─2집.

권영설, "국가경제와 법: 진단과 전망", 『공법연구』 제29집 제2호(2001. 2.).

김광묵, "은행산업의 소유구조 규제에 관한 법제개선방안의 연구", 한 국법제연구원(2001. 12.).

김대식·윤석헌, "통합금융감독기구의 변천과 향후의 개편방향", 『금융 학회지』 제10권 제1호(2004).

김병규, "법해석학과 철학적 해석학", 『부산법조』(1998. 12.).

김병록, "헌법과 정부조직법 — 국민정부의 법개정을 중심으로 —", 『허영정년논문집』, 허영박사정년 기념논문집 간행위원회(2002).

김석진, "온라인 금융의 현황과 과제", 『경상논집』 제29권 제1호(2001. 6.).

김성수, "금융감독법상 자율규제에 관한 연구", 『공법연구』 제34집 제1호(2005. 11.).

김성수, "헌법상 경제조항에 대한 개정론", 공법연구 제34집 제4호(2006. 6.).

김성수, "행정입법의 법률화 사례분석", 『경제법제과주최 전문가간담회 자료집』, 국회법제실(2004. 9. 6.).

김은경·김흥종, "EU의 금융감독체계: 현황과 평가", 대외경제정책연구원(2004).

김인준, "금융부실과 금융구조 개혁", 『경제논집』 제40권 제4호(2001. 12.).

김재홍·김태일 공저, "공공부문의 효율성 평가와 측정", 집문당(2003).

김홍범, "한국의 관료조직과 금융감독", 『5개학회 2004년 춘계공동학술 연구발표회자료집』(2004. 5. 21.).

나경원, "국내 금융산업의 현황과 과제", 『국회국정감사보고서』(2004. 10.).

박미숙, "증권거래법상 불공정거래행위에 대한 강제조사권", 『성균관법학』 제14권 제1호.

박민우, "은행의 효율적 도산에 관한 연구", 『법학연구』 제3집(2000).

배상근, "통화의 장기 중립성에 관한 연구", 한국경제연구원(2003).

손상호, "금융감독방식의 선진화 방안", 한국금융연구원(2004).

심영, "우리나라 은행규제·감독의 목적에 대한 법적 해석 및 그 개선 방향", 『연세법학연구』 제6집 제2권.

심영·정순섭, "금융산업의 환경변화와 법적 대응 — 영국의 개혁법을 중심으로 —", 『서울대학교 법학』 제44권 제1호.

안종식, "신바젤협약안하에서 금융감독 방향", 금융금융연구원(2004).

안창모, "금융환경 변화에 따른 감독체계의 재편 방향 — 시스템 안정과 효율의 조화 —", 『산업경제』 제8집(1998. 6.).

유진식, "금융감독법제정비방안 연구", 한국법제연구원(1999. 12.).

윤원배, "금융자유화와 금융감독", 『경제발전연구』 제2호.

이덕연, "민주주의와 대의", 『연세법학연구』 제9집 제2권(2003. 2.).

이덕연, "한국헌법의 경제적 좌표", 『공법연구』 제33집 제2호.

이서열, "국가의 시장개입과 경제질서", 『연세법학연구』 제10집 제1권(2003. 8.).

이연호, "한국에서의 금융구조개혁과 규제국가의 등장에 관한 논쟁", 『한국사회학』 제26집 제4호(2002).

이용근, "구조조정과 새로운 경제질서", 『고우경제』(2000 봄호).

이원우, "경제규제와 공익", 『서울대학교 법학』 제47권 제3호.

이원우, "금융행정의 새로운 패러다임의 가능성과 타당성", 『새로운 금융법 체제의 모색』, 소화(2006).

이원우, "변화하는 금융환경 하에서 금융감독체계 개선을 위한 법적 과제", 『공법연구』 제33집 제2호(2005. 2.).

이재웅, "금융규제 및 규제완화의 이론적 분석", 『금융연구』 제5권 제1호(1991. 4.).

이천표, "국제금융의 최근동향과 한국경제의 적응방안", 『경제논집』 제37권 제4호.

이철주, "헌법상 경제질서의 연구", 『한국방송통신대학교 논문집』 제16집(1993. 8.).

이혜영, "금융규제개혁 과정에서 규제관용에 관한 연구", 『한국행정학보』 제38권 제5호(2004).

임재연, "제재절차의 법적 정합성 및 권리구제 개선방안", 한국증권법학회(2006. 4.).

전원배, "산업자본의 은행지배와 은행소유구조 문제 ― 최근의 「은행법」 개정과 관련하여 ―", 『국회보』(2002. 4.).

정운찬, "중앙은행제도 개편에 관하여", 『한국행정연구』 제6권 제2호(1997 여름호).

지규철, "독일에서의 국가의 종교적 중립성", 『부경대학교논문집』 제3권 제1호, (1998. 12.).

최승재, "한국판 엑슨 ― 플로리어법 제정에 대한 연구 ― 입법론을 중심으로 ―", 『증권법연구』 제7권 2호(2006).

최우근, "우리나라 회계원칙의 발전과정", 『경영연구 제8권』(1999).

최일문, "생명보험 검사제도의 개선 방안에 관한 연구", 『지역개발연구』 제10호(2002).

한국금융연구원, "금융감독방식의 선진화 방안", 『토론회 자료집』(2004. 7. 8.).

한국, 감사원, "금융기관 감독실태조사", 『감사결과 보도자료』(2004. 7. 16.).

한국, 금융감독원, "21세기 금융환경과 금융감독"(2004. 4.).

함유근, "사이버금융의 전략적 대안 모델", 『상경연구』 제27집 제1호(2002).

허성관, "균형성과표에 의한 상업은행의 경영성과 평가", 『경영논집』 제21집.

홍두선, "금융부문 구조개혁", 『나라경제』(2003. 5.).

홍준형, "금융행정의 법적구조와 개혁방향", 『공법연구』 제29집 제2호.

Ⅱ. 外國文獻

1. 英美 文獻

Ha－Joon Chang, Breaking the mould:an institutionalist political economy alternative to the neo－liberal theory of the market and the state, Cambridge Journal of Economics(2002).

Lawrence L. C. Lee, The Basle accords as soft law: Strengthening international banking supervision, Virginia Journal of International Law(Fall. 1998).

J. Gregorv Sidak, The failure of Good Intentions: The Worldcom Fraud and the Collapse of American Telecommunications After Deregulation, Yale Journal on Regulation, Volume 20 No.2(Summer. 2003).

George－Marios Angeletos and Alessandro Pavan, Transparency of Information and Coordination in Economies with Investment Complementarities, The American Economic Review(May. 2004).

Yannis V. Avgerinos, Regulating and Supervising Investment Services in the European Union, palgrave macmillan(2003).

Thea Kuppens and others, Banking Supervision at the Crossroads,

Edward Elgar(2003).

William A. Lovett, Banking and Financial Institutions Law, West group(2001).

Eva Lomnica, The Financial Services and Markets Act: An Annotated Guide, Thomson(2002).

David Nickerson and Ronnie J. Philips, Regulation Financial Markets: Assessing Neoclassical and Institutional Approaches, JGI Vol.XXXVII No.2(June. 2003)

Cornelia Holthausen and Thomas Ronde, Regulating Access to International Large－Value Payment Systems, The Review of Financial Studies winter 2002 Vol.15, No.5(2002).

Robert Dekle and Kenneth Kletzer, The Japanese banking crisis and economic growth: Theoretical and empirical implications of deposit guarantees and wea financial regulation, Journal of The Janpanese and International Economies 17(2003).

Robert Gatter, Walking the talk of Trust in human subjects research: The challenge of regulating financial conflicts of interest, Emory Law Journal, Vol.52(Winter. 2003).

Richard A. Posner, The Problematics of Moral and Legal Theory, The Belknap Press(2002).

Richard A. Posner, The Economics of Justice, Harvard University Press(1981).

Blackstone's Guide to the Financial Services & Markets Act 2000, Blackstone Press Limited(2001).

2. 獨逸 文獻

Schlierbach, Helmut, Das Sparkassenrecht in der bundesrepublik Deutschland, in 1 und 2., Aufl(1998).

Mösbauer, Heinz, Staatsaufsicht über die wirtschaft, Carl Heymanns Verlag(1990).

Werner Frotscher, wirtschaftsverfassungs und wirtschaftsverwaltungs recht − Eine systematische Einführung anhand von Grundfällen, 2., neubearbeitete und erweiterte auflage C. H. Beck'sche Verlagsbuchhandlung Müchen(1994).

Hartmut Maurer, Staatsrecht I − Grundlagen Verfassungorgane Staatsfunktionen, 2., überarbeitete und ergänzte Auflage, C. H. Beck'sche Müchen(2001).

Hans − Peter Schwindtowski, Bankrecht, C. H. Beck'sche Müchen(1994).

Zeitschrift für das gesamte Kreditwesen 57. Jahrgang 1(Februar. 2004).

Zeitschrift für das gesamte Kreditwesen 57. Jahrgang 15(Juli. 2004).

NJW(Neue Juristische Wochenschrift) 57. Jahrgang 1(Juni. 2004).

Dieter Bellinger(Kommentar), Hypothekenbankgesetz, in 2 Auflage fortgeführten Werkes, C. H. Beck'sche Müchen(1995).

금융위원회의 설치 등에 관한 법률
[일부개정 2008.2.29. 법률 제8863호]

제1장 총 칙

제1조 (목적) 이 법은 금융위원회와 금융감독원을 설치하여 금융산업의 선진화와 금융시장의 안정을 도모하고 건전한 신용질서와 공정한 금융거래관행을 확립하며 예금자 및 투자자등 금융수요자를 보호함으로써 국민경제의 발전에 기여함을 목적으로 한다.<개정 2008.2.29.>

제2조 (공정성의 유지 등) 금융위원회와 금융감독원은 그 업무를 수행함에 있어 공정성을 유지하고 투명성을 확보하며 금융기관의 자율성을 저해하지 아니하도록 노력하여야 한다.<개정 2008.2.29.>

제2장 금융위원회〈개정 2008.2.29.〉

제1절 금융위원회의 설치 및 구성〈개정 2008.2.29.〉

제3조 (금융위원회의 설치 및 지위 <개정 2008.2.29.>) ① 금융
정책, 외국환업무취급기관의 건전성 감독 및 금융감독에 관한 업무
를 수행하게 하기 위하여 국무총리소속하에 금융위원회를 둔다.<개
정 2008.2.29.>

②금융위원회는 「정부조직법」 제2조(중앙행정기관의 설치와 조직
등)에 따른 중앙행정기관으로서 그 권한에 속하는 사무를 독립적으
로 수행한다.<개정 2008.2.29.>

제4조 (금융위원회의 구성 <개정 2008.2.29.>) ① 금융위원회는
9인의 위원으로 구성하되, 위원장·부위원장 각 1인과 다음 각 호의
위원으로 구성한다. <개정 1999.5.24, 2008.2.29.>

1. 기획재정부 차관
2. 금융감독원 원장
3. 예금보험공사 사장
4. 한국은행 부총재
5. 금융위원회 위원장이 추천하는 금융전문가 2인
6. 대한상공회의소 회장이 추천하는 경제계대표 1인
7. 삭제<2008.2.29.>

②금융위원회 위원장(이하 이 장 제1절 및 제2절에서 "위원장"이라 한다)은 국무총리의 제청으로 대통령이 임명하며, 금융위원회 부위원장(이하 이 장 제1절 및 제2절에서 "부위원장"이라 한다)은 위원장의 제청으로 대통령이 임명한다.<개정 1999.5.24, 2008.2.29.>

③제1항제5호 및 제6호의 위원은 대통령령이 정하는 바에 따라 당해 추천기관의 추천을 받아 대통령이 임명한다.<개정 2008.2.29.>

④위원장 및 부위원장은 정무직 국가공무원으로, 제1항제5호의 위원은 고위공무원단에 속하는 별정직공무원으로 각각 보하며, 제1항제6호의 위원은 비상임으로 한다.<개정 2005.12.29, 2008.2.29.>

⑤ 위원장·부위원장·제1항제5호의 위원 및 제15조에 따른 사무처의 장은 「정부조직법」 제10조에도 불구하고 정부위원이 된다.<개정 2008.2.29.>

⑥ 위원장은 국무회의에 출석하여 발언할 수 있다.<신설 2008.2.29.>

제5조 (위원장) ① 위원장은 금융위원회를 대표하며, 금융위원회의 회의를 주재하고 사무를 통할한다.<개정 2008.2.29.>

② 위원장이 부득이한 사유로 인하여 직무를 수행할 수 없는 때에는 부위원장이 위원장의 직무를 대행하며, 위원장·부위원장이 모두 부득이한 사유로 인하여 직무를 수행할 수 없는 때에는 금융위원회가 미리 정한 위원이 위원장의 직무를 대행한다.<개정 2008.2.29.>

제6조 (위원의 임기 등) ① 위원장·부위원장 및 제4조제1항제5호 및 제6호의 위원(이하 "임명직 위원"이라 한다)의 임기는 3년으로

하며, 1차에 한하여 연임할 수 있다.<개정 2008.2.29.>

② 임명직 위원에 궐원이 있는 때에는 새로 임명하되, 새로 임명된 위원의 임기는 임명된 날부터 기산한다.

제7조 (정치활동의 금지) 임명직 위원은 정당법 제22조의 규정에 불구하고 정당에 가입할 수 없으며 정치운동에 관여할 수 없다.<개정 2008.2.29.>

제8조 (위원의 결격사유) 다음 각 호의 1에 해당하는 자는 임명직 위원이 될 수 없다.<개정 2005.3.31.>

1. 대한민국 국민이 아닌 자
2. 금치산자 또는 한정치산자
3. 파산선고를 받은 자로서 복권되지 아니한 자
4. 금고 이상의 형의 집행유예의 선고를 받고 그 유예기간 중에 있는 자
5. 금고 이상의 실형의 선고를 받고 그 집행이 종료(집행이 종료된 것으로 보는 경우를 포함한다)되거나 집행이 면제된 날부터 5년이 경과되지 아니한 자
6. 이 법 기타 금융관계법령(외국의 금융관계법령을 포함한다)에 의하여 벌금형의 선고를 받고 5년이 경과되지 아니한 자
7. 이 법 기타 금융관계법령(외국의 금융관계법령을 포함한다)에 의하여 해임되거나 면직된 후 5년이 경과되지 아니한 자

제9조 (겸직 등의 금지) 위원장·부위원장 및 제4조제1항제5호의 위원은 재직 중 다음 각 호의 직을 겸하거나 영리를 목적으로 하는 사업을 영위할 수 없다.<개정 2008.2.29.>

1. 국회의원 또는 지방의회의원의 직

2. 국가공무원 또는 지방공무원의 직

3. 이 법과 다른 법령에 의하여 감독의 대상이 되는 단체의 임·직원의 직

4. 기타 보수를 받는 직

제10조 (위원의 신분보장 등) ① 임명직 위원은 다음 각 호의 1에 해당하는 경우 외에는 임기 전에 그 의사에 반하여 해임되지 아니한다.<개정 2008.2.29.>

1. 제8조 각 호의 1에 해당하는 경우

2. 심신의 장애로 인하여 직무를 수행할 수 없게 된 경우

3. 이 법에 의한 직무상의 의무를 위반하여 금융위원회 위원으로서의 직무수행이 부적당하게 된 경우

② 위원이 제1항의 사유로 해임되는 경우 해임되기 전에 위원으로서 행한 행위는 그 효력을 상실하지 아니한다.

제2절 금융위원회의 운영<개정 2008.2.29.>

제11조 (회의) ① 금융위원회의 회의는 3인 이상의 위원의 요구가 있는 때에 위원장이 소집한다. 다만, 위원장은 단독으로 회의를

소집할 수 있다. <개정 2008.2.29.>

② 금융위원회의 회의는 그 의결방법에 관하여 이 법 또는 다른 법률에 특별한 규정이 있는 경우를 제외하고는 재적위원 과반수의 출석과 출석위원 과반수의 찬성으로 의결한다.<개정 2008.2.29.>

③ 금융위원회 위원은 3인 이상의 찬성으로 의안을 제의할 수 있다. 다만, 위원장은 단독으로 의안을 제의할 수 있다. <개정 2008.2.29.>

④ 위원은 다음 각 호의 1에 해당하는 사항에 대한 심의·의결에서 제척된다.<개정 2008.2.29.>

1. 자기와 직접적인 이해관계가 있는 사항

2. 배우자, 4촌 이내의 혈족, 2촌 이내의 인척의 관계에 있는 자 또는 자기가 속한 법인과 이해관계가 있는 사항

3. 제4조제1항제2호 및 제3호의 위원인 경우에는 당해 기관의 예·결산 및 정관변경 등에 관한 사항

⑤ 당사자는 위원에게 심의·의결의 공정을 기대하기 어려운 사정이 있는 경우에는 기피신청을 할 수 있다. 위원장은 이 기피신청에 대하여 금융위원회의 의결을 거치지 아니하고 결정한다.<신설 2008.2.29.>

⑥ 위원 본인이 제4항 각 호의 어느 하나에 해당하거나, 제5항의 사유에 해당하는 경우에는 스스로 그 사항의 심의·의결을 회피할 수 있다.<신설 2008.2.29.>

⑦ 금융감독원장은 위원장에게 제37조에서 규정한 금융감독원 업무의 범위 안에서 필요한 안건의 상정을 요청할 수 있다. 이 경우 위원장은 특별한 사유가 없는 한 이에 응하여야 한다.<신설 2008.2.29.>

제12조 (의결서 작성 등) ① 금융위원회가 의결하는 경우에는 의결서를 작성하여야 하며, 의결에 참여한 위원은 그 의결서에 기명하고 날인 또는 서명하여야 한다.<개정 2008.2.29.>

② 금융위원회는 의사록을 작성하고, 금융위원회가 정하는 바에 따라 이를 공개하여야 한다.<신설 2008.2.29.>

제13조 (의견청취) 금융위원회는 심의에 필요하다고 인정하는 때에는 제29조제1항의 규정에 의한 금융감독원 부원장·부원장보 및 기타 관계전문가 등으로부터 의견을 청취할 수 있다.<개정 2008.2.29.>

제14조 (긴급조치) ① 위원장은 내우·외환·천재·지변 또는 중대한 금융경제상의 위기에 있어서 긴급조치가 필요한 경우로서 금융위원회를 소집할 시간적 여유가 없을 때에는 금융위원회의 권한범위 안에서 필요한 조치를 취할 수 있다.<개정 2008.2.29.>

② 위원장은 제1항의 조치를 취하였을 때에는 지체 없이 금융위원회의 회의를 소집하고 그 내용을 보고하여야 한다.<개정 2008.2.29.>

③ 금융위원회는 제1항의 조치를 확인·수정 또는 정지할 수 있다.<개정 2008.2.29.>

제15조 (사무처의 설치 등<개정 1999.5.24, 2008.2.29.>) ① 금융위원회의 사무를 처리하기 위하여 금융위원회에 사무처를 두며, 이 법에 규정된 것 이외에 금융위원회의 조직 및 정원에 관하여 필요한 사항은 대통령령으로 정한다.<개정 2008.2.29.>

② 삭제<1999.5.24.>

③ 위원장은 금융위원회 및 이 법 또는 다른 법령에 따라 금융위원회의 소속으로 두는 기관(이하 "소속기관"이라 한다)의 예산 및 기타 행정사무를 총괄한다.<개정 2008.2.29.>

제16조 (운영 등) 이 법과 다른 법령에 규정된 것 외에 금융위원회의 운영 등에 관하여 필요한 사항은 금융위원회의 규칙으로 정한다.<개정 2008.2.29.>

제3절 금융위원회의 소관사무 등〈개정 2008.2.29.〉

제17조 (금융위원회의 소관사무) 금융위원회의 소관사무는 다음 각 호와 같다.

1. 금융에 관한 정책 및 제도에 관한 사항

2. 금융기관 감독 및 검사·제재에 관한 사항

3. 금융기관의 설립, 합병, 전환, 영업 양수·도 및 경영 등의 인·허가에 관한 사항

4. 자본시장의 관리·감독 및 감시 등에 관한 사항

5. 금융중심지의 조성·발전에 관한 사항

6. 제1호부터 제5호까지의 사항에 관련된 법령 및 규정의 제·개정 및 폐지에 관한 사항

7. 금융 및 외국환업무취급기관의 건전성 감독에 관한 양자·다자간 협상 및 국제협력에 관한 사항

8. 외국환업무취급기관의 건전성 감독에 관한 사항

9. 그 밖에 다른 법령에서 금융위원회의 소관으로 규정된 사항

[전문개정 2008.2.29.]

제18조 (금융감독원에 대한 지도·감독 <개정 2008.2.29.>) 금융
위원회는 이 법과 다른 법령이 규정하는 바에 따라 금융감독원의
업무·운영·관리에 대한 지도·감독을 하며, 다음 각 호의 사항을
심의·의결한다.<개정 2008.2.29.>

1. 금융감독원의 정관변경에 대한 승인

2. 삭제<2008.2.29.>

3. 금융감독원의 예산 및 결산 승인

4. 삭제<2008.2.29.>

5. 기타 금융감독원을 지도·감독하기 위하여 필요한 사항

제4절 증권선물위원회

제19조 (증권선물위원회의 설치) 이 법과 다른 법령이 규정하는
바에 따라 다음 각 호의 업무를 수행하기 위하여 금융위원회에 증
권선물위원회를 둔다. <개정 2007.8.3, 2008.2.29.>

1. 자본시장의 불공정거래 조사

2. 기업회계의 기준 및 회계감리에 관한 업무

3. 금융위원회 소관사무 중 자본시장의 관리·감독 및 감시등과
관련된 주요사항에 대한 사전심의

4. 자본시장의 관리·감독 및 감시등을 위하여 금융위원회로부터 위임받은 업무

5. 기타 법령에서 증권선물위원회에 부여된 업무

제20조 (증권선물위원회의 구성 등) ① 증권선물위원회는 위원장 1인을 포함한 5인의 위원으로 구성하며, 위원장을 제외한 위원 중 1인은 상임으로 한다.

② 증권선물위원회 위원장은 금융위원회 부위원장이 겸임하며, 증권선물위원회 위원은 다음 각 호의 1에 해당하는 자 중에서 금융위원회 위원장의 추천으로 대통령이 임명한다.<개정 2005.12.29, 2007.8.3, 2008.2.29.>

1. 금융·증권·파생상품 또는 회계분야에 관한 경험이 있는 2급 이상의 공무원 또는 고위공무원단에 속하는 일반직공무원의 직에 있었던 자

2. 대학에서 법률학·경제학·경영학 또는 회계학을 전공한 자로서 대학이나 공인된 연구기관에서 부교수 이상 또는 이에 상당하는 직에 15년 이상 있었던 자

3. 기타 금융·증권·파생상품 또는 회계분야에 관한 학식과 경험이 풍부한 자

③ 증권선물위원회의 위원장이 아닌 상임위원은 고위공무원단에 속하는 별정직공무원으로 보한다.<개정 2005.12.29.>

④ 증권선물위원회 위원장이 부득이한 사유로 인하여 직무를 수행할 수 없는 때에는 상임위원이 그 직무를 대행하며, 위원장·상임

위원이 모두 부득이한 사유로 인하여 직무를 수행할 수 없는 때에는 증권선물위원회가 미리 정한 위원이 위원장의 직무를 대행한다.

⑤ 위원장이 아닌 증권선물위원회 위원의 임기는 3년으로 하며, 1차에 한하여 연임할 수 있다.

⑥ 제6조제2항 및 제7조 내지 제10조의 규정은 증권선물위원회에 관하여 이를 준용한다.

제21조 (회의 등) ① 증권선물위원회의 회의는 2인 이상의 증권선물위원회 위원의 요구가 있는 때에 증권선물위원회 위원장이 소집한다. 다만, 증권선물위원회 위원장은 단독으로 회의를 소집할 수 있다.

② 증권선물위원회의 회의는 3인 이상의 찬성으로 의결한다.

③ 제11조제4항제1호 및 제2호, 같은 조 제5항·제6항, 제12조 및 제13조는 증권선물위원회에 관하여 이를 준용한다. 이 경우 제11조제5항 및 제12조·제13조의 "금융위원회"는 "증권선물위원회"로 본다.<개정 2008.2.29.>

제22조 (조직·규칙 등) ① 이 법에 규정된 것 외에 증권선물위원회의 조직에 관하여 필요한 사항은 금융위원회의 규칙으로 정한다.<개정 2008.2.29.>

② 이 법과 다른 법령에 규정된 것 외에 증권선물위원회의 운영 등에 관하여 필요한 사항은 규칙으로 정한다.

③ 제2항의 규칙을 제정하는 경우에는 금융위원회의 승인을 얻어야

한다. 이를 변경하고자 하는 경우에도 또한 같다.<개정 2008.2.29.>

제23조 (금융감독원에 대한 지도·감독 <개정 2008.2.29.>) 증권
선물위원회는 제19조 각 호의 업무에 관하여 금융감독원을 지도·
감독한다.<개정 2008.2.29.>

제3장 금융감독원

제1절 통 칙

제24조 (금융감독원의 설립) ① 금융위원회 또는 증권선물위원회
의 지도·감독을 받아 금융기관에 대한 검사·감독업무 등을 수행하
기 위하여 금융감독원을 설립한다.<개정 2008.2.29.>
② 금융감독원은 무자본특수법인으로 한다.

제25조 (사무소) ① 금융감독원의 주된 사무소는 서울특별시에
둔다.
② 금융감독원은 정관이 정하는 바에 의하여 필요한 곳에 지원
또는 출장소를 둘 수 있다.

제26조 (정관) ① 금융감독원의 정관에는 다음 각 호의 사항을

기재한다.

1. 목적

2. 명칭

3. 사무소에 관한 사항

4. 직원에 관한 사항

5. 업무와 그 집행에 관한 사항

6. 예산 및 회계에 관한 사항

7. 공고의 방법

8. 정관의 변경에 관한 사항

9. 기타 대통령령이 정하는 사항

② 금융감독원은 정관을 변경하고자 하는 때에는 금융위원회의 승인을 얻어야 한다.<개정 2008.2.29.>

제27조 (등기) ① 금융감독원은 대통령령이 정하는 바에 의하여 등기하여야 한다.

② 금융감독원은 주된 사무소의 소재지에서 설립등기를 함으로써 성립한다.

③ 제1항의 규정에 의하여 등기를 필요로 하는 사항은 그 등기 후가 아니면 제삼자에게 대항하지 못한다.

제28조 (유사명칭의 사용금지) 금융감독원이 아닌 자는 금융감독원 또는 이와 유사한 명칭을 사용하지 못한다.

제2절 원장·부원장·부원장보 및 감사와 직원

제29조 (집행간부 등) ① 금융감독원에 원장 1인, 부원장 4인 이내, 부원장보 9인 이내와 감사 1인을 둔다.

② 금융감독원의 원장(이하 "원장"이라 한다)은 금융위원회의 의결을 거쳐 금융위원회 위원장의 제청으로 대통령이 임명한다.<개정 2008.2.29.>

③ 금융감독원의 부원장(이하 "부원장"이라 한다)은 원장의 제청으로 금융위원회가 임명하고, 금융감독원의 부원장보(이하 "부원장보"라 한다)는 원장이 임명한다.<개정 2008.2.29.>

④ 감사는 금융위원회의 의결을 거쳐 금융위원회 위원장의 제청으로 대통령이 임명한다.<개정 2008.2.29.>

⑤ 원장·부원장·부원장보 및 감사의 임기는 3년으로 하며, 1차에 한하여 연임할 수 있다.<개정 2008.2.29.>

⑥ 원장·부원장·부원장보와 감사에 궐원이 있는 때에는 새로 임명하되, 그 임기는 임명된 날부터 기산한다.<개정 2008.2.29.>

제30조 (직무) ① 원장은 금융감독원을 대표하며, 그 업무를 통할한다.

② 원장이 부득이한 사유로 인하여 직무를 수행할 수 없는 때에는 금융감독원의 정관이 정하는 순서에 따른 부원장이 원장의 직무를 대행한다.<개정 2008.2.29.>

③ 부원장은 원장을 보좌하고 금융감독원의 업무를 분장하며, 부

원장보는 원장과 부원장을 보좌하고 금융감독원의 업무를 분장한다.

④ 감사는 금융감독원의 업무와 회계를 감사한다.

제31조 (대표권의 제한) 원장의 이익과 금융감독원의 이익이 상반되는 사항에 관하여는 금융감독원의 정관이 정하는 순서에 따라 직무를 대행하는 부원장이 금융감독원을 대표한다.<개정 2008.2.29.>

제32조 (원장 등의 해임) ① 원장 및 감사가 다음 각 호의 어느 하나에 해당하는 경우에는 금융위원회의 의결을 거쳐 금융위원회 위원장의 제청으로 대통령이 해임한다.

1. 파산선고를 받은 경우

2. 금고 이상의 형 또는 이 법 기타 금융관계법령(외국의 금융관계법령을 포함한다)에 의하여 벌금 이상의 형을 선고받은 경우

3. 심신의 장애로 인하여 직무의 집행이 심히 곤란하게 된 경우

4. 이 법 또는 이 법에 의한 명령이나 정관을 위반한 경우

② 부원장이 제1항 각 호의 어느 하나에 해당하는 경우에는 원장의 제청으로 금융위원회가 해임한다.

③ 부원장보가 제1항 각 호의 어느 하나에 해당하는 경우에는 원장이 해임한다.

[전문개정 2008.2.29.]

제33조 (직원의 임면) 직원은 원장이 임면한다.

제34조 (겸직의 제한) 원장·부원장·부원장보 및 감사와 직원은 그 직무외의 영리를 목적으로 하는 업무에 종사하지 못하며, 당해 임명권자의 승인 없이 다른 직무를 겸하지 못한다.<개정 2008.2.29.>

제35조 (청렴 및 비밀유지의무) ① 원장·부원장·부원장보 및 감사와 직원은 이 법의 규정에 의하여 검사·감독을 받는 금융기관 또는 그 기관의 임·직원에게 대출을 강요하거나 금품 기타 이익을 받아서는 아니 된다.

② 원장·부원장·부원장보 및 감사와 직원 또는 그 직에 있었던 자는 그 직무상 알게 된 정보를 타인에게 누설하거나 직무상 목적 외에 이를 사용하여서는 아니 된다.

제36조 (대리인의 선임) ① 원장은 부원장·부원장보 또는 직원 중에서 금융감독원의 업무에 관하여 재판상 또는 재판외의 모든 행위를 할 권한이 있는 대리인을 선임할 수 있다.

② 제1항의 규정에 의하여 재판상 대리인으로 선임될 수 있는 직원의 범위는 대통령령으로 정한다.

제3절 업 무

제37조 (업무) 금융감독원은 이 법과 다른 법령이 규정하는 바에 따라 다음 각 호의 업무를 수행한다.<개정 2008.2.29.>
1. 제38조 각 호의 기관의 업무 및 재산상황에 대한 검사

2. 제1호의 검사결과에 따른 이 법과 다른 법령의 규정에 의한 제재

3. 금융위원회 및 소속기관에 대한 업무지원

4. 기타 이 법과 다른 법령에서 금융감독원이 수행하도록 하는 업무

제38조 (검사대상기관) 금융감독원의 검사를 받는 기관은 다음 각 호와 같다.<개정 1999.9.7, 2000.1.28, 2001.3.28, 2003.10.4, 2007.8.3.>

1. 은행법 또는 장기신용은행법에 의한 인가를 받아 설립된 금융기관

2. 「자본시장과 금융투자업에 관한 법률」에 따른 금융투자업자, 증권금융회사, 종합금융회사 및 명의개서대행회사

3. 삭제<2007.8.3.>

4. 보험업법에 의한 보험사업자

5. 삭제<2007.8.3.>

6. 상호저축은행법에 의한 상호저축은행과 그 중앙회

7. 신용협동조합법에 의한 신용협동조합 및 그 중앙회

8. 삭제<2007.8.3.>

9. 여신전문금융업법에 의한 여신전문금융회사 및 겸영여신업자

10. 삭제<2007.8.3.>

11. 농업협동조합법에 의한 농업협동조합중앙회의 신용사업부문

12. 수산업협동조합법에 의한 수산업협동조합중앙회의 신용사업부문

13. 삭제<1999.9.7.>

14. 다른 법령에서 금융감독원이 검사를 하도록 규정한 기관

15. 기타 금융업 및 금융관련업무를 영위하는 자로서 대통령령이 정하는 자

제39조 (규칙의 제정) ① 원장은 금융감독원의 업무수행과 관련하여 필요한 경우에는 규칙을 제정할 수 있다.

② 금융감독원은 제1항의 규칙을 제정 또는 변경한 경우에는 금융위원회에 즉시 보고하여야 한다.<개정 2008.2.29.>

③ 금융위원회는 제1항 및 제2항에 따른 규칙이 위법하거나 부당한 경우에는 시정을 명할 수 있다.<신설 2008.2.29.>

제40조 (자료의 제출요구 등) ① 원장은 제38조 각 호의 기관 또는 다른 법령의 규정에 의하여 금융감독원에 검사가 위탁된 대상기관에 대하여 업무수행상 필요하다고 인정하는 때에는 그 기관에 대하여 업무 또는 재산에 관한 보고, 자료의 제출, 관계자의 출석 및 진술을 요구할 수 있다.

② 제37조제1호의 규정에 의하여 검사를 하는 자는 그 권한을 표시하는 증표를 관계인에게 내보여야 한다.

제41조 (시정명령 및 징계요구) ① 원장은 제38조 각 호에 해당하는 기관의 임·직원이 다음 각 호의 1에 해당하는 경우에는 당해 기관의 장에게 이를 시정하게 하거나 당해 직원의 징계를 요구할

수 있다.

1. 이 법 또는 이 법에 의한 규정·명령 또는 지시를 위반한 경우

2. 이 법에 의하여 원장이 요구하는 보고서 또는 자료를 허위로 작성하거나 그 제출을 태만히 한 경우

3. 이 법에 의한 금융감독원의 감독과 검사업무의 수행을 거부·방해 또는 기피한 경우

4. 원장의 시정명령이나 징계요구에 대한 이행을 태만히 한 경우

② 제1항의 규정에 의한 징계는 면직·정직·감봉·견책 및 경고로 구분한다.

제42조 (임원의 해임권고 등) 원장은 제38조 각 호에 해당하는 기관의 임원이 이 법 또는 이 법에 의한 규정·명령 또는 지시를 고의로 위반한 때에는 당해 임원의 해임을 임면권자에게 권고할 수 있으며, 당해 임원의 업무집행의 정지를 명할 것을 금융위원회에 건의할 수 있다.<개정 2008.2.29.>

제43조 (영업정지등) 원장은 제38조 각호의 기관이 이 법 또는 이 법에 의한 규정·명령 또는 지시를 계속 위반하여 위법 또는 불건전한 방법으로 영업하는 경우에는 금융위원회에 다음 각 호의 1을 명할 것을 건의할 수 있다.<개정 2008.2.29.>

1. 당해 기관의 위법행위 또는 비행의 중지

2. 6월의 범위 내에서의 업무의 전부 또는 일부 정지

제4절 회 계

제44조 (회계) 금융감독원의 회계연도는 정부의 회계연도에 따른다.

제45조 (예산과 결산) ① 금융감독원의 예산은 금융위원회의 승인을 얻어야 한다.<개정 2008.2.29.>

② 금융감독원은 회계연도 개시 60일 전까지 금융위원회에 예산서를 제출하여야 한다.<개정 2008.2.29.>

③ 원장은 회계연도 종료 후 2월 이내에 당해연도의 결산서를 금융위원회에 제출하여야 한다.<개정 2008.2.29.>

제46조 (재원) 금융감독원은 다음 각 호의 재원으로 그 경비를 충당한다.

1. 정부의 출연금
2. 한국은행의 출연금
3. 제38조 각 호에 해당하는 기관의 출연금
4. 제47조의 규정에 의한 분담금
5. 기타 법령이나 정관에서 정한 수입

제47조 (분담금) ① 금융감독원의 검사를 받는 제38조 각.호의 기관은 분담금을 금융감독원에 납부하여야 한다.

② 제1항의 규정에 의한 분담금의 분담요율·한도 기타 분담금의 납부에 관하여 필요한 사항은 대통령령으로 정한다.

제48조 (차입) 금융감독원은 필요한 때에는 금융위원회의 승인을 얻어 금융기관으로부터 자금을 차입할 수 있다.<개정 2008.2.29.>

제49조 (국유재산의 무상대부등) 정부는 금융감독원에 대하여 국유재산을 무상으로 대부 또는 사용하게 할 수 있다.

제50조 (잉여금의 처리) 금융감독원의 결산상 잉여금은 금융위원회의 승인을 얻어 다음 회계연도에 이월할 수 있다.<개정 2008.2.29.>

제5절 금융분쟁의 조정

제51조 (분쟁조정기구) 제38조 각 호의 기관과 예금자 등 금융수요자 기타 이해관계인 사이에 발생하는 금융관련분쟁의 조정에 관한 사항을 심의·의결하기 위하여 금융감독원에 금융분쟁조정위원회 (이하 "조정위원회"라 한다)를 둔다.

제52조 (조정위원회의 구성) ① 조정위원회는 위원장 1인을 포함한 30인 이내의 위원으로 구성한다.
② 조정위원회 위원장은 원장이 그 소속 부원장 중에서 지명하는 자가 되며, 조정위원회 위원은 다음 각 호의 자로 한다.<개정 2006.9.27.>
1. 원장이 그 소속 부원장보중에서 지명하는 자
2. 판사·검사 또는 변호사의 자격이 있는 자 중에서 원장이 위촉

하는 자

3. 「소비자기본법」에 의한 한국소비자원 및 소비자단체의 임원 또는 그 직에 있었던 자로서 원장이 위촉하는 자

4. 금융기관 또는 금융관계기관·단체에서 15년 이상 근무한 경력이 있는 자로서 원장이 위촉하는 자

5. 금융에 관한 학식과 경험이 있는 자 중에서 원장이 위촉하는 자

6. 전문의의 자격이 있는 의사 중에서 원장이 위촉하는 자

7. 기타 분쟁의 조정과 관련하여 원장이 필요하다고 인정하여 위촉하는 자

③ 제2항제2호 내지 제7호의 위원의 임기는 2년으로 하되, 연임할 수 있다.

④ 조정위원회 위원장이 부득이한 사유로 직무를 수행할 수 없는 때에는 원장이 지명하는 조정위원회 위원이 조정위원회 위원장의 직무를 대행한다.

제53조 (분쟁의 조정) ① 제38조 각 호의 기관, 예금자등 금융수요자 및 기타 이해관계인은 금융과 관련하여 분쟁이 있는 때에는 원장에게 분쟁의 조정을 신청할 수 있다.

② 원장은 제1항의 규정에 의한 분쟁조정의 신청을 받은 때에는 관계당사자에게 그 내용을 통지하고 합의를 권고할 수 있다. 다만, 분쟁조정의 신청내용이 다음 각 호의 1에 해당하는 경우에는 합의권고 또는 제3항의 규정에 의한 조정위원회에의 회부를 하지 아니할 수 있다.

1. 이미 법원에 제소된 사건이거나 분쟁조정의 신청이 있은 후 소를 제기한 경우

2. 신청의 내용이 분쟁조정대상으로서 적합하지 아니하다고 인정되는 경우

3. 신청의 내용이 관련법령 또는 객관적인 증빙 등에 의하여 합의권고절차 및 조정절차진행의 실익이 없는 경우

4. 기타 대통령령이 정하는 경우

③ 원장은 분쟁조정의 신청을 받은 날부터 30일 이내에 제2항의 규정에 의한 합의가 이루어지지 아니하는 때에는 지체 없이 이를 조정위원회에 회부하여야 한다.

④ 조정위원회는 제3항의 규정에 의한 조정의 회부를 받은 때에는 60일 이내에 이를 심의하여 조정안을 작성하여야 한다.

⑤ 원장은 조정위원회가 조정안을 작성한 때에는 신청인과 관계 당사자에게 이를 제시하고 수락을 권고할 수 있다.

제54조 (조정위원회의 회의) ① 조정위원회의 회의는 조정위원회 위원장 1인을 포함하여 조정위원회 위원장이 매 회의마다 지명하는 7인 이상 11인 이하의 조정위원회 위원으로 구성하며, 조정위원회 위원장이 소집한다.

② 조정위원회는 제1항의 규정에 의한 구성원 과반수의 출석과 출석위원 과반수의 찬성으로 의결한다.

③ 원장은 조정위원회의 의결사항이 위법하거나 공익에 비추어 심히 부당하다고 판단되는 때에는 재의를 요구할 수 있다.

④ 제3항의 규정에 의한 재의요구가 있는 때에는 제1항의 규정에 의한 구성원 3분의 2 이상의 출석과 출석위원 3분의 2 이상의 찬성으로 재의결한다.

제55조 (조정의 효력) 당사자가 제53조제5항의 규정에 의하여 조정안을 수락한 경우 당해 조정안은 재판상의 화해와 동일한 효력을 갖는다.

제56조 (조정의 중지) 원장은 조정신청사건의 처리절차의 진행 중에 일방당사자가 소를 제기한 경우에는 그 조정의 처리를 중지하고 이를 당사자 쌍방에게 통보하여야 한다.

제57조 (조정위원회의 운영 등) 조정위원회의 운영 및 분쟁조정 절차 등에 관하여 필요한 사항은 대통령령으로 정한다.

제4장 보칙 및 벌칙〈개정 2008.2.29.〉

제1절 삭제〈2008.2.29.〉

제58조 (자료의 제출) 원장은 금융위원회 또는 증권선물위원회가 요구하는 금융감독 등에 필요한 자료를 제출하여야 한다.<개정

2008.2.29.>

제59조(검사의 결과 및 조치사항의 보고) 원장은 제37조제1호의 규정에 의하여 검사를 실시한 경우에는 그 결과를 금융위원회에 보고하여야 한다. 제41조 및 제42조의 조치를 한 경우에도 또한 같다.<개정 2008.2.29.>

제60조 (보고·검사 등) 금융위원회는 필요하다고 인정하는 경우에는 금융감독원의 업무·재산 및 회계에 관한 사항을 보고하게 하거나 금융위원회가 정하는 바에 의하여 그 업무·재산상황·장부·서류 기타의 물건을 검사할 수 있다.<개정 2008.2.29.>

제61조 (금융위원회 등의 명령권 등<개정 2008.2.29.>) ① 금융위원회 또는 증권선물위원회는 금융감독원의 업무를 지도·감독하는데 필요한 명령을 할 수 있다.<개정 2008.2.29.>

② 금융위원회는 증권선물위원회 또는 금융감독원의 처분이 위법하거나 공익 또는 예금자 등 금융수요자의 보호를 위하여 심히 부당하다고 인정되는 때에는 그 처분의 전부 또는 일부를 취소하거나 그 집행을 정지시킬 수 있다.<개정 2008.2.29.>

③ 증권선물위원회는 제19조 각 호의 업무에 관한 금융감독원의 처분이 위법하거나 심히 부당하다고 인정되는 때에는 그 처분의 전부 또는 일부를 취소하거나 그 집행을 정지시킬 수 있다.

제2절 삭제〈2008.2.29.〉

제62조 (검사 및 공동검사 요구 등) ① 한국은행은 금융통화위원회가 통화신용정책의 수행을 위하여 필요하다고 인정하는 경우에는 금융감독원에 대하여 한국은행법 제11조의 금융기관에 대한 검사를 요구하거나 한국은행 소속직원이 금융감독원의 금융기관 검사에 공동으로 참여할 수 있도록 하여 줄 것을 요구할 수 있다.

② 한국은행은 금융감독원에 대하여 제1항의 규정에 의한 검사결과의 송부를 요청하거나 검사결과에 대하여 필요한 시정조치를 요구할 수 있다.

③ 한국은행이 제1항에 의한 검사 및 공동검사를 요구하는 때에는 검사목적·대상기관·검사범위 등을 구체적으로 명시하여야 한다.

④ 금융감독원은 한국은행이 제1항 및 제2항의 규정에 의한 요구를 하는 경우 이에 응하여야 한다.

제63조 삭제<2008.2.29.>

제3절 삭제〈2008.2.29.〉

제64조 삭제<1999.5.24.>

제64조의2 삭제<2008.2.29.>

제65조 (자료협조) 기획재정부장관과 금융위원회 및 금융통화위

원회는 정책수행에 필요하다고 인정하는 경우 상호 간에 자료를 요청할 수 있다. 이 경우 요청을 받은 기관은 특별한 사유가 없는 한 요청에 응하여야 한다.<개정 1999.5.24, 2008.2.29.>

제65조의2(관계기관 등의 장의 협조) ① 금융위원회는 이 법의 시행을 위하여 필요하다고 인정할 때에는 관계행정기관이나 그 밖의 기관 또는 단체의 장에게 필요한 조사를 의뢰하거나 필요한 자료를 요청할 수 있다.

② 금융위원회는 이 법의 규정에 따른 시정조치의 이행을 확보하기 위하여 필요하다고 인정하는 경우에는 관계행정기관이나 그 밖의 기관 또는 단체의 장에게 필요한 협조를 의뢰할 수 있다.

[본조신설 2008.2.29.]

제66조 (예금보험공사의 검사요청) ① 예금보험공사 사장은 업무수행을 위하여 필요하다고 인정하는 경우 금융감독원에 대하여 예금자보호법 제2조제1호의 부보금융기관에 대한 검사를 요청하거나, 예금보험공사 소속직원이 검사에 공동으로 참여할 수 있도록 요청할 수 있다.<개정 2008.2.29.>

② 예금보험공사 사장이 제1항의 검사를 요청하는 때에는 검사목적·대상기관·검사범위 등을 구체적으로 명시하여야 한다.

③ 금융감독원은 예금보험공사 사장이 제1항의 규정에 의한 요청을 하는 경우 특별한 사유가 없는 한 이에 응하여야 한다.

제67조 (원장의 협조요청) 원장은 직무수행상 필요하다고 인정하는 경우에는 행정기관 기타 관계기관에 대하여 협조를 요청할 수 있다.

제5장 삭제〈2008.2.29.〉

제68조 (벌칙) ① 제35조제2항의 규정에 위반한 자는 3년 이하의 징역 또는 2천만 원 이하의 벌금에 처한다.

② 제28조의 규정에 위반한 자는 1년 이하의 징역 또는 1천만 원 이하의 벌금에 처한다.

제69조 (벌칙적용에 있어서의 공무원의제) ① 금융위원회 위원 또는 증권선물위원회 위원으로서 공무원이 아닌 자와 금융감독원의 집행간부 및 직원은 형법 기타 법률에 의한 벌칙의 적용에 있어서 이를 공무원으로 본다.<개정 2008.2.29.>

② 제1항의 규정에 의하여 공무원으로 보는 직원의 범위는 대통령령으로 정한다.

제70조 (행정심판) 금융위원회·증권선물위원회 및 금융감독원이 행한 위법·부당한 처분으로 인하여 권리·이익의 침해를 받은 자는 국무총리에게 행정심판을 제기할 수 있다.<개정 2008.2.29.>

제71조 (권한의 위탁) 금융위원회 및 증권선물위원회는 금융감독의 효율성을 제고하기 위하여 필요한 경우에는 이 법 또는 다른 법령에 따른 권한의 일부를 원장에게 위탁할 수 있다.

[본조신설 2008.2.29.]

|찾아보기|

• 저자 •

이서열 　•약 력•
　　　　서울 정릉 生
　　　　한국외국어대학교 법과대학 졸업(법학사)
　　　　연세대학교 대학원 법학과 석사과정 졸업(법학석사)
　　　　연세대학교 대학원 법학과 박사과정 졸업(법학박사)
　　　　한국외국어대학교, 연세대학교 공법담당 강사
　　　　한국외국어대학교 법학연구소 상임연구원

　　　　•주요논저•
　　　　「금융감독기구 개편론」
　　　　「금융의 국제화와 금융감독의 법적 과제」
　　　　「금융감독과 법치주의」
　　　　「금융감독 분담금의 법적 과제」
　　　　「시장의 자율성, 경제규제행정의 중립문제」
　　　　「헌법상 정당제도아 민주주의의 갈등」
　　　　「정보공개법제의 발전과 향후 개선과제」

시장의 자율성과
금융감독

• 초판 인쇄　2008년 5월 31일
• 초판 발행　2008년 5월 31일

• 지 은 이　이서열
• 펴 낸 이　채종준
• 펴 낸 곳　한국학술정보㈜
　　　　　　경기도 파주시 교하읍 문발리 513-5
　　　　　　파주출판문화정보산업단지
　　　　　　전화　031) 908-3181(대표)·팩스　031) 908-3189
　　　　　　홈페이지　http://www.kstudy.com
　　　　　　e-mail(출판사업부)　publish@kstudy.com
• 등 　록　제일산-115호(2000. 6. 19)
• 가 　격　30,000원

ISBN　978-89-534-9291-2 93360 (Paper Book)
　　　　978-89-534-9292-9 98360 (e-Book)